贺兰山下种树人

宁夏大学口述实录（第三辑）

主编　郎伟

副主编　王海文　马海龙　张惠

黄河出版传媒集团
阳光出版社

图书在版编目（C I P）数据

贺兰山下种树人：宁夏大学口述实录. 第三辑 / 郎伟主编. -- 银川： 阳光出版社，2022.12
ISBN 978-7-5525-6685-7

Ⅰ. ①贺… Ⅱ. ①郎… Ⅲ. ①宁夏大学 - 校史 - 史料 Ⅳ. ①G649.284.31

中国版本图书馆CIP数据核字（2022）第245970号

贺兰山下种树人——宁夏大学口述实录（第三辑）

郎　伟　主　编

王海文　马海龙　张　惠　副主编

责任编辑　李媛媛　贾　莉
封面设计　晨　皓
责任印制　岳建宁

黄河出版传媒集团
阳　光　出　版　社　出版发行

出 版 人　薛文斌
地　　址　宁夏银川市北京东路139号出版大厦（750001）
网　　址　http：//www.ygchbs.com
网上书店　http：//shop129132959.taobao.com
电子信箱　yangguangchubanshe@163.com
邮购电话　0951–5047283
经　　销　全国新华书店
印刷装订　宁夏凤鸣彩印广告有限公司
印刷委托书号　（宁）0025151

开　　本　880 mm × 1230 mm　1/16
印　　张　21
字　　数　300千字
版　　次　2022年12月第1版
印　　次　2022年12月第1次印刷
书　　号　ISBN 978–7–5525–6685–7
定　　价　62.00元

总 序

1958年10月25日，经党中央、国务院批准，宁夏回族自治区成立。同年金秋，宁夏大学正式创建。

1958—1962年，一批接一批刚刚走出大学校门的青年学子，或参加工作不久的热血青年，积极响应党和政府“到边疆去，到西北去，到祖国最需要的地方去”的号召，怀着为祖国建功立业的崇高理想，毅然告别家乡和亲人，分别从北京、上海、天津、成都、广州、沈阳等繁华都市，义无反顾地奔赴偏僻遥远的宁夏，进入初创的宁夏大学（含宁夏师范学院、宁夏农学院、宁夏医学院），从而结束了宁夏没有大学的历史，翻开了宁夏高等教育崭新的一页。

1958—1978年，经历了初创的万般艰辛，年轻的宁夏大学和第一代“宁大人”，在极其艰难的条件下负重前行，在诸多因素困扰几近停办的情况下，初心不改，矢志不移，广大师生员工用坚定的信念、坚强的意志、勇于自我牺牲的情怀以及敢于努力争先的勇气，在一片荒漠戈壁滩上，书写了一部白手起家、共克时艰、螺旋式上升、曲折中前进的传奇，谱写了一曲坚韧不拔的生命之歌，同时也培育出了“不畏风寒、不怕困难、根深叶茂、本固枝荣”的宁大“沙枣树”精神，并传之后世，影响至今。

党的十一届三中全会至今，宁夏大学步入良性发展的快车道，学校几经分合，也先后迎来了宁夏工学院、宁夏教育学院（含银川师专）的并入和宁夏农学院的回归，完成了由单一师范教育为主向多学科发展的综合性大学的华丽转身。2004年，宁夏大学成为自治区政府与教育部“省部共建高校”；2008年，迈进国家“211工程”重点建设高校行列；2012年，成为“中西部高校综合实力提升工程”入选高校；2017年，跨入国家一流学科建设高校行列；2018年，跻身教育部与自治区人民政府“部区合建”高校行列。

在此期间，一代又一代“宁大人”，人心思齐、人心思进，抢抓机遇、砥砺前行，无论是苦心孤诣创办专业、凝练教学科研特色内涵的专家学者，还是殚精竭虑引领广大师生“跳出宁大看宁大”“跳起来摘苹果”的一届届校领导，他们在社会大发展的关键节点上，立足地域优势和自身特色，创新进取、开拓前进，突破瓶颈、衔命疾进，使这个西部小省区名不见经传的地方高校一步步成长壮大。

高校应该是宁静的育人家园、活跃的学术社区和典雅的文化高地；大学以育人为本、尊重学者、崇尚学术为理念。回首宁夏大学六十多年的奋斗历程，我们感念于第一代“宁大人”付出的巨大牺牲和无私奉献，感念于此后一代代“宁大人”薪火相传的责任心和使命感。从这个意义上说，《贺兰山下种树人——宁夏大学口述实录》系列图书的结集出版，一方面使我们有幸聆听老领导、老教师讲述的精彩故事和不同的心路历程；另一方面，也有益于让后来的“宁大人”知道，宁夏大学的前辈们，他们如何用理想信念、文化传承来抵御生活的艰难和生存的困扰，如何用文化的火种照亮后来者前行的道路，又是如何努力用健康和谐的团体生活、心无旁骛的学术追求，来激励自己，培养合格的社会主义建设者和接班人。广大读者可以通过本书的阅读，欣赏到可歌可敬的老领导老教师的群像：真诚践行尊师重教的老校长刘继曾，为教师优先解决住房、为改善宁大办学条件奔走呐喊的法学家校长吴家麟，大学毕业便怀着一腔热血从北京师范大学奔赴宁夏扎根银川、“西行铺路五十年”的李增林（原宁夏回族自治区政协副主席）、张奎校长、刘世俊副校长，几十年如一日把教学科研搬到田间地头的李玉鼎教授（原宁夏农学院院长）、陈如熙教授，勇于开拓、敢于担当的张秀林（原宁夏教育学院院长）、杨圣诠（原宁夏工学院院长），以及抢抓机遇、目光深远，把宁夏大学带进“211工程”建设行列的陈育宁书记、校长（原宁夏回族自治区政协副主席），等等，他们的口述质朴亲切，他们的故事令人起敬。他们和所有创建初期的“宁大人”一样，是指路的明灯，是铺路的基石，也是燃烧的蜡烛，涅槃的凤凰，他们的牺牲和奉献，历史不会忘记，宁夏大学会永远铭记。

2019年夏日，站在新的起跑线上，宁夏大学适时召开了第七次党代会，明确提出了“到2025年，把宁夏大学建成区域特色鲜明、服务地方能力突出的西部一流大学”的一个战略目标，“立德树人”和“双一流”建设两条工作主线，“建设高效能现代大学治理体系”等七项重点任务。这是面向未来，学校各项事业的顶层设计和发展愿景，凝聚了全校师生的智慧，体现了全校师生的共同愿望。

自古至今，人才是第一生产力，是宝贵的财富，优秀的教育工作者，是助推学校不断发展壮大的力量源泉。当打开这本书的时候，你一定会从这些德高望重的老前辈身上，聆听到他们不一样的人生经历，学习到他们宝贵的治学育人经验，从而引发深思，深受裨益。我们有理由相信，目前已处于历史上发展势头最好的宁夏大学，必将涌现更多的有益于学校发展和社会建设的优秀人才。

铭记历史，这本书无疑是“宁大人”树立标杆、自我认知的一扇窗口，是贺兰山下种树人难忘的集体记忆。

开拓未来，宁夏大学新的发展蓝图已经绘就，新一届学校党委正与时俱进，牢牢把握“部区合建”和“双一流”建设叠加的重大历史机遇，不断增强忧患意识、创新发展理念、完善体制机制、优化治理结构，以更高远的历史站位、更宽广的国际视野、更深邃的战略眼光，加快推进综合改革，为学校发展作出长远谋划、注入永续动力，引领全校师生员工，承前启后、继往开来，丰富并更新着宁夏大学的光荣传统和“沙枣树”精神的时代内涵。

校史档案工作是学校文化建设的重要组成部分，抢救性采集口述校史，是一项非常有意义的工作，由此，我们在感谢编者付出辛勤劳动的同时，也对这本书的付梓，充满热忱的期待。

宁夏大学党委书记 李星

二〇二二年十月

贺兰山下种树人·序

作为地处祖国西北地区的一所地方性高校，宁夏大学始建至今，已经走过了62年的峥嵘岁月。62年当中，几代人为这所地方高校的建设和发展贡献了青春和热血、汗水和智慧；也见证了这所大学由1958年创建时的“三土”学校（土教师、土教室、土学生）成长为今天的“211”大学和“部区合建”大学的不平凡历程。

对人类发展的广漠悠长时空而言，62年的时间不算漫长，这一段岁月在历史的长河里所激起的应有“浪花”也并非巨大无比。然而，对所有曾经和正在生活、工作、战斗和学习在这座校园里的人而言，62年又是多么漫长而又充满了人生的丰富意味和内心情韵的时光。许多人以满怀激情和梦想的青春年纪来到宁夏大学，一直到花甲之年带着依依不舍的深情离开洒过汗水和泪水的校园，他们的一生与宁夏大学相伴相随，其生命年轮里已经无可避免地留下了“宁大岁月”所带来的深刻记忆。他们青春年少的时候，共和国也正年轻。于是，他们高唱着“革命人永远是年轻”的时代之歌，感应着“大风起兮云飞扬”的时代召唤，从祖国的四面八方，来到当时甚为荒寒的宁夏，开始了宁夏高等教育历史的第一次美丽书写和描画。当他们即将进入壮年的时刻，这片土地的上空忽然间阴云密布、寒流阵阵。西北风比往日要凛冽了许多，讲台上的讲授也带着些滞重和迟疑。好在，飘流于天空中的疑云终于被时代的长风吹散吹跑，改革开放的灿烂阳光一时间洒满原本荒凉的西北之地。正是在春风浩荡、壮怀激烈的20世纪80年代，那些经历了岁月淬炼、命运磨砺的“归来者”们和在新时期以后逐渐加入宁夏大学教职员工行列的更年轻的奋斗者们，在新的历史条件下，开始了宁夏大学的又一次崭新创业之旅。在时代风潮的强劲推动之下，这一次的创业显然异乎寻常，这一次的建设和发展也完全超出许多人的想象。当时间进入21世纪，坐落于黄河之滨、贺兰山下的这座西部高校，已经不再是面貌模糊、神情黯淡的旧有状态。相反，激情四溢、从容挥洒倒成为宁夏大学的崭新气质。这显然是新的创业年代所给予的精神馈赠，更是工作和学习于这座校园当中的所有师生用不倦的奋斗和永不停止的追求所塑造的精神性格。

我从1984年北京大学中文系毕业后被分配到宁夏大学中文系任教，迄今已经36年。这36年当中，除去在宁夏师范学院任教四年外，我一直在宁夏大学工作，是这座西部高校近四十年来建设和发展的参加者和见证者。1984年7月当我怀着新奇而又忐忑的心情第一次进入这座校园时，我还只是一个22岁的毛头小伙子。如今，经历了岁月风霜的吹打，早已经到了韩愈老先生所谓的“发苍苍、视茫茫”的年岁。这样的年龄，自然会对往昔有回顾、有眷恋，也会对曾经接触过的宁夏大学的创业老人们和耳闻目睹的“老故事”有兴致、有深情。2019年春末，我从宁夏师范学院奉调回到宁夏大学。不久，宁大档案馆馆长王海文来汇报工作，谈话中言及口述实录档案一事。我和海文虽是学中文出身，但老话所谓的“文、史、哲，不分家”，我们的历史感大概比一般人要略强一些。遂商议决定趁宁夏大学的创建老人们还有许多人处于身康体健状态，进行口述档案的抢救式挖掘和记录。目的只有一个：用真实的记录，为宁夏大学的创建史和发展史留一份沉甸甸的历史资料。当然，也希望在日益喧嚣和功利主义成为流行意识的年代，宁夏大学的年轻教师和莘莘学子能够从这一份份口述实录档案中，从并不遥远的故事、人物和旧年事迹当中，深深体会共和国早期历史上的那一份理想主义和集体主义情怀，认真感悟前辈们不畏艰险、不怕困难、矢志不移、发愤图强的硬骨头精神和“舍小家顾大家”的无私、忘我的精神境界。体会和感悟不是为了发“思古之幽情”，而是为了从历史深处和前辈们的奋斗精神当中汲取应有的精神营养和进取的力量，以强大的心脏去迎接未来的挑战。因为，我始终固执地相信：历史是明天的太阳。

是为序。

宁夏大学副校长　郎　伟

二〇二二年十月

目　录

王玉炯

1963年1月生，中共党员，博士，二级教授，博士生导师。中国共产党宁夏回族自治区第九次、第十次、第十一次代表大会代表。历任宁夏大学生命科学学院院长、西部特色生物资源保护与利用教育部重点实验室主任、宁夏大学党委常委等。现任宁夏大学党委副书记。享受国务院政府特殊津贴。获得国家级教学名师、基础生物学国家级教学团队带头人、教育部“长江学者和创新团队发展计划”创新团队带头人、全国模范教师、全国师德先进个人、“百千万人才工程”国家级人选、教育部“跨世纪优秀人才培养计划”人选、宝钢优秀教师特等奖、自治区“塞上英才”、自治区有突出贡献专业技术创新人才奖、100位为宁夏建设作出突出贡献英雄模范、宁夏十佳师德标兵、宁夏十大杰出青年、宁夏青年科技奖、自治区先进工作者等奖励或荣誉称号。兼任教育部生物技术、生物工程类专业教学指导委员会副主任委员，教育部科学技术委员会委员，《高校生物学教学研究》副主编，中国微生物学会理事，上海交通大学博士生导师等。长期从事分子微生物学与免疫学等学科的教学与科研工作。先后主持完成国家“863”计划、“973”计划、国家自然科学基金等国家级和省部级科研项目30余项。获国家一类新药证书1项，获省部级科技进步奖一等奖2项、二等奖5项，获国家级教学成果奖二等奖1项、自治区教学成果奖特等奖1项（以上奖项均为第一完成人）。在《*Theranostics*》等国际期刊发表论文100余篇，主（参）编《免疫学原理与技术》《微生物学》《现代免疫学》等教材和专著多部。

我与宁夏大学的情缘

王玉炯

20世纪60年代初，我出生于宁夏中宁县。刚刚成立不久的宁夏回族自治区百废待兴，许多知识分子从祖国的四面八方奔涌而来，支援宁夏建设。在我的少年求学阶段，这些支宁教师高尚的情怀和渊博的学识滋养着我，他们无私奉献的精神也深深感染着我。

1979年，我考入宁夏农学院，成为农场中学第一个考上大学的学生。许多大学期间的任课老师都是建校初期来自祖国各地的有志青年。在宁夏的工作经历，淬炼了他们勇于面对困难的意志和诲人不倦的品格，这种意志和品格也给我留下了深深的烙印。大学四年，对知识的无限渴求让我在学业上不懈追求。四年后，由于我的学业成绩优秀，被选拔留校任教（当时学校有一项政策，大学期间连续三年“三好学生”可以优先留校工作）。留校工作几年后，为了提升学术水平、增强履职本领，我先后考取了中国人民解放军军需大学（现吉林大学）的硕士、博士研究生。在导师殷震院士的悉心指导下，我完成了由我主持申报的国家自然科学基金项目“幼畜腹泻双价基因工程苗的研究”，针对由产气荚膜梭菌 β 毒素引起的幼畜出血性坏死性肠炎和大肠杆菌 ST 肠毒素引起的新生幼畜腹泻的免疫预防这一世界性难题，在利用重组细菌毒素进行免疫预防的研究和实践方面取得了突破性进展。该成果于1999年获宁夏回族自治区科技进步奖一等奖。

1999年6月，博士毕业时我面临两个选择：一是接受发达地区多家单位开出优厚工作条件的邀请，二是回到宁夏在生物科学领域做一些开创性的工作。时任宁夏回族自治区党委书记毛如柏，在病房挂着吊瓶约见我畅谈近两个小时，谈话内容从国内外生命科学的发展现状，到宁夏生物技术的发展前景，甚至宁夏的高等教育事业。他建议我回宁夏，为家乡贡献聪明才智。同时，宁夏大学戴万忠书记、张奎校长也都盛情邀请我加盟宁夏大学。这样，我便义无反顾地成为宁夏大学生物工程系（拟筹）的第一位教师。

自此，我和几位同事开始了生物工程系和生物技术重点实验室的筹建工作。当时的情况是既无场地、又无设备、更无师资，一切从零开始，但有一点很重要，就是校党委明确提出要在宁夏大学高起点建设生物科学学科。在校领导的大力支持和相关部门的积极帮助下，2000年1月，宁夏大学生物工程系正式挂牌成立（学校任命我担任首任系主任）。同年又成功申报并获批建立了宁夏第一个生物化学与分子生物学硕士学位点，实现了当年建系、当年招收本科生、当年建立硕士学位点的跨越式发展。

2001年，自治区教育厅启动了首批自治区重点学科建设工作，生物化学与分子生物学学科被遴选为自治区级首批重点学科，经过几年的建设，该学科形成了动物疫病分子生物学、特色植物资源开发利用三个具有地方特色的稳定的研究方向，带动了学校相关学科的发展，形成了内涵更加丰富、领域更加宽泛的"西部特色生物资源保护与利用"学科群。在2008年宁夏大学进入"211工程"建设高校行列后，该学科也被遴选为宁夏大学"211工程"重点建设学科。

2002年，生物技术重点实验室获批为自治区重点实验室，在此基础上建立的西部特色生物资源保护与利用重点实验室也被教育部批准为省部共建教育部重点实验室。同年，宁夏大学与宁夏农学院进行了

王玉炯教授访问美国 NIH

新一轮合校，宁夏大学生物工程系、生物技术重点实验室与宁夏农学院生物系合并成立了宁夏大学生命科学学院。2005年，重点实验室通过了教育部的评估验收，成为宁夏第一个教育部重点实验室。

作为院长和学科带头人，我深知高水平的师资队伍和高层次人才团队建设是学院发展的第一要务。我通过师兄弟、同学、校友等关系，广开门路、招贤纳才，吸引、凝聚了一批具有海外学习工作经历和国际视野的高层次人才，打造了“基础生物学”国家级教学团队和教育部“长江学者和创新团队发展计划”创新团队，培养了一支在动物重大传染病防控技术研究领域具有较强创新能力的高层次人才队伍，有力支撑了学院的学科建设、人才培养和科学研究。

作为一名大学教师，我深知，只有高水平的科研，才能有高质量的人才培养，产出的科研成果也才能对社会经济发展起到有效的推动作用。建系第一年，由我作为项目主持人申报获批了宁夏第一个国家“863”计划项目——“犊牛、羔羊腹泻 CPB-ST 双价基因工程苗的中试研究”，研究成果在2004年8月成为我国第一个获得国家一类新兽药证书的动物用基因工程疫苗。

由于生命科学学院是新建的年轻学院，教师大多都是新入职的青年博士。为此，在全院积极倡导老教师和骨干教师的“传帮带”作用，助推青年教师全面成长。同时，特别重视教师队伍的思想政治建设和师德师风建设，引导教师树立团队意识，加强师德修养，践行立德树人。2006年，生命科学学院成为全国高教系统为数不多的“全国五一劳动奖状”获得者；2009年，生命科学学院因教学、科研、人才培养和学科建设等方面的突出业绩，获得“全国教育系统先进集体”称号。

“功夫不负有心人”。在校党委的坚强领导下，通过学院同事们长期不懈的共同努力，生命科学学院的学科研究方向得到了进一步凝练，学科平台的基础条件得到了进一步改善，人才培养质量得到了大幅度提升，承担国家重大科技计划的能力得到了进一步增强，社会服务能力得到了明显提升，学科队伍建设取得了显著成效，对外交流合作的广度和深度得到了进一步拓展，学院成为了西部地区生命科学领域内高水平科学研究、高层次人才培养、高效益成果转化的重要基地。2017年，生命科学学院成功申报获批生物学一级学科博士学位授权点，形成了生物学学科学士—硕士—博士一体化人才培养体系。从此，生命科学学院的发展迈上了又一个新台阶。

2019年，组织安排我担任宁夏大学党委副书记，从一线普通教师和学院学科带头人转身学校领导，肩上沉甸甸的责任让我更加感到为宁夏大学的发展努力工作的紧迫感。我将始终坚持立德树人根本任务，不忘为党育人为国育才的初心使命，在自己的工作岗位上殚精竭虑，为宁夏大学的双一流建设尽职尽责。

岁月的年轮已经辗转过去了几十载春秋，我个人的成长与宁夏大学的发展几乎是同频共振，我与宁夏大学已经成为不可分割的共同体。

我从塞上走来，深深眷恋这片热土。为了我所钟爱的生命科学这门专业和教师这份职业，我甘愿继续为它奉献绵薄之力。

宁夏基因研究第一人

——记宁夏大学党委副书记王玉炯教授

张新民　封宏砚

有一种情怀从未改变

20世纪90年代，当国内发达地区的现代生物技术研究已开展得如火如荼时，宁夏的基因工程研究还是一片空白。1999年，王玉炯从中国人民解放军军需大学（现吉林大学）博士研究生毕业，放弃了国外和国内发达地区优越的工作条件和生活环境，怀着对家乡深深的眷恋，抱着不能眼看着宁夏的现代生物技术高等教育和科学研究一直处于落后状态的信念，毅然选择了宁夏大学，负责筹建宁夏大学生物工程系和生物技术重点实验室。

艰难方显勇毅，磨砺始得玉成。凭着一股勇于开拓的闯劲和不甘落后的拼劲，2000年1月，宁夏大学生物工程系正式挂牌成立。难能可贵的是，由于王玉炯和他的同事们富有创造性的工作，在生物工程系建系的当年就成功申报并建立了宁夏的第一个生物化学与分子生物学硕士学位点，实现了当年建系，当年招收本科生，当年建立硕士学位点的跨越式发展。2001年，由王玉炯担任学科带头人的生物化学与分子生物学学科被批准为自治区级重点学科；2002年3月，由王玉炯负责筹建的生物技术重点实验室被自治区科技厅评估批准为自治区重点实验室；2003年11月，这个成立之初只有3个人的实验室经过三年的跨越式发展被教育部批准成为省部共建教育部重点实验室；2005年5月，实验室通过了教育部的验收，正式成为教育部重点实验室。

作为学科带头人，王玉炯积极发挥老教师和骨干教师的"传帮带"作用，帮助青年教师尽快成长。在业务上对学院青年教师热心指导、严格要求，把自己的教学、科研经验毫无保留地传授给他们，并为他们解决学习、生活、工作中的实际困难。

目前，宁夏大学生命科学学院拥有生物学一级学科博士学位授权点和生物学一级学科硕士学位授权点各一个，两个本科专业，一个国家级教学团队，两个国家级特色专业建设点，一个教育部重点实验室，一个教育部科技创新团队，四个自治区科技创新团队，一个自治区级重点学科，一个自治区优势特色学科，一个"211"工程重点建设学科，一个自治区级本科教学实验示范中心。

有一种信念矢志不移

王玉炯既是一名教师，又是一位学风严谨、硕果累累的学者。在完成教学任务的同时，他积极开展科学研究工作，先后主持承担国家"863"计划项目2项、国家"973"计划课题2项、国家"跨越计划"项目1项、国家自然科学基金资助计划项目9项、国家科技攻关计划项目2项、教育部重点（重大）项目4项、自治区科技攻关计划项目10项。获国家一类新药证书1项，获省部级科技进步奖一等奖2项、二等奖5项，获国家发明专利授权8项，在国内外各类学术期刊发表高质量研究论文100余篇。

1999年，他主持完成的国家"863"计划项目"犊牛、羔羊腹

王玉炯教授与团队成员讨论学术问题

泻 CPB-ST 双价基因工程苗的中试研究”，实现了宁夏独立承担国家“863”计划生物技术领域项目零的突破，于2004年8月成为我国第一个获得国家一类新兽药证书的动物用基因工程疫苗，标志着我国在利用重组细菌毒素研制基因工程疫苗的实践方面已处于国际领先水平。

他主持完成的“利用转基因植物表达口蹄疫基因工程亚单位疫苗”项目，构建了带有 FMDV 的 Vp1抗原决定簇与 HBcAg 和带有 FMDV V_p1全长基因与霍乱毒素 B 亚单位基因（CTB）的融合基因的转基因植株，动物实验表明融合蛋白免疫小鼠后可以产生100% 的保护率，研究结果为开发新型 FMD 基因工程亚单位疫苗奠定了基础。

他主持完成的国家自然科学基金项目“幼畜腹泻双价基因工程苗的研究”，针对由产气荚膜梭菌 β 毒素引起的幼畜出血性坏死性肠炎和大肠杆菌 ST 肠毒素引起的新生幼畜腹泻的免疫预防这一世界性难题，在利用重组细菌毒素进行免疫预防的研究和实践方面取得了突破性进展。

作为生命科学学院学科带头人，王玉炯带出了一支团结协作、开拓创新、具有国际视野的学术团队，为自治区经济建设培养了一批具有创新能力的专门人才，在动物重大传染病的发病机制和免疫防控研究等方面取得了突破性进展，形成了一批标志性成果，为宁夏科技界在国内外动物病原微生物学科领域赢得了声誉。

有一种选择从不言悔

有着强烈事业心和进取精神的王玉炯，注意把教学和科研相融合，积极探索教改的新路径。他根据自己多年来教学与科研相长的体会，提出了教学与科研相融合的办学思路，坚持以学生为本，以能力培养为核心的“知识、能力、素质协调发展”的教育理念。在教学实践中，从西部地区地方经济建设和社会发展对生物技术人才的需要出发，结合宁夏大学的特点，从课程体系、教学方法、科研训练、能力培养等方面开展全方位的教学改革实践。

王玉炯强调突出学生的主体地位，激发创新精神，提高实践能力，使学生个性充分得到发展。通过构建适合学生探索精神、科学思维、实践能力、创新能力培养的实践教学体系，实现了产、学、研各环节的有机结合。

他积极鼓励学生参与教师各类科研项目，培养学生的科研素养。吸纳学生进入教师的课题组，培养他们的科研意识和科学素养，使学生在知识、能力和素质培养三位一体的教学体系中，得到全面的发展。

加强实习基地建设，强化学生实践能力培养，是王玉炯的又一条教改思路。由他牵头，学院先后建立了辽宁益康生物制品厂、宁夏多维药业和宁夏伊品集团等14个实习基地，既为学生的生产实习、毕业实习和科研实践提供了场所，又促进了科技成果的转化应用，同时还拓宽了毕业生就业渠道。

王玉炯关注教改，潜心教学。2005年，由他主持完成的教育部高等教育教学改革工程项目“生物技术人才培养体系的探索与实践”获

采访留影（中为王玉炯教授）

得国家级教学成果奖二等奖和自治区教学成果特等奖。

有一种追求敬业乐群

“为人师表”是王玉炯始终恪守的准则。在教育教学活动中，他注重身教重于言教，十分重视育人环境的建设，收到了良好的效果。宁夏大学生命科学学院生物科学（师范）专业2003届毕业班被教育部、团中央授予“全国先进班集体”称号。

“教学兴院、科研强院”是生命科学学院一直坚持的发展理念之一。在王玉炯的带领下，宁夏大学生命科学学院成立十余年，获批国家级科研项目100余项，省部级科研项目170项，总经费累计近1.2亿元。2006年，生命科学学院成为全国高教系统为数不多的“全国五一劳动奖状”获得者；2009年，生命科学学院荣获“全国教育系统先进集体”称号。

“我热爱教师这个职业，热爱我的学生。是家乡的这片热土养育了我，是宁夏大学提供的平台，支撑我在生物技术教学和科研领域取得了一些成绩。获得国家级教学名师奖，这份荣誉应该属于养育我的家乡和宁夏大学。”这是王玉炯在接受教育部组织的中央14家新闻单位的记者来宁夏大学集体采访时的“获奖感言”。

“活水源流随处满，东风花柳逐时新。”如今，作为学校党委副书记，王玉炯继续为宁夏大学的建设发展殚精竭虑。

春华秋实，王玉炯教授披星戴月的忙碌得到了回报，在收获的时节，他的心里是甘甜的，那呕心沥血的累累硕果，他身后那一行行扎实而闪光的足迹，是对开拓者无声的礼赞。

作者简介

张新民，1951年出生，山西新绛人，中共党员，主任科员，高级政工师。2002年获陕西师范大学文学学士学位，曾任《宁夏大学报》编辑部副主任。宁夏作家协会会员、宁夏文艺评论家协会会员。

封宏砚，女，1997年出生，河北石家庄人。2018年获宁夏大学汉语言文学学士学位、英语语言文学学士学位，宁夏大学2020级新闻与传播专业硕士研究生。宁夏作家协会会员、宁夏文艺评论家协会会员。

仰之弥高　钻之弥坚

——我眼中的王玉炯教授

吴晓玲

初次认识王玉炯教授是在大学期间微生物学的课堂上。他身着干净整洁的白大褂，以风趣生动的方式将微生物的故事娓娓道来，给我们展示了一个神奇而丰富多彩的微生物世界，这种独特的授课方式让我们记忆深刻，受益匪浅，他也成为了深受大家爱戴的好老师。他课堂上的博学和课堂下的兢兢业业深深地影响着我，和众多受到他这种严谨精神鼓舞的学子一样，我也在求学的道路上一直前行。

儒雅谦逊，严谨认真，是大多数与王玉炯教授有过接触的人对他的印象。就是这样一位儒雅而严谨的学者，为日后宁夏大学生命科学的发展写下了浓墨重彩的一笔。作为他曾经的学生和现在的同事，我目睹、见证了他的努力与付出，以及为宁夏大学生命科学学院的建设与发展带来的巨大变化。

选择与责任

1999年，对于王玉炯教授来说是忙碌而充满挑战的一年。那年他完成了博士毕业论文答辩，大学毕业。三年来，在导师殷震院士的悉心指导下，他的研究工作取得了重大突破，研究成果在业界引起了不小的轰动。毕业之际，包括沿海发达地区知名大学和其他地区的许多高校都向他抛出了橄榄枝，其中也包括宁夏大学。

一边是具有优越生活和科研条件的沿海大城市，一边是自己难以割舍的家乡。对于大多数对科学研究有执着追求的人来说，发达城市的科研条件无疑更具有吸引力。但是对他来说，一种油然而生的使命感和责任感让他毫不犹豫地选择了宁夏大学，并接下了筹建宁夏大学生物工程系及生物技术重点实验室这一艰巨任务。

当时的宁夏大学还没有生物学科及相关专业，在生物学领域还是一片空白。在他看来，此时的宁夏大学更需要他，他也想为自己的家乡做点事情，为宁夏生命科学的发展奉献自己的绵薄之力，这一选择也让他为这片相对落后的黄土地奉献了自己最好的青春年华。

一切都要从零开始！筹建生物工程系及生物技术重点实验室说起来容易，真正做起来却困难重重。

当时没有一栋固定的建筑可以作为生物工程系的教学和科研办公用房，学校将北校区一个卫生所的办公室腾出来作为生物工程系的临时办公室及实验室。除了科研用房极度紧张之外，人员严重匮乏也让他一筹莫展。为此他四处奔走，大到科研用房、人员招聘，小到新招聘人员的教学培训、科研任务落实，他无不亲力亲为。

终于，在学校各级领导的支持及各部门的共同努力下，2000年1月，宁夏大学生物工程系正式挂牌成立，实现了宁夏大学生物工程系从无到有的突破。

那一年，我也刚好硕士研究生毕业应聘到宁夏大学工作，并有幸加入到王玉炯教授带领的这支年轻的队伍里。自此，耳濡目染，由学生到同事，我更加真切地感受到他对工作的一丝不苟和严谨认真，也亲历了在他的带领下，宁夏大学生物工程系的发展、壮大与蜕变。

2000年9月，生物工程系顺利招收了第一届本科生，同年成功申报并建立了宁夏第一个生物化学与分子生物学硕士学位点，实现了当年建系，当年招收本科生，当年建立硕士学位点的飞速发展。那一刻，他的脸上露出了欣慰的笑容。对新招收的第一届本科生，他言传身教，悉心指导，让学生们深刻理解生物技术在未来社会发展中的重要性，同时他也十分重视对学生实践创新能力的培养。他兢兢业业的工作态度和孜孜以求的探索精神影响着这些学生，更带动着全系教职工前进的步伐，让我们不敢有丝毫的懈怠。

厚积薄发

创业的日子是艰难的。王玉炯教授经过多方调研，汲取其他著名高校生命科学学院的办学经验和办学理念，分别从专业规划、教学改革、科学研究、学科发展等多个方面设计了生物工程系的发展蓝图。之后，所有的工作都按照这个蓝图，一步一步得以实现。

2001年，生物化学与分子生物学学科被批准为自治区级重点学科。2002年3月，宁夏大学生物技术重点实验室被批准为自治区重点实验室。同年，宁夏大学与宁夏农学院进行了新一轮合校，宁夏大学生物工程系与宁夏农学院生物系合并成立了宁夏大学生命科学学院，2005年，宁夏大学生物技术重点实验室被教育部批准成为教育部重点实验室，这是当时宁夏获批建设的第一个教育部重点实验室。

经过王玉炯教授和同事们几年的努力，宁夏大学生命科学学院取得了累累硕果。他本人也由于教学科研和学科建设等方面的突出成就，获得了国家级教学名师、享受国务院政府特殊津贴。全国模范教师、全国师德先进个人、“百千万人才工程”国家级人选、教育部“跨世纪优秀人才培养计划”人选、宝钢优秀教师特等奖、自治区“塞上英才”、自治区有突出贡献专业技术创新人才奖等荣誉称号，并取得了国家一类新药证书、国家级教学成果奖二等奖、省部级科技进步奖一等奖等一系列学术成果，同时他也被遴选为中央直接联系的高级专家。这一系列成果完美落地宁夏大学，至此，生物工程系也从成立之初仅有3人的小团队发展为宁夏大学的一个标杆学院，成为了宁夏大学的一面旗帜，一个窗口。大家惊叹于生命科学学院的发展速度，同时也被王玉炯教授的开拓创新精神所感动，他的不懈努力大家看在眼里，记在心里。

华衣背后

在同事眼里他是温文尔雅的学者，是雷厉风行的领导；在学生眼里他是和蔼可亲的长辈，是博学多才的老师。这诸多的身份中，王玉炯教授最重视的还是“教师”这个头衔。

给学生上课是所有工作中最让他舒心的事。为了给学生上好一堂课，他常常要查阅大量文献，引经据典，以风趣幽默和通俗易懂的方式传授给学生。在他的带动下，关注人才培养质量、注重创新能力培养已成为生命科学学院的一种良好风气，生命科学学院也因此先后获得“全国五一劳动奖状”和“全国教育系统先进集体”等荣誉称号。

作为学院院长，王玉炯教授不但要处理学院大量的行政事务，还要兼顾繁重的科研任务。那几年间，时间对他来说显得弥足珍贵，他的科学研究工作不得不放在休息时间，因而平时很晚回家，周六周日加班成了家常便饭。

他有严重的咽炎，如果劳累过度，咽炎的症状就会加重。有一次课题组开会，他的声音沙哑，嗓子几乎发不出声音，但是他依然坚持听取汇报，布置工作。在他眼里，认真工作是一种态度，更是一份责任，更饱含着全院师生对他的期望，他不能让大家失望。

正是由于王玉炯教授的勤奋与努力，在他的带领下，生命科学学院才迅速迈入了发展的快车道，实现了一个又一个跨越式发展。

居安思危

在大多数人看来，生命科学学院各项工作都走在了前列，发展得已经很好了，但是他却提醒大家要“居安思危”，要有发展的紧迫感和危机感，生命科学学院要想再上一个台阶，还有很长的路要走。

任重而道远，面对时代发展的要求，王玉炯感受到了前所未有的压力！

在他看来，生命科学学院要想走得更远，必须开阔视野、开放办学。为此，他广泛邀请国内外知名专家到学院开展学术交流，在短短的几年时间里，在他的主导下学院举办了近百场学术报告会，通过这些学科前沿报告，让学院的师生们与国内外学术大师面对面交流，感受知名大学的学术视野与治学氛围。另一方面他也鼓励教师们走出去访学深造、开阔视野。几年之后，这些学成归来的教师不仅自身的学术水平得到了明显提升，同时也带来了先进的治学经验和科研理念，为宁夏大学生命科学的发展注入了新的活力。

与此同时，王玉炯积极参与宁夏大学与上海交通大学对口合作工作，带团队到上海交通大学交流学习，并与上海交通大学共建生物化学与分子生物学专业的博士生培养点。他本人由于出色的工作和渊博的学识被聘任为上海交通大学的博士生导师。

然而，此时的宁夏大学还没有生物学博士学位点。他认为宁夏大学的生物学学科若想在国内占有一席之地，必须建设生物学一级学科博士点。这也是自建系第一天起，他一直努力奋斗要实现的目标之一。为此，他带领团队及全院教师熬过了无数个不眠之夜，一步一个脚印，为生物学一级学科博士点的申报夯实了基础。

终于，功夫不负有心人，生物学一级学科博士点于2017年成功获批，生命科学学院的发展也迈上了又一个新台阶。此后，包括我在内

王玉炯教授指导博士研究生

的多名中青年骨干教师先后被选聘为生物学一级学科博士点的博士生导师，壮大了生物学博士点培养团队的师资力量，有效提升了生物学博士生的培养水平，生物学科的发展也进入了一个全新的阶段。

新的挑战

坚守宁夏大学多年来，王玉炯院长为生命科学学院的建立、发展和壮大做出了巨大的贡献，他的工作也得到了上级部门的充分肯定。

2019年，他卸任生命科学学院院长及西部特色生物资源保护与利用教育部重点实验室主任的职位，被任命为宁夏大学党委副书记，这个岗位对他来说又是一个全新的挑战。

离开了他一手创办的生命科学学院，他有不舍、有眷恋，更有诸多期许。

新的工作岗位事情更多了，担子更重，责任更大，他也更忙了，为此他投入了更多的精力。与此同时，作为博士生导师，他始终不忍割舍他的专业和他心爱的学生，坚持教学、科研、管理“三管齐下”，几乎忙得没有休息时间，但他却乐在其中。

他倾注了大量心血来完成科研项目申报、任务落实、项目结题等工作，在硕士、博士毕业论文的开题立项及实验环节他都悉心指导，每项工作他都精益求精。所带的博士学位论文完稿后，一般除了对总体思路进行指导，每一个错别字他都悉数指出，整个论文被标记得密密麻麻。正是这种高标准和严要求的培养，让他的学生都具备了扎实的专业知识和过硬的综合素质。目前他培养的博士和硕士很多已成为单位的中坚力量，有些已成为硕士生导师、博士生导师。他孜孜不倦和精益求精的工作理念也随着这些学生不断被传承下去。

曾经，作为宁夏大学生命科学学院的掌舵人，他全力以赴，殚精竭虑；如今，作为宁夏大学校领导，他依然甘于奉献、默默坚守……

作者简介

吴晓玲，女，1973年2月生，宁夏同心人，中共党员，博士，宁夏大学生命科学学院教授、博士研究生导师。

王银春

1955年生，河南三门峡人。历史学者，曾任宁夏大学研究生院院长。宁夏大学教授、博士研究生导师。著有《〈通史〉史学批判精神论析》《人类重要史学命题》等学术论著20余篇（部）。

人间有味是清欢

——我和宁大的那些事

王银春

1982年7月，我从陕西师范大学毕业，分配到宁夏大学历史系工作。

历史系是1958年宁夏大学建校时最早创建的三系之一。教师来自五湖四海，且大多于名校毕业，以北京师范大学背景为多，其他则来自北京大学、山东大学、华东师范大学等。时任系领导李荣、郝绍光、贾正群三位老师，均毕业于北京师范大学，实力之雄厚，可见一斑。能与这样一批前辈师长共事，得旁指曲谕之利，令我倍感兴奋。

中国近代史教研室共四人，除我之外的三位老师都姓刘。教研室主任刘钦斌老师性格豪爽直率，我做他的助教，常得训诫指点。刘俊生老师为人和善，常带笑容。刘继德老师陕西人，质朴自然，话语不多，然一开口，地道关中口音，倍觉亲切。

时学校规定，新入职者一年内不得承担课程主讲，必先做主讲老师助教。我便随三位老师逐堂听课，做课后辅导答疑、批改作业一类事情。如此近两年，我方走上大学讲台。

我于陕西师范大学读书时，导师“学会用世界眼光看中国历史”一句箴言，令我茅塞顿开，始终不忘。故于历史系任教期间，时常阅

历史系84届毕业师生合影

读世界史著作，兴致愈浓。1986年，恰宁夏大学与南京大学、东北师范大学、西北大学等联合招收培养研究生，导师均为著名历史学家。如南京大学王觉非教授、东北师范大学赵矢元教授、西北大学林剑鸣教授，皆名冠一时之著名学者。我遂报考张天先生、李荣先生和王觉非先生联合招收的世界近代史（英美史研究方向）的研究生。

王觉非先生时任中国英国史学会会长，多次出访英国，我最早关于英国历史与现实社会的知识和认识，均得益王先生传授指导。张天先生在英国史和澳大利亚史研究领域多有建树。李荣先生专治美国史，且于史学理论尤具见解。三位先生学识广博，授课思路开阔，旁征博引，观点鲜明，入木三分，常带不落窠臼之论。先生们时常教导我，研究历史要具有世界眼光。我有幸聆听教诲，受益良多。我较早撰写的《研究中国近代史应该开眼望世界》《洋务运动时期世界大势之考察》几篇文章，就是实践“具有世界眼光”的一些探索。

1989年，研究生毕业。当时我报考的是全日制研究生，故工作人事关系已不在学校。我当时意欲继续攻读学位，报考王觉非先生的博士，但时任宁夏大学教务长的郝绍光老师让李荣先生转告，希望我回校服务，并在我人事关系不在宁大且尚未毕业的情况下，1988年破格评审我讲师职称。时我女儿刚刚三岁，妻一人带孩子照顾家人十分辛苦，且三年读书经济拮据，岳父母时常接济，我心中多怀羞愧。学校信任难负，家庭责任难推，于是我便重返学校，教授世界近代史课程，后接替张天先生担任世界近代史教研室主任。

1993年6月，我和中国近代史教研室主任霍维洮，一同被学校党委任命为历史系副主任。时柳松教授任历史系主任，陈德贤教授任党总支书记。为适应当时市场经济对应用型人才需要，系里决定扩展专业领域，遂申请设立文史应用专业，并与当年招收该专业“旅游与饭店管理”方向专科生，且获学校教学成果奖励。新专业师资匮缺，我主讲“公共关系学”“主要客源国概况”两门课程。与史学比较，课程内容对我并无困阻。因我世界历史专业背景，更显轻松。故两门课程颇受学生欢迎。1996年，该专业更名为旅游管理。

柳松教授性情平允，和善宽厚，从未见有激烈愠怒之状。主政系务，宵衣旰食，孜孜不辍，我颇尊重，故竭力配合，助力不惜。1997年6月，柳松、陈德贤两位系领导卸任，霍维洮和我继任，维洮任主任，我任党总支书记兼副主任。

1999年，学校党委调任我到研究生处工作。早先学校未设研究生专门管理机构，研究生人数寥寥，先归教务处管理，后又归科研处。1997年12月，四校合并组建新的宁夏大学，始设研究生处，第一任处长张海晏教授。后张教授调离宁大，我遂继任。

1999年3月8日，分管领导左理副校长带我到岗，宣读任命。时研究生处办公和研究生住宿均在同一幢楼。此楼系1959年建校之初所建，因呈“L”形，故称“拐角楼”。

拐角楼青砖灰瓦，岁月峥嵘，饱经沧桑。楼外墙面斑驳纷杂，往昔涂写标语依稀可见。及入楼内，电线杂垂，灯光灰暗，墙皮脱落，地面洼陷，水房厕所气味浑浊，污水浸漫。此种状况，令我一时心绪低落，难以言喻。

情形已然如此，唯有努力工作。最早十余天时间，我遍访导师，登门求教，听取指导；走进学生宿舍，调查情况，了解需求。由此，工作思路业已形成，决定从改善培养条件、营造文化环境、活跃学术活动、健全管理制度四项工作入手，迅速打开局面。

一日，学校召开全校干部大会。校党委戴万忠书记见到我，问道："王银春，工作咋样？有啥需要支持？"我急忙把想建研究生电脑室的想法向戴书记作了汇报。戴书记略想一下，说："好，我同意。研究生学习没个电脑室咋行？我想办法给你凑五万块钱，让左校长也拿五万，把电脑室赶快建起来。"

今天，莫说建一个微机室，就算建十个二十个，又有何难？然彼时，合校伊始，资金困囧，支出十万，实非易事！那是全区高校第一个专供研究生学习使用的微机室。建成之后，学生交口称赞，亦引其他高校研究生羡慕。室内每天挤满研究生使用、学习，一片生机。我又策划创办《塞上研究生》刊物和"金波论坛"学术讲座。有声有色，如火如荼。

拐角楼共三层，靠北侧一边，集研究生处办公、研究生教室、研究生住宿为一体。南侧一边大部分房屋，仍住有青年教职工及家属。年久失修，条件极简陋，每遇大风，常有木制窗框刮落事情发生。最令担心者，落物伤人。我遂将修缮该楼作为当时最紧要工作，打专项报告送交学校。时分管后勤工作领导是谢建勇校长助理，听我汇报后，他只说一句话："再没钱，学生安全第一，修！"掷地有声，令我惊服。

1999年五六月间，西夏研究所所长王天顺教授，赴河北大学交流学术，我亦随行。时任河北大学研究生处处长李华瑞教授，引带游览校园。其中一座楼宇，分外夺目。红墙青瓦，白色窗棂，四周绿树成荫，晴空朗日下，秀美万分。瞬间，我对拐角楼修缮方案，已成竹在胸。

拐角楼修缮在暑假时开工。内部维修进展顺利，铲墙皮、抹灰粉、贴墙裙、铺地砖、理线路、装排灯，势如破竹，计日程功。未料外部修缮意外受阻。一个周六晚，突接张奎校长电话，说有教师向他反映，拐角楼修缮存在问题，让我暂停施工。次日清晨，张校长赶来，我急问缘由。方知有教师认为楼外墙面不宜换涂红色。张校长仔细观察，见已被涂刷部分墙面，比较原来颜色，十分鲜艳，便连连称好，遂令继续施工。

自此，宁大最早的楼宇，改换颜色。一幢“红楼”，矗立校园，成为学校标志性建筑。遗憾的是，后经有关部门鉴定，因内部结构年久失修，定为危楼，遂予（以）拆除。2010年由曾宪梓先生捐助部分资金，原址原貌重建，便是现在的红楼。

红楼修缮，历时三十天余。为保时保质，每日我必临现场督看，多惹工人怨烦，我亦不顾。新学期开学，各地研究生返校，异常惊喜。宿舍、教室、微机室、电视房、期刊阅览室、休闲娱乐室，一应俱全，焕然一新。

红楼小门楹联，最引注目，师生多喜驻足览读，拍照留影。楹联内容由我所撰，拜著名书法家刘正谦先生书写。右联“崇真尚学穷索微赜深密”，左联“修身养性笃求大义诚情”，横批“立高存远”。表达我为人为学之拳拳理念，殷殷与学生共勉。楼内走廊，又有书法家丁生俊老师“自强不息”“厚德载物”作品，挂于两侧。再有春夏秋冬、梅兰竹菊等景色小画，装点四周。环境静谧清幽，最宜读书。

2000年，我校研究生处获“全国学位与研究生教育管理工作先进集体”称号，受到国务院学位委员会表彰。2001年获得优秀本科生免试推荐攻读硕士学位资格。2003年我校被国务院学位委员会批准为博士学位授予单位，研究生教育进入快速发展时期。2006年我校获批中国少数民族史、水利水电工程两个二级学科博士点。2008年学校进入“211工程”重点建设高校行列。为适应新形势，2008年11月12日，宁夏大学研究生院挂牌。2010年我校获批民族学、数学、水利工程、畜牧学、草学5个一级学科博士点，22个一级学科硕士点。2011年，齐岳书记、何建国校长又作决策，将八层综合大楼（大白楼）划归研究生使用，彻底解决了教学条件等问题。

2006年，中国少数民族史博士点申报成功，宁夏大学5名老师是中国少数民族史第一批博导（左一西夏研究院院长杜建录，左二王银春，左三时任学校党委书记、校长陈育宁，左四人文学院院长霍维洮，左五政法学院教授孙振玉）

1999年，我初到研究生处工作时，全校仅8个二级学科硕士点，60多名研究生。及2012年我卸任时，已有5个一级学科博士点，23个二级学科博士点，26个一级学科硕士点，151个二级学科硕士点，5个专业学位授权点，在校研究生2600余人。研究生教育蒸蒸日上，日新月异。

我在研究生教育管理岗位13年，先后在5任分管副校长直接领导下工作。左理副校长温善、中和、豁然、通达，对生活和事业的理解，幽默而智慧，令人憬然有悟，茅塞顿开。吴海鹰副校长干练、洒脱，视野开阔，思维活跃，常有独得之见，令人耳目一新，另开生面。李星副校长学者气质、大家风范，睿智、谦逊，抱诚守真，清正宽仁，如冬日之日，和煦温暖。冀永强副校长果断、毅然，直内方外，言信行果，令人精神振奋，孜孜不懈。王燕昌副校长堂正、谨严，唯实励新，高情远致，虽理科出身，然颇具人文情怀，如沐春风，沁人心脾。他（她）们自信、磊落、务实、高效的领导风格和与人为善、交洽无嫌的领导艺术，令我心悦诚服，激励我满怀热情，力行不怠。

2004年，学校行政办公拟整体迁入新竣工大楼。我闻讯，急见陈育宁书记，求将原来办公楼（小白楼）划归研究生使用。陈书记点头称善，此事遂得圆满。

后来清华大学研究生院常务副院长、工程硕士教指委负责人陈皓明教授来校指导工作。及至研究生楼，陈教授连声赞叹：清华大学研究生也没有这样大一座楼呀！

2006年，中国少数民族史博士点获批，陈育宁、霍维洮、杜建录、孙振玉几位教授和我，被学校选聘为第一批文科博士生导师。

我2000年开始招收硕士研究生，2007年开始招收博士研究生，培养了50余名硕士、博士生，都已成长为工作岗位上的骨干。2012年，我被学校聘为教授二级岗位。

2011年，我被宁夏回族自治区人民政府授予“自治区优秀教师”称号，教师节受到自治区党委书记张毅、副书记崔波等领导的慰问。

我在宁夏大学历史系工作17年，在研究生管理岗位13年。亲历和参与了学校的发展进步，甚感幸运！

最是杏坛不了情

——记宁夏大学历史学教授王银春

王爱婷

王银春1982年毕业于陕西师范大学，毕业后到宁夏大学任教，1988年破格晋升为讲师职称，1989年研究生毕业于宁夏大学。1993年6月，被学校党委任命为历史系副主任；1999年调往研究生处（现研究生院）担任处长；2011年，被自治区党委授予“全区优秀党务工作者”荣誉称号，同年被自治区政府授予“自治区优秀教师”称号；2012年，被学校聘为教授二级岗。

不问过去名和功，唯记心中情和义。回首宁夏大学研究生工作历程发展，王银春院长呕心沥血，筚路蓝缕，迈着大步潇洒前行；回首他爱才育人的桩桩往事，王银春老师谦虚低调，秉持初心，默默耕耘，在他身后留下一长串闪光的足迹。

那一眼是望不尽的红楼

在宁夏大学，有这样一处地方是建校以来唯一一座保留至今的老建筑——拐角楼。拐角楼有一个亲切的别称叫“小红楼”。而现在

2000年在小红楼前硕士生导师与硕士毕业生合影（左四刘世俊副校长、左五王银春）

的红楼是宁夏大学国际教育学院。十六年前，这里曾经是破旧的研究生处（现称研究生院）办公的地方。望着小红楼，又遥望着如今的研究生院大楼，研究生院的发展像一列刚启航的火车驶进了一条全新的轨道，再回想着王银春院长在研究生管理部门工作的那十三年，似一页页发黄的台历翻过。

1999年，王银春在宁夏大学历史系担任系党总支书记，接到学校党委的通知，后被调往研究生处工作。1999年正值世纪之交。由于第一轮高校合并，宁夏大学逐渐步入学科建设的快车道，关注人才、科研与教学关系的快速发展，已成为学科建设的重中之重。而研究生的培养是学科建设的重要基石，怎样做才能培养好研究生，又如何做才能为研究生的发展打开新的局面？这是王银春面临的重要课题。

1999年的研究生处，办公、教学、宿舍集于一体，开设的硕士学位点仅有8个，每年毕业的研究生只有20多名。一位被调剂到宁大的研究生没有参加复试，直接离去。院长亲自打电话询问原因，那位学生只回答了五个字："环境太差了！"那时的研究生处办公的地方墙皮脱落、环境漆黑、地面不平、水渍斑斑。刮风时要担心常年未经翻修的木窗户因为合页老化而瞬间脱落砸进宿舍；烧水壶需要一本书的支撑才可以稍微平稳地放在地面上；发黄的办公桌上除了放置书本还有生活用品；设备不完善的卫生间，散发着令人作呕的气味。从楼里考察出来，王银春深感这份责任的沉重。初来乍到，为了平稳推进研究生工作的开展，他首先虚心地向多位老师求教，经过十余天的思考，改善方案总算有了头绪。

为了改善培养条件，每逢下课，王银春便乘车去购买桌椅，置办教学用具，安排车辆送往学校，回到学校后卸下桌椅和教学用具，又接连不停地奔波。由于他的亲力亲为，研究生处的培养环境很快得到了极大改善，位于小红楼的研究生宿舍焕然一新；宁夏大学研究生处第一间微机室也终于建成；第一间溢满书香气息的阅览室也紧随其后落成，书本之间总是遗留着学生手掌的温度。谈到这里，笔者从王银春和善的笑容中捕捉到一股不易流露的自豪风采。

2000年，研究生处获"全国学位与研究生教育管理工作先进集体"称号，受到国务院学位委员会表彰。至此，宁夏大学研究生的培养条件得到了新生，研究生的教育逐步走上正轨并向前推进，快速发展。后来研究生处不断搬迁，落脚今天的八层办公大楼，宽敞舒适，今非昔比。只是，漫步于怀远校区的行人道时，回头望向那栋铭刻着记忆的红色拐角楼，一眼却望不尽。

那温和的一笑如沐春风

转身离去那一眼望不尽的红楼，闭眼，微风拂过。笔者回想着短暂的采访，院长从始至终的温和笑容，令笔者至今都心生敬仰，宛如沐浴春风，心中一片宁静。

王银春早年求学于陕西师范大学历史系，四年人文历史的熏陶和多年沉醉于书海，培养出了他内化于心的哲辨思想以及豁达通透的乐观态度。思想孕育超然的精神品格，使这位历史教授对待人一直都虚怀若谷，平等尊重。在长期的教书育人之时，他总是像慈父般以身示范，引领学生成长，板书一笔一画，美观、规整。他告诉学生，写字如此规整，做人亦要正当、坦率；每逢学生到办公室询问学习之事，他都会起立迎接，告诫学生为人处世当记平等为先。教师职责之外，他还是同学们可以信赖的好朋友。闲暇之时他经常走动于学生们的宿舍之间，偶尔碰到打牌娱乐之事，随即加入其中，一边闲聊，一边享受着和学生相处的欢快时光。院长温和的笑脸和这些场景总是在我脑海里浮现，他那如沐春风般润物细无声的教育方式深深影响着历届学子，成为莘莘学子的精神明灯。

王银春教授平等尊重的价值观离不开早年家庭的经历和书籍的熏陶。少年时代的他经历了“文革”，全家限期迁至宁夏隆德县农村。他的父亲平日与人为善，在这一紧要关头幸得几位朋友的周旋，方被迁赶至原籍河南三门峡农村落户。当时有准许子女中留一人不随迁赶的政策，王银春便留在家中，时年十二岁，一人尝尽冰锅冷灶，艰难度日。

艰苦的日子里，王银春仍然抽出时间阅读书籍。《马克思传》作为德国社会民主党左派领袖和理论家梅林的最后一部著作，是梅林研究马克思主义、研究国际工人运动史心血的结晶，是梅林一生的代表作之一。阅读此书，他深深震撼于一代伟大思想家马克思在家中扮大马逗女儿开心的情节。思想获得滋润，平等尊重的幼苗在青少年萌发，之后不断孕育，才有了今天仅一面便给人亲和、舒适之感的王银春史学教授。温和一笑，如沐春风，艰辛与苦难都被那一抹笑意遮藏于心中。

教学和科研总是相辅相成、相互促进的过程。谈及教学与科研，王银春以“用心”和“兴趣”两个词语加以概括，其中却蕴含着无尽深意。

“用心”二字，说起来简单，做起来却不容易。回忆自己的求学之路，每段时期不同的老师独具特色的教学方式深深地影响着王银春，乃至于他现在都记忆犹新。说起他大学时期教授战国史的何清谷老师，王银春激动地站起身来为我们演示这位老师讲课时的洒脱气派。谈起中学时期的老师，王银春说他十分崇拜讲授语文课的老师，一手漂亮的粉笔字，为他种下了书法的幼苗。此后，每当开会无聊之时，他便不自觉地在腿上画来画去练习书法。正是这些老师独具特色的教学方式和一言一行深刻影响着后来的他，用“随意”的教学方式开展和同学之间心与心的交流以及思想与思想的碰撞。随着科技的快速发展，采用软件的教学方式在各大学校流行，利用软件之便，忘却板书这一最初的教学方式。院长说：“不是不会用，而是今天的一些教学方式需要回归本真。”“用心”，正是教学在搭着时代快车行进时，还能守住我们本来的教学初心。

说到科研与“兴趣”，王院长谈到了曾经的一名研究生——胡铁球。胡铁球，历史学博士，现为浙江师范大学三级教授、中国史一级学科负责人、历史研究所所长、博士研究生导师。胡铁球在宁夏大学攻读硕士研究生学位时，因为对中国社会经济史兴趣颇深，最后在明清经济史研究领域中取得了丰硕的成果。这正应了王院长的一句话：“任何一种兴趣，都包含着天性中有倾向性的呼声，也许还包含着一种处在原始状态中的天才的闪光。”科研在与教学相辅相成的过程中，还需“兴趣”作为一种内动力助推，方才能够获得生机。

“拼却老红一万点，换将新绿百千重。”采访结束，走出王银春老师家门，回望这位史学教授高大的身影，笔者的思绪仿佛回到了十六

采访留影（左一王银春教授）

年前。大道之行行更远，此生无悔做教师的王银春教授，把学生的评价看作是自己教书育人最好的试金石，在贺兰山下铺展开一幅大美的画卷，让一届又一届学子高山仰止，景行行止。

（编校：雍文娟）

作者简介

王爱婷，女，2002年生，宁夏吴忠人，宁夏大学农学院2020级园林班学生。

王银春老师二三事

杨学跃

1996年我到宁夏大学历史系工作时，王银春老师是历史系副主任，分管办公室、资料室和微机室工作，是我的直接领导。此后，陈德贤书记、柳松主任到退休年龄，王银春老师接任历史系党总支书记。我在历史系工作的四年当中，对王老师的印象是他身材伟岸，工作求精务实，待人和气耐心，尤其是对身边的年轻人特别关心和照顾。

1999年，学校安排王老师担任研究生处处长，我也跟随王老师到了研究生处工作。在研究生处工作的八年中，我目睹并见证了王老师对宁夏大学研究生工作的推动、创建和全身心地付出。

拐角楼里的故事

当时的研究生处设在拐角楼。记得第一次进到拐角楼，着实让人吓了一跳。楼道能见度很低，潮气袭人，脚下砖地坑洼不平，墙皮翘起开裂，天花板破损，电线凌乱。王老师的办公桌是一张旧得有些褪色的斗柜，我临时配了一张带有坡度的课桌当办公桌。说实话，当时的条件出乎我的意料。王老师觉察到我的反应，语重心长地说："现在就这么个条件，我们努力改善！"很快，他亲自起草了关于维修研究生楼的报告，呈送给学校主要领导。那时学校资金并不富裕，能批准维修也算是特事特办。记得维修研究生楼是从学期末至暑假期间进行的。起初施工仅是修修补补，但王老师凭着细致观察和生活经验，要求将楼道内所有的墙皮全部铲掉，重新抹灰粉刷，地面铺了瓷砖，屋顶装置了格栅灯，强弱电线路统一布线。当时拐角楼是集办公、教室和研究生住宿为一体，所以维修包括研究生的宿舍。暑期研究生楼维修，王老师几乎每天到维修现场察看施工进度、质量，及时配合解决施工中遇到的问题。

拐角楼的维修在开学前完成了。王老师已提前协调学校物资部门，给研究生宿舍全部换上桌、床、柜一体的全新设施。王老师带着我，亲自抬桌子到每个宿舍。长长的宿舍楼道，有时得从这头抬桌子到那头。那时我年轻，很不理解处长亲自为学生抬桌配椅，楼道里就我们两人，只觉得楼道很长，房间很多。至今，宁夏大学培养的研究生，有的走上了重要的领导岗位，有的成为学科带头人，

王银春教授授课中

殊不知，当年曾经用过的桌子、椅子都是王老师亲自搬、配的。王老师用操心家务的精神来谋划、建设工作单位，这是我工作以来的第一次真切感受！

当时宁夏大学研究生教学、后勤、学生管理皆由研究生处全面负责。王老师除完善住宿、教学条件外，还积极统筹资金，订购了文史哲、理工等各类期刊，建立了期刊阅览室，为研究生购买电视机、创办了《塞上研究生》刊物。争取学校支持，筹措专项经费，购置了几十台计算机，建立了区内最早专门为研究生开放的微机室。

拐角楼的前身是宁夏大学教职工宿舍，有很多教工在那里成了家。王老师到研究生处时，仍然有一些职工因各种原因使用部分房间。随着研究生招生人数的增加，宿舍则越来越紧张。按照学校规定，拐角楼全部划做研究生使用。王老师同使用房间的职工耐心、细致的沟通令人佩服。事实上，那些搬离的职工，多半是被王老师一心为公的精神所感动，多半是看王老师的"面子"，也就是通过良好的私人关系而解决的。事后有人说，宁夏大学房屋专管部门多少年解决不了的问题，王银春解决了，你们处长真厉害。王老师说，不是我厉害，是我们的老师支持了研究生工作！

王老师到研究生处工作时，在校研究生还不是很多，各年级加起也就几十号人。王老师平易近人，能叫出每位同学的名字。王老师在一楼办公走廊设置了毕业墙，将历届毕业生同导师的合影挂在上面，经常有上楼的学生站在楼梯上驻足观看。当我们离开拐角楼时，那面毕业墙已经挂不下更多的毕业照了。挂在大厅最显眼处的那幅字——"厚德载物"，是丁生俊先生写的，这幅字是王老师托丁先生正上研究生的女儿请他友情资助的。其他字画多是王老师出差时，在北京琉璃厂文化街挑选购置的青年作者的作品。拐角楼的文化墙曾吸引了很多有志于读研的本科生前来观看。拐角楼也被学校作为来访贵宾的参观地，最令人印象深刻的是当时国务院副总理李岚清到宁夏大学考察，参观拐角楼时说：你们的筒子楼改造得很成功，有文化气氛……

拐角楼承载着几代宁大人的记忆，这座大屋顶建筑的外观变动会牵动很多人的心。青砖灰瓦的拐角楼，在现代建筑林立的校园里多少显得有些陈旧。王老师根据他考察其他高校的经验，决定将拐角楼粉刷为红色，配上带白边的窗套。当时有些老教师不理解这一改变，将电话打到时任校长张奎教授家里，要求立马停工。张校长亲自到现场观察后，肯定了颜色选择和整体色彩搭配，并坚决支持继续施工。拐角楼后来被鉴定为危楼，在原址原样重建，仍然保持了红色主格调，白色的窗套，可见当时的改变得到了大家的认可。

记得当年毕业研究生代表发言时说："我们忘不了拐角楼，忘不了拐角楼前的沙枣花香……"是啊，在这里，留下了王老师对宁夏大学研究生教育的培养、建设、发展的摸索、实践和长远规划的足迹，拐角楼曾是宁夏大学研究生教育的空间载体，又是研究生教育发展的见证者，值得我们怀恋和纪念。

新楼里的故事

2004年，学校党委、行政搬到了新的行政综合楼，将原行政楼分配给研究生处。为了活跃研究生学术交流，王老师将新研究生楼西边的大阶梯教室进行了规划和设计，在基建处等领导的大力支持下，改造为学术报告厅。宁夏大学第一届博士生的开题报告和论文答辩就是在这里进行的，其后这里成为举行各种学术报告和会议的热点地。韩国驻中国大使金夏中到我校访问，他的学术演讲和签名送书就是在这个学术报告厅举行的。当时研究生会创建"金波论坛"，王老师非常支持，将学术报告厅作为"金波论坛"的专用举办地。我作为报告厅的管理者之一，利用"职务之便"聆听了陈育宁、王银春、汪一鸣、米文宝、宋乃平、张丽锦等老师在论坛上的讲座，至今受益匪浅，今天研究生“金波论坛“已经成为我校研究生的学术品牌论坛。

良师益友

王老师是我的领导，也是我生活、成长和学业三位一体的导师。记得早在历史系的时候，他对我们年轻人的生活就特别关心。王老师是一位美食家，菜做得好，常邀请我们年轻人到他家做客，我至今还记得他拿手的是红烧糖醋鱼。在我们共事的十多年中，家里有什么困难，个人遇到什么难事，他总是耐心倾听，尽力帮助。他的“君子成人之美”的品格，与人为善的领导和交往艺术，感召着他的同事和学生。刚到研究生处时，王老师要求我们在办公室见到学生和老师们来办事、咨询时，必须起立相迎。王老师做事坚持原则，但在处理具体事务中，又不乏灵活的方式方法，所以我们非常佩服他能将各项工作以及周边的人的关系处理得恰到好处。王老师是宁夏大学较早担任硕士生导师的教师之一，后来又担任民族学学科博士生导师，我是他的第三届博士生。他对自己的学生要求严格，三周左右进行一次学习心得或者论文进展情况汇报，这个制度常年不变。王老师非常关心研究生的就业情况。他的学生大多在中学、科研机构和高校任职，他总是不遗余力地向就业单位推荐学生。每当见到或者听到学生们都已成长为工作骨干时，他脸上总洋溢着喜悦和自豪。

作为王老师的学生，我们在教学与科研乃至研究生培养上有疑难，多会请教王老师，凭着对学术的敏感和教学、管理经验，他总会耐心细致地分析问题，提出建设性意见。他是我学术上的导师，更是我工作和生活上的良师！王老师退休后，兄弟院校、自治区教育部门经常请他做研究生教育工作的指导、规划和专业评审，可谓退而不休。我常常想，为什么王老师的“行政生命”仍然不衰，“学术生命”仍然长青？从我所见、所感和所悟中应该有了确切的答案：王老师是一个有担当、有责任、有见识、有智慧、有仁爱之心的好领导、好长辈，是我们货真价实的良师益友。

（编校：雍文娟）

作者简介

杨学跃，男，1971年12月生，宁夏平罗县人，副教授。宁夏大学人文学院、民族史学理论研究所讲师。

尹敬其

1936年5月生，江西省吉安市永新县人，中共党员，教授。1972年于宁夏农学院从事教育工作，1992年晋升为教授，1993年被评为全区优秀教师。参加全国性学术交流会61次，宣读论文6次。跟随袁隆平院士六次参加全国水稻会议，并参与编写了辽宁科学技术出版社的《北方节水稻作》以及宁夏人民出版社系列科普书《怎样种好春小麦》《玉米种植新技术》等，其主持的“宁夏水稻多产理论研究”课题获得了优秀成果奖，被载入《中国技术成果大全》第11期，本人也被收入到2000年11月出版的《共和国农业专家名人录》。

祖国的需要就是我的志愿

尹敬其

我1936年出生于江西省吉安市永新县，那时候，我们家三代都做着泥瓦匠的工作。由于家庭贫穷，我本想念完初中就去参加工作，但在党组织无微不至的关怀和鼓励下，经过自身的努力奋斗，我顺利完成了从中学到大学的学业。

在这漫长的求学过程中，我非常感谢中学时期的班主任老师彭绍康，以及我的学友项正清，没有他们的帮助，也就没有我的今天。

1956年临近高考一个月的时候，我听到了国家招收空军的好消息，经过严格的考察，我被录取了。集训了半个多月，在我们即将前往基地的时候，中央下达指令：为了培养国家高级人才，凡是高中毕业被国防军事学院录取的人员都得退回学校，参加高考。就这样，我与空军失之交臂，心里很不是滋味。高考在即，备考时间十分紧迫，心里十分着急。在项正清同学的帮助下，我夜以继日地进行复习，看书查资料，做习题，巩固原有的知识。高考结束以后，我原想报考建筑专业继承祖业，或者学医救死扶伤，但为了保险起见，和指导老师商讨以后，我填报了农科专业，并被江西农学院录取到农学专业。

我国是一个农业大国，解决几亿人民吃饭问题是国之大事。祖国培养了我，我应服从党和人民的需要，祖国需要我从事农业科学工作，我应把自己的毕生精力投放于此工作中。我是一粒种子，祖国把我按在农业科学的土壤里，我就应在这片土壤里生根发芽，有所作为。为此我决心把自己奉献给祖国的农业科学事业，不辜负党和人民的培养，在这样的思想指导下，在校学习期间，我努力博览群书，课内课外都不停歇。

1960年7月，我以优异的成绩大学毕业，并被选为支边的高校教师，选派到北京农业大学（现在的中国农业大学）师资培训班进修培训。祖国的需要就是我的志愿，1961年培训结业后，被分配到宁夏农学院农学系任教。当时系领导为培养年轻教师，使之既有理论知识又有实际本领，我又被派到实验农场任技术员兼农业队队长。我们在实验农场开展了一系列的实验，以小麦生产为例，开展了对小麦的生长发育、品种特性、产量结构、抗病性能等观测鉴定，这些研究对学生毕业以后顺利开展工作，起到了拓宽知识面的作用。经过试验，我对当时我区大面积种植的小麦单一化提出了看法。我们实验农场的百亩小麦，主栽品种阿勃小麦，由于抗病能力强，亩产超过二百五十公斤，被生产部门收购定为来年的种子保存。我们的实验为我区小麦生产做出了巨大贡献。

1962年，宁夏三所高等院校（师范学院、农学院、医学院）合并成立宁夏大学，农学院从西门搬迁到新市区师范学院所在地，我与宁夏大学结缘10年。

1971年由于形势的发展，在农业部主导下，认为宁夏是一个农业省区，以农业生产为主，应有一所独立的农业院校，为农业引路，为此宁夏农学院在宁大的各个农业有关系科一起脱离宁夏大学，共同组建宁夏农学院，地址定在永宁县王太堡（原宁夏农业学校）。我也在此时回到了农学院农学系作物栽培教研室。1974年任作物栽培教研室副主任，以后继任主任一直到1997年10月退休。

作物栽培教研室是农学系的主要教研室，身为教研室主任，感到

1991年，尹敬其教授（左四）给农业专家介绍水稻生长状况

责任重大，如何带领全室教师与教辅人员一班人马，齐心协力把工作搞上去事关重大，它的教学质量关乎教师们的教学水平。经过努力，我们培养出一批又一批德才兼备的学生，他们在农业、政界、科研、技术等方面都有所建树。

在任教研室主任期间，我对教学进行一系列改革，如作物栽培学把课堂教学的时数由150学时减少为120学时，增加实践时间，这样更有利于理论联系实际，原来毕业实践是在每年六、七两个月，显然太少。我从84届开始，把毕业实习改为从每年三月至九月底，使学生对主要作物有一个完整的认识，对整个生产环节有个完整的认识，对关键环节能更好地掌握。

其间，为了把教研室工作做得更好，系领导让我脱产到华中农学院去学习他们的先进经验，也为自己对作物栽培学的教学有所提高，让我进修作物栽培生理学。

1974年至1977年，我担任了74级班主任兼任党支部书记，该班被称为工农兵学员。文化程度参差不齐，有应届高中毕业生、初中毕业生、小学毕业生，还有生产大队党支部书记或大队长、专业军人，都是推荐来上学的，给教学带来很大困难。学生在学习上，有的感到很轻松，有的很吃力，在学习外语时，有的上课就条件反射头疼，在学习专业技术课时有的甚至哭鼻子，为了提高全班学员的学习成绩，开展了学生间的“传帮带”工作，我带领党支部一班成员，对个别学习成绩差的学生进行深入谈话，鼓励他们努力跟进，动员学习好的同学帮助学习有困难的同学。最后，所有学生如期毕业。

在职期间，我们教研室每年都被评为先进单位并获得教学二等奖，这是教研室全体教职人员共同努力的结果。我们培养的学生遍布全宁夏，也有在外地工作的，他们成为社会上的中坚力量。有的工作后考取了重点大学的硕士、博士，并在全国一流大学留校任教，为社会做出了应有的贡献。

回忆起1961年刚来宁夏时，我和同时从北京农业大学分配到宁夏工作的徐兆祯对宁夏的情况一无所知，很是茫然。这年8月28日遇到同一车次的一位姑娘，徐兆祯了解到她是在宁夏工作的，与她攀谈起来，她向我们介绍了宁夏的概况，总的来说是赞美，还说宁夏银川是塞外江南鱼米之乡，她是浙江支宁青年，还是平罗县的先进工作者，名叫金锦云，从她的介绍中，我对宁夏有了初步的了解。她对宁夏的热爱也感染了我们，她后来成了我的终身伴侣。

当列车驶入内蒙古地界，然后进入宁夏石嘴山境内，我们所看到的只是很少几棵沙枣树，到处是一片荒漠的情景，我们倒吸了一口凉气，这难道是她所说的塞外江南吗？

工作几年后，我亲自感受到这片土地的美丽。气候宜人，夏天不热，冬天有暖气，生长季种啥长啥，就是农业生产技术稍稍滞后一些。这片土地大有前途有待开发，这也是我们大显身手的好地方。

记得我在实验农场当技术员兼农业队长时，我们农场是在一片荒漠地上建立的，这里的土壤贫瘠，但是只要稍加培肥，就能为你提供丰厚的粮食，以及香甜可口的瓜果。

我们的农场由于土地面积有限，只有200多亩，规模不大。在这片土地上，除了要给学生提供实习条件外，要拿出50余亩地给老师们作科研活动基地，还要为学校食堂提供蔬菜以及为师生提供一定的瓜果。

当时，我们的瓜果在周边地区很有名气，物美价廉。由农学系教授陈秀夫老先生研制的西红柿，甜度高达4.0以上，享誉周边地区。我们农场生产的甜瓜、西瓜，个大皮薄，也吸引着周边的群众，也有很高的声誉。所以我们的瓜果除了满足学校师生的需求外，还少量提供给周边群众。

从1972年开始，我接触教学工作，除了进到课堂教学，还进行一系列的科学研究，我虚心向老教师学习，取得了一些有利于社会生产的成绩。

宁夏水稻生产不仅历史悠久，而且品质好。我们的教研室唐祖阴先生推广水稻水育秧插秧方式，产量大幅度提升。记得我们教研室实验种植，两亩多水稻田经农业厅科技厅验收，首次在宁夏地区突破千斤大关，引起了领导的关注。此外，我和我的学生薛金琪在《农业科学研究》1984年第2期上发表了我们实验研究的论文，总结了地膜育秧的成功经验。

宁夏光照时间长，有利于水稻生长和物质积累，是能够获得高产的重要条件。但是不利条件是无霜期短，约为140天，而且在此期间常会出现低温，影响水稻生长发育，致籽粒不饱满，空瘪粒大量增加，我们把它称为水稻冷害。

水稻冷害对水稻产量的稳步上升影响很大。为此宁夏人民政府以及农业主管部门非常重视。于是由科委提供经费，由农学院主持，在全区开展水稻冷害与防御研究课题。主持人是当时我们农学系的系主任苏焕兰，我是主要参加人。我在教研室科研课题是以水稻为主，而且对水稻这个作物也十分热爱，就义不容辞地从试验到规划、设计、实施方案等任务担当起来。

20世纪80年代，我参加过六次全国杂交水稻会议，并有幸和袁隆平院士面对面交流。我谈及宁夏有大片土壤盐碱较重，不适于种旱作，种水稻产量也很高，单产可超千斤。对此，袁隆平院士很感兴趣，表示有机会一定要来宁夏看看。多年后的2002年，袁院士应邀来宁夏考察，对宁夏水稻的发展前景提出赞美与肯定，我感到非常激动和惭愧。他是当之无愧的水稻杂交之父，当时在湖南召开全国杂交水稻会上，他首次提出杂交水稻要三系配套（即不育系、保持系、恢复系），原来南方的水稻亩产仅200公斤左右，自从杂交水稻面世以来，产量有了突飞猛进的发展。后来他又提出“两系法”，产量又有进一步提高，亩产甚至达到一千公斤，为我国粮食生产做出了巨大的贡献。

为此我也将继续关注、支持和参与宁夏水稻研发工作，践行“祖国的需要就是我的志愿”的初心。

水满田畴稻叶齐

——记宁夏大学农学院尹敬其教授

余子夜

人生很短，有人选择了诗与远方，奔赴着属于自己的山海；有人选择了探索遥远神秘的宇宙，寻找着自己的星星；但有这样一群人，他们选择了一片土地、一条大河，选择了夕阳，选择了微风，只为了一个大家共同的梦：在梦里有片肥硕的土地，土地上种满了金灿灿的水稻，那里的稻穗比高粱还高，穗粒比花生还大。风轻轻吹过，就可以坐在稻穗下乘凉。

筑梦“水满田畴稻叶齐”的正是宁夏大学农学院尹敬其教授。

祖国的需要就是我的志愿

微风夹杂着花香携着温暖的阳光拂向地面，窗帘微微摆动，卧室里摆放着几把稍旧的木椅，床头放着好几本不知翻了几遍的笔记本。86岁的尹敬其教授坐在电脑桌前弯着身子，拿着笔写着什么，看起来密密麻麻的字却非常整齐。老先生虽然年近九旬，但他的眼神依然坚定有力。

1936年出生于江西省吉安市永新县的尹敬其祖辈三代都做着泥瓦匠的工作。由于家境贫寒，作为长子的他，计划尽快就业，为家庭分担重任。初中毕业以后，恰巧赶上了党的惠民政策，在党组织的支持和鼓励下，他只身一人顺利地踏上了高中的历程。经过自身不懈的努力奋斗，完成了三年的课程学习。用老先生的话来说“既然是自己的选择就一定要做到最好！”

1956年临近高考一个月的时候，尹敬其听到了国家招收空军的好消息，作为一名高中生，他毅然决然地选择了报考空军，为祖国贡献自己的力量。严格的考察过后，尹敬其被光荣录取。半个月的集训之后，部队即将前往营地。中央突然下达指令：为了培养国家高级人才，凡是高中毕业被国防军事学院录取的人员都得退回学校，参加高考。听到这个消息，尹敬其心里虽然很难过，但他立即返回了学校，开始了争分夺秒的复习，在埋头复习的基础之上，他也虚心求教，与自己要好的朋友们一起解决疑难问题，在无数个夜晚，仅仅凭借着微弱的灯光，和时间赛跑。

高考的号角吹响，尹敬其从容地走向了决定自己未来的“战场”。到了填报志愿的日子，他本想报考建筑专业类学校来继承祖业，或者学医救死扶伤，但为了保险起见他和指导老师商讨以后，听闻国家在农业方面也急需人才，就填报了农科专业。也正因如此，老先生说的那句“祖国的需要就是我的志愿”也深深地印在了他的脑海中。被江西农学院录取以后，尹敬其就走上了农学的道路，这一走就是一辈子。

十年坚守只为一句诺言

1960年，尹敬其以优异的成绩毕业，校支教部为了支援边远地区，在学校抽取了10位优秀学子到优秀大学培训，他也很光荣地位列其中，被派到中国农业大学（原北京农业大学）学习教授作物栽培。当老先生回忆起这段经历并向我们分享的时候，他满脸笑意，精神抖擞。

他告诉我们他是和徐兆祯一同被分到宁夏农学院任教的。那时候包兰铁路中断停运，对于任何一个人来说这都不算是件好事，但对于尹老先生来说，他看到的是一个奉献自我的难得机遇。他没有选择回头，而是选择了停留，他和徐老师志愿在北京火车站做起了服务员，维持车站秩序，宣传党的政策。就这样坚持了半个月，一直到经费不足，才离开。稍微调整之后又快速动身前往宁夏。

那时候的宁夏只一片荒芜，在大家都没有信心的时候是尹老先生站出来说“天下黄河富宁夏，宁夏农业未来的发展一定会一片光明”。跟随一位当地的车夫一路说说笑笑从火车站走了两三个小时，尹敬其一行人才到达目的地。那里的学生们都很朴素，很热情地拿出西红柿招待新来的老师们。鲜红的西红柿里藏着对宁夏未来的希望与憧憬，小小的西红柿背后是沉甸甸的责任与担当。

参加工作后不久，尹敬其为了响应农学院培养既有理论知识又有实践能力的合格教师的号召，在系主任兼党支部书记的激励下，前往一线，到实验农场去做技术负责人兼农业队队长。

1964年的时候，宁夏的小麦生了锈病几乎绝收，对于宁夏人民来说绝收意味着饿肚子，意味着几年来的辛苦都打了水漂，这时宁夏农学院站了出来，为百姓们带来了希望。由于品种选择得当，农学院栽培的水稻产量高达每亩200多公斤，这件事引起了自治区农业厅的重视，经过重大决议以后，这批水稻被当作了下一年的种子。尹敬其所说的那句“天下黄河富宁夏，宁夏农业发展的未来一定一片光明”也得到了回应，这让尹敬其对未来更有信心了。

1971年，由于形势的需要，在农业部主导下，自治区设置宁夏农学院，迁到了永宁县王太堡，尹敬其也因为农学院教师匮乏，辞掉了农场的工作回到了教学岗位。毫不夸张地说哪里有需要哪里就有尹敬其教授的身影，刻在尹敬其老先生骨子里的，永远是那句“祖国的需要就是我的志愿！”

让祖国大地种满希望

1973年，袁隆平院士实现了三育配套，育成了杂交水稻“南优二号”，使得世界上第一株籼型杂交水稻在我国培育成功。不仅扩大了耕种面积还增加了水稻的成活率。这意味着：同样一亩耕地，生产量提升了四倍，投入降低了300%。当我们的采访提到袁老先生的时候，尹老先生十分激动，他用颤抖的声音告诉我们，袁隆平院士是一个非常有思想的人。他热情地向我们讲述了袁老的故事以及杂交水稻的培育原理，当提及他曾跟随袁隆平院士六次参加全国水稻会议的时候，我看见老先生的眼睛里不仅充满了骄傲，也蕴含着一种不可言说的力量。看着老先生手舞足蹈的样子，我们都很感动。不仅是老先生对宁夏水稻的发展充满了信心，我们也对宁夏水稻的发展充满了期待。在那之后，尹敬其和胡教授就在永宁县收购了一片试验田专门用来研究宁夏水稻的栽培工作。尹敬其担任作物栽培教研室主任。

1977年的时候，试验田的产量就突破了一千一百多斤，这个数字震撼了全国，当时来了许多领导称量试验田所产的水稻，《光明日报》的记者也对这件事情做了详细的报道，教育部副部长也来到了宁夏农学院进行视察。当时尹敬其教授在给学子们讲授课程，记者邀请尹敬其教授接受采访，看着台下一双双对知识充满渴求的眼睛，尹敬其大方地接受了采访，并对孩子们说：这就是宁夏农学院！这就是宁夏水稻！

1993年，尹敬其被评为全区优秀教师，在教学方面他主讲两门课程：作物栽培学和科技论文写作。1997年担任了工农兵学员的班

2000年8月11日，尹敬其教授（右一）与气象研究员王一鸣先生（左一）合影

主任兼支部书记，农业第一线的大队长、大队党支部书记。他不仅在科研方面获得了许多奖项，还参加编写了许多书籍，例如《北方节水稻》《怎样种好春小麦》以及《玉米种植新技术》等，为宁夏农业的发展作出了很大的贡献。完成了23个班次的教学后，尹老先生在1997年10月份退休了。回顾老先生的前半生，都离不开两个字——志愿。无论我们问老先生什么，老先生脱口而出的都是那句“祖国的需要就是我的志愿！”

现在年满86岁的尹敬其教授虽然已经退休，但他仍然难以忘怀那段意义非凡的青春时光。当我们的采访即将结束时，老先生从衣柜里翻出来一个小盒子，一张张些许泛黄的照片上，一株株被夕阳照得发亮的稻穗格外亮眼，老先生一行人笑得格外灿烂。照片背后是老先生整齐的笔录，是他对那段时光最深的记忆。采访结束以后，老先生坚持把我们送到门口，向老先生告别快到门外的时候，我不禁转过头去，远远望见夕阳下尹老先生矮小的背影，我深信那小小的背影里一定装着一个伟大而神圣的灵魂！

（编校：韩勇）

作者简介

余子夜，女，回族，2001年11月生，宁夏海原人。现就读于宁夏大学文学院汉语言文学教师教育专业。

我的父亲尹敬其

尹承东

1960年，大学毕业的父亲响应党的“到祖国最需要的地方去”的号召，从江西来到宁夏教书，他把一生都奉献给了宁夏这片黄土地。他的足迹遍布宁夏山川，他对子女的成长过程也许道不清一二，但对宁夏各县市的水文、气候、土壤数据却了如指掌，哪个县适合种植何种作物那是如数家珍。父亲是教作物栽培学的，他的一生都和学生、土地、农民打交道，每年从二月底到十月末都忙碌在田间地头，秋冬季在实验室整理实验数据。就这样周而复始30多年，直到退休。

父亲是勤劳的。小时候就觉得父亲一直很忙，一年在家的时间比较少。来托儿所接我的总是母亲，如果母亲下班晚，我是被邻居接到家的。每当我向母亲问起父亲，母亲总说父亲是“高级农民”，去种地了。经常有农民伯伯到家里来找父亲，他就会立刻放下手中的活儿，骑上自行车奔向田里。等我上小学才知道，父亲原来是位老师。有时候母亲忙，父亲就会带我到学校旁边的试验田，把我放在试验田边的窝棚里写作业，他就到田里带着学生照顾他的庄稼。说到窝棚，我还在里面住过，帮父亲看守试验田，以防麻雀或其他动物破坏田里的庄稼。窝棚里只有一个用砖块和木板搭的床，还有驱赶不尽的蚊虫。夏天小麦收割季节，实验组和对照组要分别采收，

我的父亲尹敬其

燥热而辛苦，但没听父亲说过苦和累，他经常和农民吃住在一起，每个生产季都要住一两个月。

父亲是敬业的。从事农业科技工作的人都知道，农作物是一个生产周期长、见效慢的过程。因为当时的条件差，没有现代温棚，也没有现在的先进科学手段，每一项工作都是人工的，为了获得科学准确的数据，只能多设对照组，多设实验周期。每一个新品种实验成功都要经过几年甚至十几年的不断试种，然后大面积推广。作为老师，父亲不仅要教好自己的专业课，还要根据本区实际情况开设农业推广课，无统编教材，就率领教研室教师自己编写。根据农作物生长周期改革教学，把毕业实习改为从三月到九月底，使学生对主要作物生长管理有一个完整的认识，对关键环节能更好地掌握，取得良好的教学效果。

父亲是节俭的。经历过艰苦岁月，又是一位种田人，父亲深知盘中餐是粒粒皆辛苦的，绝不允许我们浪费粮食。所以我家在外面吃饭，剩下的都要打包回家。小时候不理解，怕伤面子都不愿意打包，他就自己带回家吃几天剩饭。父亲的节俭影响了我们全家人，成为我家的家规。我儿子三岁时最爱说的一句话就是：吃饭不能把米粒掉在桌子上，要节约粮食。

父亲一生为人善良、正直。他说自己是江西永新人，永新是三湾改编的地方。奠定党对军队绝对领导地位的事件发端于南昌起义，奠基于三湾改编，作为一名从革命老区出来的共产党员、党培养出来的大学生，不忘老区人民的本色，退休的他一次不落地参加离退休党支部组织的各项活动。父亲在生活上是节俭的，在大事面前，他又是非常慷慨的。2008年汶川大地震，父亲主动上缴1000元特殊党费；2018年主动补交党费2000多元（离退休人员可以不交）。

父亲说他一辈子无愧于自己的职业，但对我母亲他是愧疚的。我母亲是1959年从浙江温州来宁夏支边的，1961年去浙江探亲返回时，在火车上遇到了来宁夏支教的一群年轻的大学生，其中就有我父亲。母亲说当时我父亲给了她一根玉米，这一根玉米牵出了他们的一世情缘。20世纪80年代末，浙江支青可以返乡落户，可父亲说，故乡的江南就让它在梦里吧，我们最美的青春已经留在了这塞上江南，我的事业也在这黄土地上。

这就是我的父亲，一位认真、执着、善良的老知识分子，一位永远保持初心的老共产党员。

作者简介

尹承东，男，1970年1月生，籍贯江西永新，宁夏大学教务处实验实践科科员，实验师。

田军仓

1958年3月生，陕西扶风县人，中共党员，博士，教授（二级），博士生导师。博士毕业于武汉大学（原武汉水利电力大学）。历任宁夏农学院水利系副主任、主任，宁夏大学农学院副院长（副厅级），宁夏大学副校级调研员兼土木与水利工程学院院长，宁夏大学党委常委、副校长，宁夏回族自治区科学技术协会副主席；现为旱区现代农业水资源高效利用教育部工程研究中心主任、宁夏节水灌溉与水资源调控工程技术研究中心主任。扎根西北地区40年，长期致力于干旱风沙区节水灌溉和水资源高效利用教学和科研工作，主持完成国家级和省部级科研项目20多项。获国家和省部级科技奖16项，其中国家科技进步奖二等奖1项（排名1），宁夏科学技术杰出贡献奖1项（个人），宁夏科技进步奖一等奖3项（均排名1）、二等奖6项（其中3项排名1）、三等奖5项（其中1项排名1）。获2006年香港何梁何利基金科学与技术创新奖，宁夏回族自治区自然科学优秀论文一、二、三等奖10多项。授权专利25件，出版著作3部、图集1部，发表论文240余篇，软件著作权20多件，制定技术标准14项。主持创建宁夏第一个工科（水利水电工程学科）硕士点、博士点、重点学科、教育部创新团队。培养128名硕士及20名博士和博士后。被评为国家“百千万人才工程”第一、二层次人选，享受国务院政府特殊津贴。获宝钢优秀教师奖、宁夏教学成果一等奖、三等奖各1项（均排名1）。获全国五一劳动奖章、全国优秀科技工作者、国家第五届高等学校教学名师奖、宁夏50年影响力人物、100位为宁夏建设做出突出贡献英雄模范人物、宁夏“塞上英才”称号、宁夏首届创新争先奖章等荣誉。两次进入中国工程院院士增选第二轮。现兼任教育部高等学校水利类专业教学指导委员会委员，中国水利教育协会常务理事，中国农业水土工程专业委员会副主任委员、中国水利学会水资源专业委员会副主任委员，宁夏水力发电工程学会理事长，《宁夏工程技术》期刊主编。

我的宁夏水利情结

田军仓

我1958年3月出生于陕西省扶风县。1982年7月毕业于西安理工大学，获工学学士学位；1988年6月毕业于西安理工大学，获工学硕士学位；1998年6月毕业于武汉大学（原武汉水利电力大学），获工学博士学位。被评为国家“百千万人才工程”第一、二层次人选，享受国务院政府特殊津贴。获国家教学名师奖、全国五一劳动奖章、全国优秀科技工作者，获宁夏“塞上英才”称号、宁夏首届创新争先奖章，被评为宁夏50年影响力人物和100位为宁夏建设做出突出贡献人物。两次进入中国工程院院士增选第二轮。

我扎根宁夏40年，长期致力于干旱风沙区节水灌溉和水资源高效利用工程科技研究和实践，创建了干旱风沙区水肥气热耦合和精准灌溉理论及技术体系，破解了旱区发展节水农业一系列关键技术难题，推广面积和效益巨大，支撑了宁夏节水型社会建设，促进了农民脱贫致富，为干旱风沙区节水灌溉做出了自己的贡献。获国家和省部级科技奖16项，其中国家科技进步奖二等奖1项（排名1），宁夏科学技术杰出贡献奖1项（个人），宁夏科技进步奖一等奖3项（均排名1）、二等奖6项（其中3项排名1）、三等奖5项。授权专利22件，出版著作3部、图集1部，发表论文240余篇，软件著作权20件，制定技术标准14项。

田军仓教授在北京人民大会堂荣获何梁何利基金奖

2006年获香港何梁何利基金科学技术创新奖。

回顾我走过的路，主要有以下收获：

一是创新和发展了干旱风沙区节水灌溉理论。

1. 创建了干旱风沙区水肥气热耦合灌溉理论。干旱风沙区农田水肥气热耦合对作物“生理—产量—品质—用水效率”（PYQE）的效应及模型化、定量化是农田水利工程学科的重大科学问题。以农田作物提质增产增效优化为目标，建立了高效节水灌溉条件下玉米、小麦、水稻、苜蓿、枸杞、葡萄及温室蔬菜等优势特色作物水肥气热耦合模型，揭示了水肥气热耦合对作物 PYQE 等影响的机理、交互作用和优化利用规律，创建了作物提质增效与水肥气热耦合协同的绿色灌溉理论。针对压砂地难以持续利用问题，明确了压砂地凝结水、无效降水和补灌水叠加效应及水分利用规律，发现局部补灌对土壤毛管水和土壤养分的活化作用，揭示了局部补灌对压砂瓜 PYQE 的影响机理和交互作用，首次建立了压砂瓜非充分水肥气热耦合补灌理论，解决了压砂地提质增效与持续利用的瓶颈问题。创新了干旱风沙区农田非充分节水灌溉理论。

2. 创建了干旱风沙区精准灌溉理论。针对干旱风沙区农业面临的水资源紧缺、风大沙多、节水与绿洲生产要素和生态协调问题，建立了灌区水源—渠道—田间作物一体化预模拟优化实时灌溉调配模型，创建了管道替代渠道、膜上灌替代裸田灌溉的渠沟田全防渗地面精准灌溉原理；创建了与区域自然条件、节水工程经济、灌区生态相适应的植物生理与水肥气热盐协调的高效精准灌溉原理。解决了水源—输配水—田间精准节水与区域适度节水有机结合的问题，创立了适合国情的干旱风沙区精准灌溉理论，推动了农田水利工程学科理论发展。

二是创建了干旱风沙区水肥高效和持续利用一系列共性关键技术。

1. 发明了干旱风沙区黄河高含沙水微灌净化处理技术。针对黄河高含沙水直接微灌易堵塞灌水器问题，于1996年首次发明了既渗水又排沙、既肥田又排盐的微灌用高含沙水排渗过滤（非全流过滤）新方法及多种新装置，研发了经济实用型高含沙水（黄河水）微灌净化处理技术，应用于宁夏、新疆等地，为解决高含沙水微灌这一世界难题开辟了新途径。

2. 研发了引黄灌区盐碱地水稻和旱作水稻精准灌溉技术。围绕西北盐碱地水稻节水、控盐与增产提质难以协调的难题，研发了适宜盐碱地水稻的地面精准灌溉技术，建立了水稻区支渠轮灌 + 控制湿润灌溉（间歇灌）和激光平地 + 水平畦灌等地面精准灌溉模式，应用后节水30%、增产5% 以上，促进了灌区大幅度节水和优质水稻产业化。在宁夏率先成功研发多功能膜下滴灌种植一体机及水肥一体化滴灌制度等关键技术及装备（2010年），节水40%、亩节支300元以上。

3. 研发了干旱风沙区压砂瓜水肥高效利用和压砂地持续利用关键技术。围绕压砂地地力衰退、主栽品种退化及连作障碍等关键问题，研发了基于压砂瓜非充分水肥耦合的最优补灌施肥制度、抗逆新品种嫁接育苗、抗病生物有机肥、压砂地播种覆膜一体机和混合砂土分离机等技术与装备，创建了以水调肥、以机改土及水土肥有机结合的压砂瓜综合节水抗旱水肥高效利用技术体系，形成枣（枸杞、欧李）瓜间作和滴灌水肥一体化型、砂土分离和瓜苗移栽型、嫁接苗和滴灌水肥一体化型等技术集成模式，解决了压砂地难以持续利用的难题。成果应用使压砂瓜亩增产1～2倍。

三是支撑重大工程建设。构建了宁夏扶贫扬黄灌溉、引黄灌区节水改造、设施农业、压砂地补灌四大高效节水工程实用技术体系，破解了水源—渠系—田间水肥一体化调度与节水提质增效控盐防污协同难题。

1. 构建了宁夏扶贫扬黄灌溉工程节水灌溉体系，支撑了国家重大灌溉工程建设与持续运行。提出的扬黄灌区主要作物节水灌溉适宜模式及经济评价阈值，为国家决策实施宁夏扶贫扬黄灌溉工程起到了技术支撑作用；研发的以泵站—渠系—田间一体化模拟优化调度和生态移民村水肥高效利用为核心的技术体系，解决了工程运行中节水和调度协同的技术难题，灌溉水利用系数提高15%。11年产学研政企结合累计推广节水面积891万亩，节水8.9亿方，增效3.1亿元。促进了30多万名生态移民脱贫致富。

2. 构建了宁夏引黄灌区节水改造工程和节水型城镇技术体系，支撑了宁夏节水型社会建设。在2004年提出“关于制定宁夏节水型社会建设规划纲要和建设示范点”的政协优秀提案被宁夏党委、政府采纳基础上，建立的多水源多用户多目标优化调度模型及优化配水方案以及水稻精准灌溉、特色优势作物（玉米、小麦、油葵、枸杞、葡萄、苹果、苜蓿、供港蔬菜等）高效节水灌溉、现代化生态灌区、绿色建筑立体节水节能、非常规水处理及利用为一体的节水型社会建设技术体系，应用于宁夏大型灌区续建配套改造、高标准农田建设等重大工程。11年产学研政企结合累计推广节水面积2872万亩，节水34.8亿方，

田军仓教授（左一）在银川八里桥万间温室滴灌示范工程指导研究生和菜农

增效8.2亿元。目前宁夏农业灌溉年用水量较2013年减少6.6亿方。破解了节本提质增效难以协调的技术经济瓶颈，推动了宁夏节水型社会建设。

3. 构建了设施农业高效节水技术体系，推动了西北现代设施农业工程发展。首次在西北地区建成万间温室滴灌蔬菜基地（1995年），研发的设施蔬菜精准灌溉技术模式，节水53%、病虫害减少20% ~ 25%、亩增收2000 ~ 3000元；率先研发了非耕地温室种植土防渗—有机改良—膜下滴灌水肥一体化技术模式（2008年）和基于微咸水淡化处理的温室水肥气热耦合的智能灌溉技术模式（2012年），并推广到甘、青、新、内蒙古等地，品质提升并增产30% 以上。仅在宁夏产学研政企结合累计推广177万亩，增效36亿元。解决了温室蔬菜节水提质增效协同的难题，引领了宁夏百万亩温室蔬菜产业和西北地区非耕地温室发展。

4. 构建了压砂地抗旱节水工程技术体系，推进了深度贫困区压砂地可持续发展。研发的适合干旱风沙区的压砂地蓄水—输配水—田间节水水肥一体化成套技术体系，在宁夏产学研政企结合累计应用面积1141万亩，增效63亿元。推进压砂瓜产业发展和品牌走向全国，促进了深度贫困区20多万农民脱贫致富。

四是提升教书育人与人才培养水平。

我主持创建了宁夏第一个工科（水利水电工程学科）硕士点、博士点、重点学科和教育部创新团队，提升了宁夏高等教育的层次和整体水平，培养了大批高层次人才。本人培养128名硕士及20名博士和博士后。主编《灌溉排水工程学》教材获优秀奖。获宝钢优秀教师奖1项、宁夏教学成果一等奖、三等奖各1项（均排名1）。

2019年以来，主持国家重点研发计划课题、国家自然科学基金、自治区重点研发计划重大项目3项，建立了宁夏现代化生态灌区、生活污水处理及再生利用技术体系及示范区，节水提质增效效益巨大。获省级科技进步奖一等奖1项（排名1）、二等奖1项（排名6），著作1部，专利5件，论文50余篇，其中 SCI 14篇、EI 4篇。

我始终认为，作为高校科技工作者，不能只写写论文，应该结合国家重大需求和学科前沿，结合生产、经济、产业搞科研，搞出来的科研成果才能被政府或者有关部门采用，才能为国家经济社会做出贡献，才能直接推动生产力的发展。虽然我现在已经退休，但我依然和团队奔忙在宁夏南北的山川之间，为宁夏农田水利事业奉献我的微薄之力。

（编校：马海龙）

奉献是崇高灵魂的信仰

——宁夏大学田军仓教授专访

张新民　封宏砚

1982年，24岁的田军仓从西安理工大学农田水利工程专业毕业后，分配至原宁夏农学院水利系任教，后来又考上西安理工大学硕士和武汉大学博士，成为宁夏第一个水利专业博士。1988年担任讲师，1994年晋升副教授，1995年任系副主任，1999年破格晋升教授，任系主任。2002年2月任宁夏大学农学院副院长（副厅级），2003年5月任宁夏大学副校级调研员兼任土木与水利工程学院院长，宁夏回族自治区政协委员。2014年任宁夏大学党委常委、副校长。2018年退休后，继续任旱区现代农业水资源高效利用教育部工程研究中心主任。作为享誉宁夏乃至中国西部大地的著名农田水利专家、国家教学名师，他40年如一日扎根宁夏，始终奋战在科技创新、学科建设和人才培养第一线。

把节水灌溉科研论文写在大地上

长期以来，干旱少雨的气候是制约宁夏经济社会发展的瓶颈。自大学毕业来到这片土地开始，田军仓就积极探索，有针对性地将节水灌溉和水资源高效利用作为研究的重点方向。他将工程技术节水、农艺节水和管理节水有机结合，系统建立了干旱寒冷多风地区节水灌溉应用理论和技术体系，解决了旱区发展节水农业的一系列关键技术难题，累计节水35亿立方米，增效90亿元，支撑了宁夏省域节水型社会建设，促进了农民脱贫致富，为黄河不断流做出了突出贡献。

宁夏回族自治区党委原书记陈建国接见国家科技进步奖二等奖获得者田军仓教授

田军仓认为，科学研究既要追求知识和真理，更要服务于经济社会发展和人民群众。教师不能只在纸上写写论文，而要将文章写到大地上。

针对黄河高含沙水直接微灌易堵塞灌水器问题，田军仓于1996年首次发明了微灌用高含沙水排渗过滤（非全流过滤）新方法及多种新装置，研发了经济实用型黄河水微灌净化处理技术，应用于宁夏、新疆等地，为解决高含沙水微灌这一世界难题开辟了新途径。

围绕西北盐碱地水稻节水、控盐与增产提质难以协调的问题，田军仓带领团队反复试验，筛选出水稻耐旱耐盐品种，研发了适宜盐碱地水稻的控制湿润灌溉和膜下滴灌等地面精准灌溉技术，确定了节水灌溉制度、耐旱耐盐优质品种及水肥最优组合方案。建立了宁夏引黄灌区旱作水稻膜下滴灌水肥一体化精准灌溉技术。成果应用后节水40%、增产5%以上，促进了引黄灌区大幅度节水和优质水稻产业化，推动了精准灌溉技术在宁夏和全国的推广。

他采用非耕地温室水肥气热综合调控智能控制系统等核心技术，

田军仓教授（左二）在中卫香山压砂瓜试验示范基地指导博士生进行压砂瓜水肥一体化试验研究

建立了宁夏不同水源类型的温室蔬菜和非耕地温室滴灌节水增产增效技术体系，使温室蔬菜产量平均增加26%，促进了宁夏百万亩温室蔬菜产业化和农业产业结构调整。该成果已推广到西北地区非耕地温室，引领了宁夏百万亩温室蔬菜产业和西北地区非耕地温室的发展。

他建立了宁夏扬黄灌区节水灌溉优化配水技术体系，为国家重大决策实施宁夏扶贫扬黄灌溉工程起了重要作用，解决了扬黄工程运行中的节水和调度技术难题，促进了省域节水型社会建设与高效节水灌溉工程实施，推动了西北现代节水设施农业工程的健康发展。

他带领团队建立了宁夏中部干旱带旱作补灌区压砂瓜水肥高效利用和压砂地持续利用技术体系，成果应用使压砂瓜亩增产1~2.5倍，在宁夏产学研政企结合累计推广应用面积1141万亩，增效63亿元，推动了压砂瓜产业发展和压砂瓜品牌走向全国。他携团队与海南富友种苗有限公司开展校企合作，成功培育抗病强、杂株少、瓜形大的“沙漠风暴”优良硒砂瓜品种，产生巨大推广效益。科技成果应用也大大推进了深度贫困区压砂地节水工程建设，促进了宁夏深度贫困区20多万农民脱贫致富。

他先后主持国家“863”计划、“973”计划预研、国家自然科学基金、国家科技支撑计划、国家重点研发计划及省部级工程科技项目

20余项。他不断奋斗着，每年都有新成就，他的成绩也获得了国务院、自治区党委和政府的褒奖，他曾获得国家和省部级科学技术奖励16项和多项人才与荣誉称号。人才称号有：1999年享受国务院政府特殊津贴，2000年被评为国家“百千万人才工程”第一、二层次人选。主要荣誉称号有：1998年获宁夏先进科技工作者称号，2002年获全国五一劳动奖章，2008年获宁夏50年影响力人物，2009年获100位为宁夏建设做出突出贡献英雄模范人物，2013年获得自治区“塞上英才”称号，2016年获全国优秀科技工作者，2017年获宁夏首届创新争先奖章。科技奖励有：2006年获香港何梁何利基金科学与技术创新奖，实现宁夏回族自治区自该奖设立14年以来零的突破。2007年，他主持完成的《宁夏干旱地区节水灌溉关键技术研究及应用》科技成果，获国家科学技术进步奖二等奖，实现宁夏大学在该奖项上50年以来零的突破。2008年自治区党委和政府授予他宁夏回族自治区科学技术杰出贡献奖和30万元奖金，是对他科研成果的重奖。他主持获得宁夏科技进步奖一等奖3项（均排名1），迄今在宁夏大学还是第一人。他曾6次被推荐为中国工程院院士有效候选人，曾2次进入中国工程院院士增选第二轮，得到同行专家和院士的认可。

带头创建水利工程一级学科博士点

作为宁夏大学水利工程学科带头人，田军仓克服重重困难，依据自己的科研积累、教师兴趣、学科范围，整合了学科研究方向和学术梯队，通过不懈奋斗和扎实工作，形成了水利工程学科优势和特色。经过他的精心筹划和坚持不懈的努力，水利水电工程二级学科于1996年获批宁夏第一个工科硕士学位授权点，2001年获得自治区第一个工科重点学科，2005年在全国激烈的竞争中主持申报成功宁夏第一个理工科博士学位授权点。博士点的建立，走在西部乃至全国同类高校前列。2008年申报成功“211工程”重点建设学科，获批成立了宁夏节水灌溉与水资源调控工程技术研究中心。2009年申报成功并获批成立了水利水电工程博士后科研流动站、旱区现代农业水资源高效利用教育部工程研究中心。2011年主持申报成功宁夏第一个工科一级学科——水利工程一级学科博士学位授权点。2013年，建成宁夏回族自治区水利水电工程优势特色学科。2017年，水利工程一级学科进入自治区西部一流学科建设A类行列。由此，建成了宁夏大学水利工程从本科到博士后完整的人才培养体系，实现了学科整体水平提升和学科跨越式发展，招生率和就业率连续多年在宁夏大学位居前列，提升了宁夏高等教育办学层次和整体水平。

教书育人是爱的事业

作为国家级教学名师，田军仓认为既出科技成果又出人才成果的教师，才是一名优秀的高校教师。他把教书育人当作充满爱的事业来做。

在担任学院院长期间，除抓好学院教学改革和管理外，田军仓主讲本科、硕士生、博士生课程4门，指导研究生获得自治区优秀硕士论文3篇、自治区优秀博士论文1篇、灌溉排水学报期刊年度优秀学术论文1篇。主持自治区农田水利学精品课程1门，主编和参编教材3部，主编《灌溉排水工程学》教材获优秀奖。培养120多名硕士及20多名博士、博士后，指导本科毕业设计学生170多名。2007年获宁夏首届高等学校教学名师奖，2009年获国家第五届高等学校教学名师奖、宝钢教育基金优秀教师奖。

在田军仓心里，教学始终是第一位的，他把每一个学生都看作自己的孩子一样，悉心指导、一视同仁，在教学中倾注了极大的爱心。他经常说：“作为一名教师，既要有理论建树，还要有实践经验，要站在一定高度，去引领学生学习。”他非常注重因材施教，发挥学生的特长，他把一些需要完成的课题任务分给成绩排名靠后的学生，在反复讨论中，耐心修改他们的设计。相对于成绩拔尖、科研出色的学生，他会要求这类学生在课题的研究上提出不同的方案，多角度地分析，从而把课题做得更好。

田军仓特别强调教书育人，科研育人，他教育学生：“做人永远比学习重要”。他鼓励学生多参加社会实践，勇于探索，锻炼才干，理论联系实际，提升综合素质，尤其注重实际动手能力的培养和训练，为步入社会积累经验，增强就业竞争实力。如今，他培养的120多名硕士和20多名博士和博士后已成为全国各地水利规划设计、科学研究、高等教育等领域的技术骨干和优秀人才。他教导青年学子：“把理想当作动力，把工作当事业干，把创新当作习惯，把吃苦当作锻炼身体，把业余时间充分加以利用，人生就一定会成功，就一定会为国家做出贡献。”学生都把他的这些赠言当作自己的人生奋斗目标及成就事业与修身、养德的座右铭和终身受益的格言。田军仓告诉他的学生，磨难也是财富，他从来都不怕吃苦，他是把吃苦受累当作人生必不可少的“锻炼”。他“苦其心志，劳其筋骨，饿其体肤，空乏其身”的历练过程，他的奋斗故事，如涓涓细流流淌在岁月之中，令人心生景仰，深受启迪。

由于长期高强度的工作，田军仓患上了心血管病，常常是一边忍痛吃药，一边趴在电脑桌前熬夜修改学生的论文。父亲曾患病做手术，作为家里的独子，正赶上他和宁夏扶贫扬黄灌溉工程指挥部领导去水利部汇报节水灌溉方案，他未能亲自照顾。父亲病逝时，正是研究生答辩前的几天，他因急于修改研究生毕业论文，未回陕西老家见父亲最后一面，留下终身遗憾。在他眼里，忠孝不能两全，躺在病榻上的父亲很需要人照顾，但是他更不能离开学生，要是研究生毕业论文不及时修改出来，将直接影响研究生答辩和按时毕业。孰轻孰重，他选择了后者。

2018年5月，从宁夏大学副校长岗位退下后，田军仓被学校返聘继续从事教学和科研工作，继续担任教育部工程研究中心主任，依然致力于培养学生和服务社会，丝毫没有放松自己，反而比以前更忙了。他除了给硕士生和博士生上课，同时主持国家重点研发计划课题、国家自然科学基金项目、宁夏重点研发计划重大项目各1项，还主持了县区和企业有关水利横向项目。他积极开展校企合作，为现代化生态灌区建设、生活污水处理及利用、葡萄和枸杞产业、水权确权和交易、美丽河湖创建等方面研究和推广工作忙碌着，且取得了可喜的研究成果。

采访接近尾声，已经接近晚上十点，他的三名研究生敲门进入，带着鲜花，走到他跟前，向呕心沥血教养栽培自己、亦师亦父的老师深深鞠躬、致谢，以此作毕业道别。话别之际，弟子们每个人都依依不舍。由于当天事情多，日程安排得很紧，田军仓教授从早饭后就参加学校有关重要会议，准备材料，连午饭、晚饭都来不及吃，走路都是快步小跑，尽管如此，他仍执意开车送学生赶晚上10：30的火车，匆匆结束了我们的采访，直到把他们送进车厢，看着列车开动才放心离开。

采访田军仓教授，能够感受到这位国家教学名师、农田水利专家、著名学者的谦逊、诚恳、热情和友善。他朴实的陕西方言，睿智的谈吐举止，令人感到博学而又亲切、自然。

奉献是崇高灵魂的信仰。任何人都不能抗拒时光对生命的消磨与侵蚀，但完全可以延缓衰老，增长生命的长度与厚度。田军仓每天都在和岁月赛跑。在他的字典里，从来没有“消遣”二字，他依然在忙，毅然带领科研团队奔波在宁夏大地，为宁夏的发展不遗余力。他的执着，他的热爱，他的奉献，有青山作证，让岁月留痕。

（编校：马海龙）

恩师田军仓教授

欧阳赞

2009年9月9日田军仓教授在北京人民大会堂获教学名师奖

2015年9月，我如愿成为了田军仓老师的硕士研究生，也就是从那时起与田老师建立了师生关系。由于自己在本科阶段使用了由田老师主编的《灌溉排水工程学》教材，抱着试一试的态度成功调剂到了宁夏大学，也可以说是慕名而来吧。研究生入学当天，我收到田老师发来的邮件“欢迎报考”，并告知手机号，我心情激动万分，于是就拿着导师双向选择意见书找田老师签字。老师问了我的一些基本情况后说：“加入我的研究团队要特别能吃苦，你能吃苦吗？”我毫不犹豫地回答：“没问题。”田老师签下字后，高兴不已的我可谓如愿以偿。

研究生入学后不久，田老师虽然是学校副校长，平时比较忙，但还是如期召开了课题组会议，给我们做了《学术不端现象及制度建设》《科技论文写作》方面的报告，一个个生动的例子让人记忆犹新，使我们时刻牢记自己作为一名研究生哪些该做哪些不该做，到现在为止，我在科技论文写作时，也沿用了许多田老师教给我们的写作方法。学院研究生创新论坛召开前，田老师给我们新入学的研究生都确定了研究方向，给我定的方向是温室作物水肥气热耦合灌溉研究。有了明确的方向，看文献资料也就有了目标和针对性，这个选题来源于田老师主持的一个国家自然科学基金项目，有机会能参与国家自然科学基金项目，作为一名研究生，这是十分荣幸的事，从此我便开始了水肥气热耦合灌溉研究。

研究生阶段，田老师给我们讲授了节水灌溉理论与技术和节水灌溉新技术，在田老师的课上我几乎没时间也不敢开小差。一方面，田老师的课总是能与实际生产相结合，讲解知识不会照本宣科，他总是时不时插入与自己科研项目密切相关的教学案例，这极大程度提高了研究生们听课的积极性。另一方面，田老师拥有渊博的专业知识，课程内容与时俱进，不断给学生传授本专业最前沿的研究动态，对知识点的讲解非常透彻，深入浅出，学生听着也容易理解和接受。

我的硕士研究生阶段试验从2017年3月份开始，主要研究水肥气热耦合灌溉对温室西瓜生长、生理、产量和品质的影响，在此之前，田老师也让我们参与了师兄师姐的一些试验研究，目的就是为自己开展试验时积累经验。从试验方案制订、试验布置与实施，以及论文审阅与定稿，田老师对每一环节都进行精心指导和把关，提出建设性意见。我刚开始做试验比较生疏，以前对管材、管径等田间灌溉设备的认识仅仅停留在书本上，根本没有接触到实物，当得知开展试验需要自己计算试验耗材和采购管材时，感到压力山大。好在田老师总是不厌其烦地给我讲解试验设计原理和难点，讲解试验实施过程中应该注意的关键问题，直到我听明白了为止。试验期间，田老师组建了一个试验进展汇报的微信群，所有开展试验的研究生都要定期汇报研究进展。老师白天虽然很忙，但他经常在忙完一天工作后的午夜十二点后还在回复我们的消息、指导学生试验、修改学生论文。2017年年底，我参与了国家自然科学基金“水肥气热耦合灌溉对温室番茄增产机理和品质及模型研究”的研究进展报告撰写，由于田老师白天忙于行政管理工作，只能在办公室里晚上指导我们撰写，我记得当时自己对通用旋转组合设计方法理解不到位，田老师没有责怪我，而是耐心地给我们从头开始讲解，直到我们理解为止。

田老师每周一到周五白天都在学校忙于教学和行政工作，周一到周五晚上、周六、周日只要有空闲时间，就会去各个野外试验基地检查研究生试验进展情况。所以在我记忆中，田老师每天工作都比较繁忙，总想着用有限的时间去做更多有价值的事情。田老师痴迷于科研工作，雷厉风行的做事态度，让我钦佩不已，这也无形之中激励着我们干事不要拖拖拉拉，要做就要做好，而且还要高效，正所谓德高为师，身正为范。田老师平日里对学生和蔼可亲，凡事亲力亲为的精神也深深地感染着我，始终是我学习和追逐的榜样。

光阴似箭，日月如梭，转眼间就到了硕士要毕业的时候，因表现出色，我深得田老师赏识，毕业之前田老师让我留下来继续硕博连读。其实，在这之前我心里已经有了一定打算，当时想法是报考武汉大学的博士研究生，考上了就去上，考不上就去工作了。但是，田老师耐心地给我做了详细分析，分析了当前国内的考博现状和课题组现有的基础条件以及未来的职业规划等，并且明确提出让我在水肥气热耦合灌溉研究方向上继续深入研究，博士阶段不要更换研究方向，研究成果产出速度会比较快，大大缩短了毕业时间。虽然，决定硕博连读的事情是在电话里跟田老师沟通的，但能够看出来田老师是多么爱惜人才，多么地希望我能继续留下来深造，我深深地感到田老师对我给予了厚望，这也让我坚定了硕博连读的决心，心想，一定要尽快完成博士试验，发表高质量论文，决不能辜负田老师对我的殷切期望。现在想想，我既是田老师的第一个硕博连读生，也是学院的第一个硕博连读生，田老师不只是我的学术导师，也是我的职业规划导师，感谢田老师的信任，感激田老师给了我求学深造的机会。

很快就到了2018年9月，我与学院其他9名水利专业博士生一样，开始了博士阶段的学习。在正式进入博士培养阶段前，我就已经按照田老师提前给我制订的试验方案开始了试验研究，研究的方向仍然是水肥气热耦合灌溉，但是研究内容比硕士阶段更为深入，更具有创新性和挑战性。由于是硕博连读，而且试验开始比较早，在田老师的指导下，我投稿了第一篇关于水肥气热耦合灌溉的 SCI 文章，没过多久，文章被拒稿了，我心底难免有些失落，但也没关系，相信后面会越挫越勇，仔细分析退稿原因后发现，投稿的《Agricultural Water Management》是农业水利工程领域的 TOP 期刊，要求两年及以上的试验数据。于是在跟田老师商议后，决定再开展另一季试验，一方面是对前一季试验结果的验证，另一方面也弥补了小论文的短板。同时，田老师对前期调研情况进行了总结，指导我开展了基于气候箱的水肥气热耦合试验。经过紧张的试验和论文的撰写，基于气候箱试验的研究成果初稿形成，我第一时间找到田老师修改论文，论文经过田老师指导和详细修改后，我又鼓起勇气将论文投给了农业水利工程领域的 TOP 期刊《Agricultural Water Management》。尽管投稿、修改、等待的过程痛苦而漫长，但2019年11月我的第一篇 SCI 文章被录用了。有了前期 SCI 投稿的经验积累，后面在投稿方面也就轻松多了，正如田老师常说的："博士论文关键是要有创新点。"目前，在田老师的悉心指导下，我以第一作者、田老师为通讯作者在《Agricultural Water Management》（中科院1区，Top）发表2篇 SCI 高质量论文，在《International Journal of Agricultural and Biological Engineering》（中科院2区）和《Irrigation and Drainage》（中科院4区）各发表1篇 SCI 论文，至此，博士生阶段投稿的四篇 SCI 论文已全部录用或发表。若是没有田老师的高瞻远瞩，没有田老师的独特见解，没有田老师严谨的指导，我不可能取得如此优异的成绩，也不可能顺利完成博士学业。

六年的硕博连读时间稍纵即逝，我取得的每一个进步都与田老师的悉心指导密不可分。与田老师相处的六年时间里，他假日无休，兢兢业业，事必躬亲，他对科研事业无私奉献、执着追求和奋不顾身，让我感佩不已。为了工作、为了指导学生修改论文，他多次因劳累过度住院治疗。田老师对学术的严谨以及为人处世的方式给了我们许多鼓舞与感动，他的工作态度和科研精神必将激励我们在以后的学习和科研工作中勇往直前。在此，谨向恩师田军仓教授致以最崇高的敬意和最真挚的感谢!

如今，田老师已年逾花甲，本该是退休颐养天年的时候，但田老师仍然带领研究团队奋战在教学和科研一线，为推动农业水利工程学科的发展继续发光发热，或许，教书育人和科研创新就是田老师坚守一生的事业吧。作为田老师2015级硕士和2018级博士的我，目前，已经入职湖南农业大学水利与土木工程学院，光荣地成为了一名专任教师，这得益于田老师硕博阶段的悉心指导，得益于母校宁夏大学的培养。时至今日，田老师对我的谆谆教导仍历历在目，在以后的工作和学习中，我将以田老师为榜样，牢记田老师嘱托，在教师的岗位上奋发有为，不断取得新的更高成绩，不辜负母校的培养和田老师的殷切希望。

作者简介

欧阳赞，男，1991年8月生，湖南衡阳人，中共党员，2021年博士毕业于宁夏大学，现为湖南农业大学讲师。

乔立恭

1937年出生于北京。宁夏大学物理系教授，1959年从北京师范大学毕业后来到宁夏，擅长电动力学，主要从事物理学教学及科研工作。撰写并组织编制宁夏大学第一个计算机辅助教学（CIA）课件，助力宁夏大学教育技术专业建设。1983年，获宁夏科协优秀学术论文三等奖；1991年，获宁夏回族自治区教育厅全区优秀电教论文二等奖；1998年，获宁夏社会科学学术专著二等奖等多种奖项。

我是一名教书匠

乔立恭

我生于1937年5月。1952年进入北京四中读高中。1955年考入北京师范大学物理系，1959年毕业后分配到宁夏师范学院物理系。1997年退休，返聘回学校代课，1999年开始又给研究生上课，2010年彻底退出讲台至今。

我在物理系一直担任基础物理教学，教过力学、热学、电磁学、光学以及数学系的基础物理等。1995年，以电化教育资格晋升教授。

作为那个年代的大学生，参加工作之后必须要做好本职工作，也就是要教好书。我一直奉行这一信念至今。

为了做好本职工作，在课堂教学中从讲课语言、板书、板画、演示实验、模型、教学挂图、教学幻灯片到现场参观、实习、制作使用教学电视片，直至计算机辅助教学软件 CAI 等教学手段都做了应用尝试，也获得了较为满意的课堂教学效果，颇受学生欢迎。

1982年的一天，在回顾课堂效果时突然想到，所谓满意那就应该是受到学生欢迎吧？教学效果好，无异于一场成功的个人课堂演出，与各类艺术演出无异，莫非这就是教书、教学所要达到的目标？在这种想法出现之后，那些促使我改进教学的激情立即消失，而陷入对自己教学目标的迷茫困惑之中。难道教书就真是教师的一场个人演出？一场独角戏？教学目标到底是什么？我竟然给不出有实际意义的回答。

因为这个疑问，我一时情绪很是低落，同时也坚定了追索教学目标的决心。我必须明确自己从事教学工作的目标是什么？教学到底是凭借什么机制运作？只有弄清楚这些问题，我才能充满信心上课，不会因为心里没底而迷茫无措。而就是这一痴念让我无意间僭越教育学科领域，走上一条不同寻常之路。

1989年6月，我到加拿大温莎大学（University of Windsor ）传播学系（Department of Communication studies ）进行为期一年的学术访问，期待在异国他乡获取对这个疑问的解答。也就是在这里，我第一次听到了 Instruction Technology（教育技术学）这个学科，并且第一次接触到了这门学科的课程。

在后期，我从该校生物系负责生物公共课的 Prof. Habowsky 了解到，其课程要求就是让学生学到“hands-on”，也就是生物实验的动手能力。这件事让我开始意识到，教学不再是个人课堂演出，而是让学生获取某种能力。传播系负责电视课程的 Prof.Marzatto 对我说的更为简单，电视课程就是让学生能拍电视——do it！总之，至少在 University of Windsor 的课堂上，教学不再是教师的个人课堂演出，而是要求学生获得相关的各项能力。

这是对我原来的教学观念的根本颠覆。似乎以前国内对课堂教学好像没有提出过明确的要求。一般说来就是突出重点，突破难点。如果这两个突破都实现了，莫非就算完成教学任务？学生或学习者获得了什么呢？对此未予置喙，那么教学目标是否就是观看了一场教师的课堂个人演出？加拿大之行使我在迷茫中看到了前方的曙光，或许在迷茫中可以突破，重见光明。1990年6月，我就带着这些思想冲击与相关书籍和材料返回了银川。

带着这些收获回到银川之后，我就打算在自己的教学实践中使

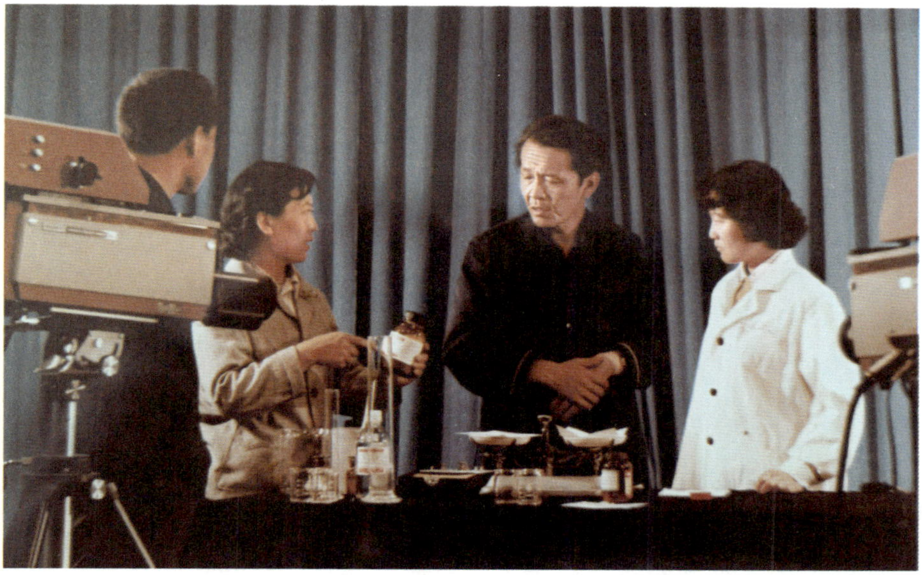

宁夏大学工作照（乔立恭教授右二、右一为乔老师爱人高永年）

用在国外得到的 Instruction Technology 的教学原则。不过，沿用这些国外的这些教学原则时遇到操作的困惑。我教授的是基础物理学。这个学科已然是成熟的学科，自有其严格的体系，不容肢解，因此无法分解成符合那些理论要求的教学目标。怎么办？正好这里有一个不到三十岁的青年教师安嘉翔先生，对于 Instruction Technology 及其实践很感兴趣，于是开始了我们两个人的合作研究，以便克服这一进退维谷的尴尬局面。安嘉翔毕业于中国科技大学理论物理专业，当时担任计算机课程教师。

确实没有想到，我们两个出身于物理系的人，竟然采取物理研究思路，以信息运动为基础，根据非线性科学的成果，将美国学者提出的教学目标并列分类的观念，改成纵向按学习阶段分类的方法，成功地解决上述问题。而这个成果，在前辈学者南国农教授的点拨下，我们继续展开，进而提出了自构建学习理论 Self-building learning theory 这一教学理论的概念体系。这是始料不及的成果。本人在科学出版社出版于1998年的学术专著《教育技术学概论》，对这一概念体系做出了系统阐述。

这已然进入到学习理论的领域。显然，这是学科的僭越。而这一切全都是做好本职工作的初衷导致，使得自己工作不再糊涂，绝非有意僭越。

我提出了不同于美国学者的另一个概念体系。虽然，通过自己多次教学实践没有发现这一概念体系的纰漏，不过还是有待教学实践继续证实。

除了完成本职工作之外，我还在核心学术刊物《电化教育研究》上发表了十三篇学术论文，出版了三部学术专著，在 SHC 网页上发表了译著《古典物理学原理》。

能在专业领域取得这些成果，只缘于我是一名教师，是一名普普通通的教书匠。

（编校：王翔）

鬓华虽改心未改　八旬尤思育良才

——记宁夏大学乔立恭教授

虎　娟

乔立恭1937年生于北京，1959年毕业于北京师范大学物理系，同年分配到宁夏大学物理系任教。2010年退休。主要从事基础物理学教学和教育技术理论研究与实践。乔立恭老师在宁夏大学期间主要担任物理教育专业基础物理学的力学、热学、电磁学、光学、电动力学以及基础物理实验课等课程的教学工作。此外，还为高年级学生开设选修课实验数据处理和教育技术学概论，担任数学教育专业的基础物理学的讲课，以及非师范类专业如计算机专业的基础物理学、家用电气专业的制冷技术、火力发电专业的工程热力学等课程的讲课工作。讲课之外还指导教育实习、毕业论文等。此外，他还致力于培养青年教师，提高青年教师的教学、科研教学能力，完成了物理系相关教学梯队的建设。他担任过普通物理教研室主任，宁夏大学电教中心主任。

1983年，乔教授发表了《电视教学片的物理教学功能》一文，这篇论文荣获宁夏科学技术协会颁发的优秀学术论文三等奖。1991年，论文《一种效果显著的个体化多媒体教学模式》获宁夏回族自治区教育厅全区优秀电教论文二等奖。迄今为止，乔立恭教授共发表了教育技术学的理论与实践方面的研究论文共20余篇，其中，在国际学术会议上发表并宣读1篇，核心学术刊物上发表17篇，国内学术会议上发表宣读1篇。1997年完成学术专著《教育技术学概论》，由科学出版社于1998年6月出版。同年，专著获宁夏社会科学学术专著二等奖。

1992—1996年，乔立恭教授对教育技术学在热学教学中系统使用和开发方面，利用四个班级进行了长达四年的系统研究，这一成果获宁夏大学1993—1996教学成果二等奖，宁夏教委教学成果三等奖。1998年8月—2000年8月他主持的教育部重点课题《发展教育技术，促进教育现代化》的子课题《普通高校大学英语四级达标课件编制》和宁夏教委的课题《宁夏民族地区教育技术学的开发应用与理论研究》两个科研项目，获得了良好的效果。此外还担任自治区教委课题《面向二十一世纪西北民族地区农村中小学师资队伍建设研究》相关部分的研究工作。

不畏寒风扎西部　躬耕不辍践使命

20世纪60年代，乔立恭从北京师范大学毕业后怀着“到艰苦的地方去”的崇高理想，作为支援宁夏发展的人才来到了宁夏大学。两年后，乔老师的妻子高永年也追随他来到了宁夏。

由于住所紧张，乔老师就借住在一间土坯房里。随着教育政策的不断完善，为了便于建设新校区，更好地招生与教学，宁夏大学迁到了现在的校区。“那时最难的，就是饥饿和寒冷。”乔老师说的这句话，道尽了乔老师那一代人的艰难。

回忆起60年前的工作、生活情景，乔老师没有苦涩的回忆和埋怨，有的只是对那段艰难困苦时光里一些永存的美好记忆的深情回忆！半个世纪过去了，他仍然清晰记得师生们在教室、在操场，在树下探究问题、讨论书籍的温馨场景。

乔老师喜欢体育，是奔跑在篮球场上意气风发的少年。同时他又精通音乐、哲学。因此，在同事和朋友眼里，乔老师是高大帅气的“大乔”；在学生眼里，乔老师是博学睿智、教学有方的“严师”；而在乔老师自己眼里，他从头至尾，只是一个普普通通的“教书匠”。

持之以恒促教改　矢志不渝探良方

“有些困难总要有人去突破，那为什么不能是我？”乔立恭教授于1964年通过开放基础物理实验室，让学生们依据实验课题和要求独立设计并完成实验工作，希望以此能够有效提高学生的工作能力。在教学中除继续加强和改进演示实验外，还组织学生参观火力发电厂、气象台，去飞机场参观飞机发动机，去机务段参观蒸汽机车，去氮肥厂的空气液化车间参加柴油机的装配和调试劳动，以此增强学生获取教学信息的能力。

1981年，有感于试验器械缺少，学生观察演示实验不便，于是乔老师便着手拍摄了电视教学片。其中《布朗运动告诉我们什么？》学生反映很好。乔老师受此启发，继续摄制了若干部电视教学片，并立即投入教学中使用。与此同时，在学生反映强烈的情况下，他开始思考这一教学形式收效良好的原因，并完成了论文《电视教学篇的物理教学功能》，这标志着乔立恭已然从自发地改进教学的层次步入研究探索的阶段。电视教学片投入使用，获得学生们的欢迎、赞许。乔老师于1989年到加拿大温莎大学（University of Windsor）传播学系（Dept. of Communication Studies）就教育技术学的科研和教学进行为期一年的学术访问和学术交流。

在加拿大访学期间，乔老师遇到了一位与他有着同感的加籍德国教授。他们的相遇，使乔老师如醍醐灌顶，这一困扰乔老师长达10年之久的问题终于找到了答案。“教书重教学，教学就是动手能力。我

乔立恭教授（左三）与刘永年教授（左一）、安嘉翔教授（左二）在宁夏大学工作

们教书就是让学生获得一定的专业能力，不是欣赏，也不是老师的个人独角戏。”加拿大之行为乔老师开启了教学研究的新思路。1991年，在他撰写的《一种效果显著的个体化多媒体教学模式》论文中明确提出教学过程“不能看成只是所谓信息的传播与接收过程”，而是经过多种实践操作使“学生的行为发生某种预期改变”的过程。从对现象的认识上看，此时，乔立恭老师对教学的认识已然出现了从“知识导向”向“能力导向”的观念转变。这时，他的工作进入了一个更为深入的层次，开始了教学理论建构阶段。

1994年春天，他和青年教师讨论学习机制时，有感于当时所学的热力学第二定律的抽象性，单纯的备教材不足以让学生掌握所学知识，他期望以一种边玩边学的方式切实提高学生获取知识的能力。同时借助于当代非线性科学的进展，及其对人工智能神经网络的影响，还有浑沌原理和自组织现象的产生等情况，触发他在探索学习机制中寻觅新的思路，并立即推翻原来写好准备复印的《教育技术学概论》讲义，重新撰写，并纳入这一想法。

1994年底，乔立恭撰写并组织编制使用宁夏大学第一个CAI课件，学生反映强烈收效良好。在次年初撰写的论文《计算机辅助教学（CAI）及其教学功能》中对学习过程的机制提出了“转移”“浑沌”和“重构”这三个阶段的概念，为日后提出完整概念体系奠定了基础。此时，乔立恭开始了同青年教师安嘉翔、铁新城富有成效的合作阶段。在乔立恭的带领下，青年教师很快进入科学研究的门径。乔老师在完成自身从教学者变成一位教育研究者的同时，锻炼提高了青年教师的能力，完成了我校教学科研梯队的建设。此后的十多年，乔老师一直致力于不断提高宁夏大学的教育技术发展工作。

年过六旬志不移　伏案续写耕耘篇

灰白的头发，依旧冷峻智慧的眼神，即使年过花甲，他却依旧坚持每天读书、思考。乔老师在过去的83年里，将毕生的年华献给了宁夏大学的教育事业。

和乔老师相处多年，共同参与创建宁夏大学教育技术系的侯建军老师说：“和乔老相处多年，乔老师的处世淡然和不图名利，是我最为敬佩的。”面对困难和挑战，他没有消沉和隐退，而是专注地投身于自己的科研和教学。

为了筹建我校教育技术系，乔立恭老师带领我校青年教师于2004年专程去往西北师范大学拜访被誉为我国电气教育奠基人的南国农先生。同年，本应退休的乔老师在学校的返聘下，承担教育技术硕士研究生教育技术学等课程教学，不仅培养出了多位教育技术人才，同时为我校教育技术发展夯实基础，他的教学始终受到广大师生一致好评。

2009年，由于脑梗手术，乔老师的右手不再灵活了，可是他对教学的那份深爱与坚韧却从来没有就此停滞。他依旧伏案看书，只是将笔改成了键盘，用屏幕代替书纸。多年来乔老师与外界的联系都是通过电子邮件的方式进行的。当我向他寻求电子邮件号码以便日后交流时，乔老师本能地挪了挪身体，端正自己的身子，在纸片上写下了他的联系方式。这样一个小小的动作，写尽了乔老师对于教师这份工作的无限热爱与尊崇。

（编校：王翔）

作者简介

虎娟，女，宁夏大学新闻传播学院2021级学生。

关于父亲

高　武

父亲早在弱冠之年就来到宁夏，所以从我记事起，父亲已然是一位老师的角色了。

严父慈母，这是中国人传统观念中对“父母分工”的定义，关怀备至的母亲和不苟言笑的父亲，不得不说是我们家最真实的写照了。无论是年少时，还是现在已然在岗位上工作多年，父亲依旧，严肃如初。年少时，在我的记忆中，父亲总是早出晚归的。当然，这与父亲教师的职业关系是分不开的。偶有空闲时间，父亲也只是在家看书，所以我印象特别深刻的是每天晚上父亲都伏案看书、备课到很晚。父亲的书桌上有两盏台灯，印象中那两盏灯总容易坏，又一次次修好。书桌上经常堆着书，各种物理书。

母亲和父亲一样，也是宁大的一位教师。在我的记忆里，母亲总是在工作之余，承担了所有家务事，包括日常教育我们的重担。母亲在相夫教子之余，专业也干得风生水起，她曾担任物理系主任，是全国人大代表，是好妻子、好妈妈，也是学生眼中的好老师。

父亲虽然醉心于教学研究，但是对于我们父亲也一向很严格，印象很深的是我们犯了错，父亲一个眼神就足以让我们胆寒许久。

另一个特别深刻的印象是，总有父亲的同事和学生来我家。他们从来不会说笑聊天，而是一进来就扎进书房，探讨一些学术性的问题，比如："怎么教学""怎么才能达到教学的更好效果""哪些研究课题更适合于学生学习"，等等。我的父亲关注的不仅仅是教学，他还会经常性地研究学生的心理问题，是否对课堂内容有抵触，是否有应付心理等。除此之外，他总会利用课余时间，给课堂内容没有"消化"的同学在我家开小灶，如果来访学生恰巧赶上吃晚饭的时间，父亲会挽留学生在我家一同吃饭并在饭后继续讨论。因为当时还未成家，所以每次看见有父亲学生或同事在家，我都会找借口出去走走，然后在外面随便吃碗面再回去。

除了学生，母亲也是父亲的工作伙伴。在家的时候，可以经常听见父母关于教学问题的探讨。每天晚上吃完饭后，父母就在各自的桌子上摊开书籍，写讲义，查阅各种资料。也正因为如此，我家的书籍特别多，因为书很重，每次搬家，搬运那几十箱书简直是最头痛的存在。很多书到现在还留着也不让变卖。

我的父亲，除了教学研究以外，几乎是没有任何娱乐活动的。唯一有的就是时不时播放着交响乐的几张老唱片或几张在我们看来很乏味的京剧老唱片。偶尔下楼散步，也是很快就回来了。大多数时间都是下班回来吃完饭后，看会儿电视就钻到他的屋子里，埋头伏案。偶尔教学仪器有所损坏，他就会自己做，自己粘，在我印象中父亲制作教学仪器很多很多。

当然，父亲也有为数不多的和蔼时刻。较之对我们的严肃相比，在我们有了孩子之后，父亲的笑容就逐渐增多了。陪着孙女玩儿，教孙女打球、游泳等等，但是随着孩子长大，父亲又恢复了以往严肃的老教师的形象，在家除了看书还是看书。

从我走进大学直至步入工作岗位，父亲最常叮嘱的两句话就是：一是"要好好学习啊，通过学习以后换取一个更好的岗位"；二是"不管在哪个岗位上啊，你都要去学着热爱，把事儿做好，这样才对得起

宁夏大学工作照（左一乔立恭教授、左二高永年教授）

你这份工作和你的岗位”。即使现在我早已在工作岗位上工作多年，但父亲却仍然会叮嘱我“你要把那个工作给人家弄好”等等。当然，父亲不仅是这样叮嘱我的，他一辈子也是这么做的。即使现在父亲已经退休居家，身体也不似几年前那样硬朗，但他仍然坚持看书，也时常在家和其他老师探讨物理及教育技术方面的问题。

我的父亲，他一生对教育事业的热忱和对学生无比关爱的态度，是给我感触最深的，也正是因为这份感触，不断激励着我们在生活和工作中积极面对，认真努力。他是一位严格的父亲，他也是一名躬耕学术、深究科研的良师。

（编校：王翔）

作者简介

高武，男，1966年8月生。江苏铜山人。大学学历，主任编辑。曾任宁夏广播电视台经济频道总监，现任宁夏广播电视台编辑委员会专职编委。

刘　彤

1935年11月生，上海人。1958年7月毕业于北京师范大学历史系，曾任宁夏大学历史系教授。主要研究方向为当代世界史、战后国际关系、苏联东欧问题。主要论文有《第二次世界大战对战后资本主义发展的深远影响》《对世界现代史开端和资本主义"总危机"理论的思考》《秘密报告及其历史地位》，编著《主要客源国概况》，参加《当代国际关系》编写工作。曾获曾宪梓教育基金会颁发的高等师范院校教师三等奖；宁夏回族自治区第三届、第四届社会科学优秀论文一等奖、二等奖，宁夏回族自治区普通高校教学质量成果二等奖，宁夏大学教学质量成果一等奖。曾在区内各地和校内作有关《海湾战争及中东局势》《苏东剧变和我们的思考》《时代一格局一世界新秩序》《第二次世界大战及当代世界》《香港、澳门回归》等专题学术报告百余场。《参政消息》也曾发表过他的征文，系中国世界现代史研究会会员、中国苏联东欧史研究会会员。

走过荆棘　回归本心

刘　彤

从某种意义上说，我可以算是宁夏大学的一块“活化石”，一件“历史文物”，一个“老古董”。为什么这么说？那就从我的经历讲起吧。

我，刘彤，上海人，1958年从北京师范大学历史系毕业，当年就来到了宁夏。当时还没有宁夏大学。在后来的岁月里，我见证了宁夏大学从无到有，从简陋到完善，从平凡到辉煌。截至今年，我在宁夏待了64年，除却20世纪六七十年代在盐池待了14年外，其余的时间都是属于宁夏大学的。在盐池期间，和宁大也始终有着千丝万缕的关系。

回想起我和宁夏大学的初遇时刻，这段回忆实在称不上美好。1958年，我当时23岁，这个年龄可以说是指点江山、激扬文字的好时刻，但我被打成了“右派”分子，那时我觉得自己的未来被一团迷雾笼罩，模糊了我前进的方向，好像人生的希望烛火，在那一瞬间，“啪”的一下，熄灭了。

北京师范大学组织上考虑到我属于在“右派”中表现不错的一类人，给了我一个工作机会，去边疆支援国家建设。我的第一志愿是新疆，第二志愿是青海，第三志愿才是宁夏。或许是命中注定的缘分，我最终踏上了宁夏这片黄土地。当时的宁夏正如地方志上“梁峁起伏，沟壑纵横丘荒岭秃”的描述，道尽了环境荒凉。各种基础设施一片空白，教育事业更是亟待建设。那时宁夏回族自治区刚刚成立不久，各行各业急需人才，宁夏的教育事业正是一穷二白的时刻。只不过当时对万念俱灰的我来说有些无所谓，因为被打成“右派”分子，教书对我而言是无望的，别人对我也都是远而离之，身边也没有什么可以知心交谈的朋友，孤独寂寞如同筑造了一座围城，我被困在里面痛苦挣扎却迟迟不能解脱。

1966年9月，当时我们正在地里劳动，通知我们到厂部集合，宣布宁夏大学14位老师开除公职，下放到农村去。这14个人里就有我。当时领导对我说的话，现在仍记忆犹新。“刘彤，你还年轻，下去要把握机会好好改造。”并给了我36斤的粮票。现在想来，他那一字一句的嘱托，包含了满满的真心和殷切的期盼。我背着行李，在一个四合院待了一晚后，第二天一早就由红卫兵监押着，把我带到了盐池。到了盐池，我用身上仅有的14元钱买了一把铁锹、一把镰刀，一张毛主席像。最后把我带到了牛记圈的一个破羊圈里。那个羊圈的条件实在是简陋，一眼望过去，比家徒四壁还要“家徒四壁”。时不时会有几只老鼠和蛇前来光顾羊圈里我仅有的那个破破烂烂的炕。这个环境打了我一个措手不及。当时我连带饭的工具都没有，姑且找了一只热水瓶用来盛饭，可惜后来又被我不小心摔碎了，唯一的吃饭工具也没有了。如果遇上下雨天，大家不出工，秋收食堂不开饭，我也就没有饭吃。印象最深的一次，当时我饿得实在撑不过去了，用一斤粮票，跑到当地人家里，换了一斤白面，和着雨水，掺了点糖精胡乱吞下，就这样勉强度过两天半。

住在羊圈，日子不紧不慢地过着，我成为大家口中的“牛鬼蛇神”。1968年8月的一天，我赶着羊群到大沟里给羊洗澡。政治队长不幸溺水了在沟里喊救命，我想也没想就跳进了水里，游到队长的背后将他推上了岸。救人一命本也稀松平常，但这件事却成了我在当地人际关系中的一个转机。当晚队长婆姨给了我两个玉米。两个沉甸甸的热玉米，标志着我被老乡们所接纳。社员对我的态度也有了改变。自那之后，我那孤独的围城被打开了，我欢迎别人进入到我的世界，我也走到了社员中间去。

在农村的12年里，4000多个日夜，我并没有说因为感到希望渺茫或者说未来昏暗就选择放弃。我的心境有所变化。从当初的低沉失落变得坦然处之，顺其自然。我好像打破了困住我心境的壁垒，以一个第三人的视角去观看自己的处境。我直接用行动证明：刘彤，不是阶级敌人，我有自己的为人处世之道。我想，我当时的变化或许与我所学历史专业相关。学习历史就是要时刻保持清醒，那时的我刹那间就坦然了。

原来，宁夏大学对我有三年考察期。如果三年里，各方面表现好，就能够恢复工职。1974年，大队这边看到我是知识分子，先让我在乡间民办小学教书。我立即答应下来。

随后我又在生产队当了几天的会计，还管理过广播。但因为政治问题始终没有解决，干这几份工作不久，又先后被撤了职。这是我心中一大憾事，毕竟我很喜欢这几份工作。

干农活，生产队有时让我犁地。犁地免不了要和牲口打交道。我觉得这些牲口都是有灵性的。牲口往往很疲惫，有些社员会图方便、省力，下工了会骑着牲口回家。我怎能再给耕牛增加负担呢？所以我都是和牛群一同走回家，此事还受到生产队长的表扬。

1978年，我当时正在一所小学里任教，正在讲课的我被县文教局局长带到了盐池苏维埃旧址考察。到了该年秋天开学的时候，盐池一中正好缺个政治老师，要我过去代课。到了那里之后，我发现我要教的不仅仅是政治，有时候还会要上语文、数学、英语等多门课程。尽管我在盐池一中只是一个匆匆的过路客，但我充分享受到了教书的快乐，如同鱼儿遇水，向而往之。

1979年，党的十一届三中全会后，我的右派问题彻底平反。1980

刘彤教授在国防大学授课

年春天，宁夏大学党委书记陈杰来到了盐池，要接我重返宁大校园。盐池这边的相关负责人没有答应。夏天，陈书记又来了盐池，宁大同意为盐池代培11个进修生，将我换了回来。

重新回到宁夏大学的讲台上，看着台下学生一张张年轻的脸庞，那种尘埃落定、万事顺遂的感觉渐渐弥漫在我的心头。我可以安安稳稳地站在讲台上，回到我热爱的专业，开始自己的大学教书生涯，与我的同事们一起并肩作战，在宁大的教育战线上燃烧自己，回归本心。

回到宁大后，我和同事们相处融洽。日后，在我担任世界现代史教研室主任期间，经常会带领团队进行教学和学术活动。教学上，我认为教师应有自己的观点，我认为教书不能死跟着教科书走而弄丢了自己的认知。可以把教科书作为参考，但是要拒绝本本主义。所有教学都是要讲求内在逻辑的，只有教师自己明白了，才能将这部分内容传授给学生。但当时的宁大历史系世界史教学相对来说是比较薄弱的。所以我就去参加学术会议，去了解那些历史研究走在前沿学者们的观点，在此期间，我先后到北京大学、南开大学、复旦大学等知名学府访谈，和专家开展学术交流，获益匪浅。

1995年，我从教育一线功成身退。但退休后我并没有闲下来，开始在校内外讲课、代课百余场次，一时间银川城内出现了“刘彤热”（党委书记刘金声语），也算是传授知识，为普及历史知识尽一份绵薄之力。2007年，时年72岁，因为身体原因，我才彻底退休，成为一位退休老人。

现在宁夏大学已经取得了斐然的成绩，这些成绩是许许多多师生共同努力的结果。回想起当年我们做过的每一分努力，都是那般刻骨铭心。现在的宁大力求建设西部一流大学，这是一项艰巨的任务，未来的路依然充满艰难困苦。在这条路上，首当其冲是要处理好教学和科研的关系，将教学放在第一位，同时也不能忽视科研。

建设一流大学，宁大还有很长的路要走，希望新的师生能从我们老一辈的人手中接过接力棒，带领宁夏大学走上康庄大道。

宁大“活化石”的不等式人生

张新民　刘　娇　封宏砚

“暴风雨必然消歇在宁静和寂寞之中。”这句话，正是宁夏大学历史系老教授刘彤的真实写照。

他就像一块“活化石”，他身上的每一道纹理，隐隐透出宁夏大学从无到有的历史变迁的痕迹。回顾他与宁大一起相伴的日子，整整50年，刘老留下了一道道难解的不等式。

在刘老的人生观里，似乎生活中处处皆为不等式，即使被不等式的人生困境包围，刘彤依然以辩证的视角去善待这个充满坎坷的世界，超脱于世，淡然处之，渴望教书育人的信念火花始终在跳跃闪动，如同蜡炬般，将自己燃烧到最后一刻。

面对被错划为右派，前途一片迷惘的困境，刘彤安然处之，坦然处事，用行动证明自己的政治导向。

被生产队的政治队长和当地人孤立打压，困于孤独“围城”中难以挣脱，刘彤拒绝自怨自艾，勇于帮助他人，坚守内心正直之光。

所拥有的教学机会比常人少得多，刘彤分外珍惜每一次传授知识的时刻，将自己的余热发挥到最大限度。

处境艰难与心境平和的不等式

1958年，刚刚成立不久的新中国面临着激烈的阶级斗争。在这场不见硝烟的“战争”中，刘彤被戴上了右派的帽子。当时刚刚从北京师范大学毕业的刘彤，应是施展才华、大显身手的年龄，却迎来了这般的人生噩耗。

刘彤带着这一身泥土，踏上了黄土高原，来到了宁夏回族自治区。那时宁夏大学还没有成立，宁夏教育事业的发展百废待兴，人才短缺。被戴上右派帽子的刘彤，没有了教书育人的机会，刘彤没有抱怨。面对这种困境，他似乎看起来过于平静，除了偶尔流露出的无奈与哀伤，他的反应比常人要平静得多。他更多的是默默地珍惜每次教书的机会，日后“我能在教育岗位上教书的日子是过一天少一天，所以我会好好把握每一次教书机会”。

1966年9月，宁大有14名老师被下放到农村进行改造。刘彤的名字赫然在列。

刘彤连炊具都没带，揣着几张粮票，带着行李、灯油等物品就出发了。到了盐池才发现，他的居住场所就是一间简陋的羊圈，抬眼望去，一个破破烂烂的炕，蛇和老鼠还不时会来光顾。“当时我一看就傻眼了，宁大这边告诉我都安排好了，我都没准备。”

刘彤生活用品也没带，尤其是食物短缺的问题得不到解决，经常会饿肚子。当时生产队的饭是由食堂提供的，倘若下雨大家不出工，食堂便不供饭。刘彤也就只能挨饿。有一次下雨，他饿得实在不行了，就用手中的粮票，去当地社员家里换取了一斤白面，和着雨水，掺了点糖精凑合着果腹，硬生生挨过两天半。

其实生存环境给刘彤带来的冲击还是其次的，更难的是由于政治高压，他遭受的孤立和隔离，周围人对他的态度，让他经受了心理上极大的折磨。孤独如同厚重的雾霾，将他笼罩在个人的世界里，与现实隔离开来。一同遮盖的，还有刘彤伸手不可见的未来和可望不可即的教学理想。

刘彤没有因此自怨自艾、一蹶不振，他选择去适应这个生存环境。回忆起这段经历，刘彤解释："我想着努力劳动就行了。行动就是最强有力的证据。"

生产队安排的任务他尽心尽力地完成。有段时间，刘彤被安排去犁地，犁地离不开牲口与人的配合。在他看来这些牲畜都是富有灵性的。白天，牲口要拉犁，傍晚才歇息。当时有的社员为了自己歇一歇，就骑着牲口回家。而刘彤为了不给牲口增加负担，也为了牲口第二天能更好地耕地，他就牵着牲口走着回家。

备受打压与不计前嫌的不等式

被打成右派后，刘彤在遭受他人孤立时，还受到不同的待遇。当时生产队的政治队长，在很多方面，会对他比旁人严格管教。这种状态一直持续到1968年的8月份，当时刘彤跟着一群羊，去沟里给它们洗澡。听到了有人喊"救命"，他一看，是政治队长溺水了。刘彤想也没想扑通一声跳进水沟里，绕到政治队长的背后，将他推上了岸。刘彤说："当时我只想着救人要紧，后续会发生什么，根本来不及想。"他不会因为别人对他的态度而改变自己的信念。"其他人看到了也会救的，我只不过是做了自己该做的事。"他云淡风轻地说着，好像这就是一件和吃饭、睡觉一样的小事。

没承想，这个举动，成为了他和当地人改善关系的一个契机。当晚，他收到了庄子上的第一份礼物——两个热玉米。自此以后，社员们对他的态度有了转变，他也逐渐从孤独中走了出来，迎来了朋友交际的春天。

机会有限与争分夺秒的不等式

人没有一生都是春天，也不会一生都是冬天。被划成右派分子后，刘彤逐渐跨越了理想道路上设置的一座难以跨越的大山，未来人生路不再是一片黑暗。但他在这座大山前，被阻隔整整22年。

1980年，被平反后的刘彤在宁夏大学党委书记陈杰的帮助下，重返宁大。当时刘彤已经四十多岁了，和其他人比，他的年龄实在不算小，距离退休也没多少时间了。

但是他心里怀揣的教育梦想还没有实现，对知识的渴望与传授，促使刘彤珍惜着每一次走上讲台的机会。如鲸向海，似鸟投林。站在讲台上那一刻，这个年近半百的中年人意气风发，似乎回到了那个“恰同学少年，风华正茂，书生意气，挥斥方遒”的时刻。

回到宁大后，刘彤开始在历史系的办公室里安营扎寨。在他看来，教学活动离不开团队配合，所以同事之间的默契与和谐相处显得尤为重要。在刘彤担任世界现代史教研室主任期间，他经常会带领团队参加学术活动，以此来提高团队的知识量、默契度。

就教学来讲，刘彤认为：“教师需要有自己的教学体系，教书是不能一直跟着教科书走而弄丢了自己教书灵魂。可以把教科书作为参考，但是要拒绝本本主义。”在他看来，所有教学都要讲求内在逻辑，只有教师自己明白了，才能将这部分内容传授给学生。所以每一次上课前，刘彤总是在备课上花费大量时间，做到把内容实实在在掌握在手里，牢记在心里，才能踏上讲台。

当时宁大历史系师资相对来说比较薄弱，教学规程也远没有现在健全。为了完善历史系育人体系，获取更多知识，培养优秀学子，刘彤经常参加学术会议，去了解那些走在历史学界研究前沿学者的观点。他先后赴北京大学、南开大学等知名学府访谈，和专家开展学术交流，尤其注重吸纳世界现代史方面的新内容，在拓展自己知识面的同时，为学生带来更为新鲜和全面的历史知识。

1995年，刘彤因为年龄原因，从教学一线上退了下来。但是退休后的他，并没有闲下来，反而更忙了。他收到各界的邀请，前往全区各单位、各学校讲课、代课。他主要讲战后的历史，哪个地方的局势比较紧张就讲哪里。刘彤曾经应邀到宁夏军区讲课，当时军区首长对他的评价是：立场坚定、观点鲜明、史料丰富、论证有力。宁夏大学党委理论中心组也曾邀请他讲课。

直至2007年，他的身体已经不能支持自己站在讲台上，刘彤才彻底退休。此时的他，已经将自己的余热发挥到了极致。或许他所拥有的教学时间要比他人少得多，但是他所拥有的每一分每一秒，都是充实且富有意义的。

“千磨万击还坚劲，任尔东西南北风。”回首这80多年的风雨路，刘彤或低落失意、或披荆斩棘、或云淡风轻、或壮志凌云，无论前行道路如何，他的前进方向路径不曾改变，教书育人的信念从未动摇。他的一生，与宁大的成立、发展壮大缠绕在一起。从某种意义上说，刘彤就像一个“活化石”，静待岁月流逝，静看宁大变迁，他始终持有自己的辩证人生观，心平气和地去看待一切变化，保持初心不变。

（编校：王海文）

作者简介

刘娇，2001年1月生，汉族，共青团团员，新闻传播学院2019级，新闻学专业就读。

走过朔方路

——我与宁夏大学及恩师刘彤先生

周　欣

九曲十八弯的黄河缓缓地淌过宁夏平原，在她有力的臂弯里，在巍巍贺兰山的山麓，坐落着宁夏回族自治区首府——银川（旧称兴庆府）。而我就读了两年历史学的宁夏大学，就位于这座被誉为“塞上明珠”古城西端的新市区（现西夏区）。

1988年的夏天，出于对历史学的挚爱，我放弃了原本已拿到手的兰州大学成人教育处新闻学专业的录取通知书，兴奋不已的同时又带着些许紧张，迈进了宁夏大学历史系文史专业大专班的课堂。从此，我就和宁夏大学、和新市区的朔方路、和贺兰山下的这片沃土结下了一段不解之缘。

至今我仍清楚地记得：宁夏大学正门（西门）的外面就是宽敞笔直、延伸数公里、另一端连接着西北第二民族学院（现北方民族大学）的朔方路。夏日的傍晚，我常在朔方路上漫步，此举既为强身健体，又可对当天所学的知识加以思考、消化和整理；不经意间，还可以举目四望，欣赏朔方路两侧的街景及塞上江南的美丽风光。每天散步归来，远远就望见了宁大主楼，以及主楼两侧所镌刻的校训：尚德、勤

刘彤教授（右一）与宁大历史系81级学生合影

学、求实、创新。每次看到主楼和校训的时候，我的心里就仿佛滚过一阵阵热流，心潮激荡不已。我们入校的时候，恰值宁夏大学三十周年校庆，在校庆活动的热浪氛围的簇拥下，我们这些新生开始产生并加深了对宁夏大学，特别是历史学系的了解和认识，我们对宁大的信任感和归属感也油然而生。以至于离校多年以后，我依然珍藏着当年那枚曾佩戴在我胸襟前的镌有“宁夏大学”字样的红色校徽。

虽然当年历史系的教师里还没有人拥有“教授”的职称，老师中的最高职称也只是“副教授”，也许有人会对此感到不以为然。但是，我通过切身体会认识到，我们历史系里的一些极富理论教学水平和丰富教学经验的老教师（如刘彤和张天老师）和中青年教师（如先后担任我们班主任的朱筱新和赵汝清老师；世界现代史任课教师王林聪等）的严谨教学和言传身教，对我们这些新生关于学识的积累、分析问题的方式和学习方法的养成等方面影响至深，恐怕并不亚于一些专家、教授。

就拿刘彤老师来说，这位饱经沧桑的学者在课堂上并不单纯地传授他主讲的世界当代史和中东问题所涉及的知识，而是在授课的同时也将研究、探讨问题的方式、方法也教给了我们。说起我和刘彤老师在课堂上的相识也很有趣，那是在他主讲的世界当代史第一堂课上，刘彤老师向同学们讲解几个名词术语，比如“大时代”等，我当时年少自负，仗着自己有些小聪明居然只用脑子强记而不做课堂笔记。刘老师发觉这一异常情况之后，立即询问我怎么不做笔记？我竟然回答说：“您讲的所有东西我都记在大脑里了，因此我不需要做笔记。”现在回想起这一幕，我觉得自己当时实在自负、浅薄得可以。可让我惊奇的是刘老师竟然没有生气，为了不影响课堂进度，他只是简单扼要地给我讲了一下做笔记的重要性，建议我做课堂笔记。我也就听了老师的话，提笔写了起来。后来我才发现，刘彤老师的建议是何等高明、何等睿智！想做学问，哪有不做笔记之理？“好记性不如烂笔头”，以至于多年以后，我甚至在图书馆翻阅资料时都不自觉地做起了笔记。

虽然刚开始我给刘彤老师留的印象并不好，但是，随着时间的推移和了解的增多，当刘老师发现我是一名酷爱历史学、并对世界现当代史和中东问题有着浓厚兴趣的学生时，他总是全力地支持我。每一次我拿着写完的文章初稿去向他请教时，他总是详细地阅读，然后再将他的意见告诉我，哪些地方写得还不错，哪些地方观点欠妥，应该这样或那样去修改；哪些地方史料存在不足，应该从哪几个方面去补充和完善……尤为难得的是，刘彤老师不仅仅教我做学问，还教导我一些做人的道理。在发现我性格上的缺陷后，刘老师立即提醒我太狂妄，然后向我提出改进的意见。他真正做到了“学高为师，身正为范”，然而遗憾的是，至今我在这方面做得仍然不够理想，仍然“有些狂”。

在离校前夕，我去请刘彤老师在我的毕业纪念册上留言，他沉思片刻，然后刚劲有力地题词：“启迪思考、勇于探讨、培养兴趣、受益终身！”这十六个字，我一直牢牢地记得，二十多年来，当我在世界当代史及苏联问题、中东问题等方面写就并发表了几篇涂鸦之作，如《浅论雅尔塔协定对抗战胜利和中国主权的影响》《浅论海湾危机的解决方式》《30—50年代苏联大清洗经过及教训之浅析》《也谈抗战时期的中苏关系》《试析“沙漠之狐”行动的影响》、论文《浅谈苏联卫国战争在第二次世界大战中的地位和作用》等以后，更是比以往更深切地感受到这十六字题词的内涵和深邃。

每一次文章写好之后，我总是第一个就想起刘彤老师，第一个就把拙作寄往贺兰山东麓、寄往宁夏大学、寄到刘彤老师的案头，请他审核、把关。尽管我已离校多年，刘彤老师对我早已没有这种义务，但令人敬佩的是这位饱经沧桑的学者从未推辞过我的请求，即使是在退休之后，他还是像我在校时那样，先是详细地阅读文章，然后再将他的印象和修改意见告诉我……

人生如白驹过隙，转瞬间，我离开宁夏大学已经27年了。然而，即使是在梦中，我也常常回到朔方路，在我身后的宁大主楼上，在我的心中，永远闪烁着校训：“尚德、勤学、求是、创新”！

（编校：王翔）

作者简介

周欣，男，1967年5月生，江苏徐州人，1990年结业于宁夏大学历史学系文史专业，现为甘肃省金川集团公司保卫部内保二大队队员。坚持无偿献血26年，金昌市首届道德模范、“工行杯”感动甘肃·2012陇人骄子提名奖得主。

米文宝

1962年6月生，陕西富平县人，博士学位，二级教授，草学博士研究生导师，中国地理学会理事，中国自然资源学会常务理事，资源工程专业委员会副主任，宁夏地理学会名誉理事长，宁夏规划委员会专家委员会委员。曾任资源环境学院院长，人文地理学科学术带头人、硕士研究生导师。

主要从事国土空间规划、区域地理学等方面的教学和研究工作。主持完成国家自然科学基金项目3项，省部级科研项目40余项，出版《宁夏地理》《生态恢复与重建评估的理论与实践》《西北地区主体功能分区研究》等12部学术著作，发表学术论文200余篇，获省部级科研和教学成果奖一、二、三等奖10余项。2001年被评为宁夏回族自治区新世纪科学技术学术带头人（自治区313人才），2017年被评为宁夏回族自治区教学名师。

38载的奋斗与奉献

——我的自述

米文宝

38年过去，弹指一挥间。38年，我见证了宁夏大学发展壮大的过程，参与了宁夏大学地理系（城市与环境科学系、资源环境学院）由小变大、由一穷二白到繁荣兴旺的建设发展过程。回首过去的岁月，我无怨无悔。

坚守讲台　默默耕耘

1984年7月，我从西北大学地理系自然地理专业本科毕业，毅然选择到宁夏大学工作，只为把自己所学到的地理学专业知识和技能真正服务于西部地区地理人才的培养和区域的发展。当时地理系刚成立不久，才招收了一届地理教育三年制专科班。9月，1984级学生入校，按照系里安排，我担任了班主任，直到1987年7月学生毕业。在此期间为了迅速适应大学教学工作，我在银川市第十六中学兼职带中学地理课半年。1985年9月至12月，系里安排我到华东师范大学地理系进修半年，在陈永文教授指导下，我阅读了大量文献资料，除了听课外，写完了全部中国自然地理课程的教案，为主讲中国自然地理奠定了良好基础。1984年下半年，北京师范大学地理系赵济教授来宁夏大学地理系给1983级同学讲授中国自然地理，我作为他的助教，除了听课、服务外，承担了全部辅导课，这也为我走上讲台创造了条件。自1986年起，我独立承担了系里中国自然地理的教学工作，几十年坚持始终。

以学习促提升　教学科研同发展

1987年之后，随着发展的需要，我深感作为大学教师，必须不断地学习提高，充实自己，坚持教学和科研并重才能成为一个业务上合格的老师。鉴于此，教学之余，我开始思考开展科学研究，同时将学习提升置于重要位置。1988年我在自己大学跟随李昭淑教授开展科研训练的总结基础上，对毕业论文进行了全面总结，尝试发表学术论文。在同行老师的帮助下，我的第一篇学术论文《稠水河流域现代侵蚀因素分析》在《宁夏大学学报》（自然版）发表，提升了开展科学研究的信心。1988年7月考取河南大学自然地理助教进修班，一年的学习，完成了自然地理硕士学位全部课程，系统学习和掌握了自然地理学研究的基本理论和方法。2001年9月，我申请教育部西部计划获得到北京师范大学教育部自然灾害与环境演变重点实验室做高级访问学者的机会，师从高尚玉教授，开展区域可持续发展研究。2004年，为开阔自己的学科领域视野，我又考取了宁夏大学草业科学博士研究生，师从谢应忠教授，并于2007年顺利毕业。在几十年的大学工作中，不断学习充电，弥补了不足，为工作注入了新的理论、方法和能力，支撑了教学和科研水平不断登上新台阶。

几十年的大学工作中，我由承担中国自然地理开始，先后主讲过中国地理、土地管理概论、物业管理、自然地理学、可持续发展前沿、草学研究进展、地理学学科概论、环境讲座等本科生、硕士研究生课程，承担经常性的野外实习实践任务，坚持教书育人，坚持理论和实践结合，坚持把科研成果引入教学之中，提高学生对课程的认知，满足学生对能力提升的渴求。在教书育人的同时，积极开展教学研究，先后承担自治区级教学改革项目2项，1999年作为专业负责人申请“地理科学”国家一流专业建设立项获得批准。多次获得学校教学优秀奖，三次获得自治区教学成果二等奖，并获得自治区教学名师称号。

在科学研究方面，从发表第一篇学术论文开始，在教学的同时，认真思考地理学的区域特色，定位自己的科研方向。从宁夏区域特色出发，把握地理学学科前沿科学问题，坚持把宁夏南部地区人地关系研究作为自己几十年的科研方向。1996年我开始在阅读文献、野外调查研究的基础之上尝试国家自然科学基金项目的申请，于1998年获国家自然科学基金项目资助，开始了较为系统的区域可持续发展的研究，之后又先后获得教育部重点项目、宁夏回族自治区教育厅科学研究项目资助，在2007年、2012年又两次获得国家自然科学基金项目资助。从2000年到2020年间我主持承担了近50项服务地方的横向研究课题。在这些科学研究课题的研究中，凝聚和形成了一支比较稳定的科研团队，产出了较多的科学研究成果。我自己已发表的近200篇学术论文和出版的11部学术著作中最具代表性的都是这些项目研究的成果。我注重把科研融入教学和人才培养全过程之中，使科研成果成为不可替代的重要教学资源，支撑教学水平的提升和人才培养质量的提高，同时为地方发展战略决策提供科学依据。

近四十年的奋斗过程中，随着学校的发展壮大，个人教学科研水平也稳步提升。1997年晋升为副教授，2001年破格晋升为教授。2002年被聘为人文地理学硕士研究生导师，2009年被聘为草业科学博士研究生导师。先后培养硕士研究生46名，博士研究生10余名。2001年被评为自治区新世纪科学技术学术带头人（313人才），2006年作为学科带头人的人文地理学科也被评为自治区重点学科。

专业建设与行政管理同进步

38年的人生历程中，我始终坚持以做好教学科研工作为己任，正确处理专业和管理的关系。有近20年的时间，我担任宁夏大学地理系、城市与环境科学系、资源环境学院领导，参与并见证了由系到学院的发展历程，为学院的发展贡献了自己的力量。1996年11月，学校党委任命我为地理系副主任，上任后，主持修订了地理教育本科等专业的人才培养方案；1997年11月，学校宣布我主持地理系行政工作，参与完成了学校第一轮合并后的系科建设任务，负责在银川召开了首次由宁夏大学地理系主办的“中国地理学会西北干旱区地理建设”学术会议。1999年3月我被任命为地理系主任后，主持完成了宁夏大学地理系建系以来第一次学科建设发展规划，和系班子成员、学术带头人一起努力，申请人文地理硕士点并于2001年获得批准。之后开展了一系列专业申报和建设、学科建设、科研项目申请和科研能力提升等工作。2002年学校组建资源环境学院，我被任命为学院院长直到2016年5月，其间按照学校要求，持续抓学院学科建设、人才培养质量提升、人才队伍建设以及专业建设等重要工作。2002年负责联络召开了海峡两岸水土保持学术研讨会、2012年召开了宁夏内陆开放型经济试验区高层论坛、2014年召开中国地理学会黄河分会学术研讨会议、2005年召开汪一鸣先生学术思想研讨会等一系列学术会议，活跃了学术氛围，扩大了学术视野和学院在全国地理学界的影响。近20年的时间，主要精力抓学院人才队伍建设，亲自联络、引进博士和推荐优秀青年在职攻读博士学位，使学院教师博士学位获得者比例处于全校前列并极大提高了教师的教学和科研能力。我亲自组织、带领学院老师申请高层次科研项目，开展以地理学为核心的科学研究，使学院国家级项目获批数量和科研成果产出居全校优秀行列。这些工作为学院重点学科建设、人才培质量养和学院办学质量的提高起到了重要支撑作用。同时，我还精心组织了教学评估年、教学质量提升年等活动，本科教学水平和教学质量均达到优秀；倡导并召开了首届“西北地区研究生学术论坛”，取得良好学术影响。到2012年，地理学一级学科硕士学位点获得批准，学院形成了以本科、硕士研究生为主的多学科多层次、教学科研并重、富有地方特色、较高质量的办学格局，为学院未来发展成为在西部有影响力的教学科研型学院奠定了较为坚实的基础。

学术为本　情系宁大

38年的孜孜不倦，努力探索，让我在学术领域取得一些成果：把可持续发展理论与宁夏少数民族贫困地区结合，提出和完善了适应宁夏南部山区特点的区域可持续发展理论；提出了生态发展理论并应用于宁夏南部山区生态恢复与评价；开展了西北地区国土主体功能分区研究，提出了西北地区6类分区方案并深化了主体功能区区划和规划理论，开展了以乡镇为单元的限制开发生态区主体功能细分以及区域发展机理、模式的研究。这些发展了人地关系协调理论，有力地支撑了贫困少数民族地区返贫困、生态保护和建设、区域规划和空间结构调整以及区域可持续发展。

38年历程，除了奉献宁夏大学，我还有多项学术兼职，先后担任过宁夏地理学会秘书长、理事长，宁夏土地学会副理事长，中国地理学会理事，黄河分会副主任，中国自然资源学会理事、常务理事、资源工程专业委员会副主任，中国生态经济学会理事等，担任过《干旱区资源与环境》《经济地理》等刊物的编委会委员，被自治区聘为宁夏内陆开放型经济试验区专家委员会委员、宁夏规划委员会专家委员会委员。

38载，他乡变故乡；38载，初心如磐石。自1984年大学毕业离开

故乡来到宁夏，来到宁夏大学，为宁夏独特的地理环境特点和宁大人的质朴以及沙枣树品格所吸引，投身宁夏、宁大地理学的研究和人才培养，参与宁夏、宁大的发展，努力工作，积极奉献。了解调查宁夏南部山区的贫困和生态状况，持续以宁夏南部为研究区，深入研究影响区域可持续发展的关键地理学问题，不论酷暑和寒冬，跑遍了宁夏南部山区的山山水水，城市和乡村，倾注了心血和汗水。在宁大，为宁大的发展尽心尽力，三次在重新选择发展区域和单位的机会面前，毅然决定留在宁夏和宁大。是宁夏、宁大给了我个人发展和进步的平台，我早就由一个外来者成为了真正的宁夏人、宁大人，情感融入了宁夏、融入了宁大。我为自己成为宁夏人、宁大人而自豪。

“两条腿”撑起“双肩挑”

——访全区高校教学名师米文宝教授

张新民　封宏砚

教学科研“两条腿”一条不能缺

米文宝20世纪60年代出生于陕西省富平县。1984年，米文宝在西北大学地理系完成了本科阶段的学习后成为宁夏大学教师，1989年在河南大学完成硕士课程的学习，2007年获宁夏大学博士学位。他曾任宁夏大学资源环境学院院长、人文地理硕士生导师、人文地理学科学术带头人，宁夏大学区域开发与环境管理研究所所长。2017年入选“十三五”全区普通高校第一批教学名师。

米文宝主要从事区域与城镇规划、区域地理、区域可持续发展、草地资源环境与生态、产业发展、精准扶贫等方面的教学和研究工作。出版学术著作，在国内外重要学术刊物发表学术论文近200篇，主持完成国家自然科学基金项目3项、教育部科学技术重大项目1项，自治区科研项目30余项。先后获省部级科研和教学成果奖一、二、三等奖10余项。2001年被评为宁夏回族自治区科学技术带头人（自治区313人才），2004年、2010年、2014年分别获宁夏回族自治区教学成果二等奖。他的专著《生态恢复与重建评估的理论与实践：以宁夏南部山区退耕还林还草工程为例》中的观点被国务院采纳，对我国退耕还林还草政策做出了一些调整。他指导学生撰写的关于宁夏同心农村联合发展情况的研究论文在全国具有典型性。

米文宝具有过硬的科研能力和水平，他从1985年任教至今，始终战斗在教学一线，不断充实自我、精益求精。多年来，他积极探索新的教学模式，他在资源环境学院提出并积极推进“融科研于教学之中，组建课程组，在环境科学专业环境科学前沿与进展课程教学中试验，课程组每一位老师在教学中结合自己的科研，把科研项目和成果作为教学资源和教学内容融入教学过程。之后他又把这种新的教学思路和模式应用于中国地理、地理学学科导论等多门课程的教学之中，该成果获得自治区教学成果二等奖。

教师院长双肩挑　上课为首要

米文宝从资环学院的普通教师，到身兼重任的院长，非常注重学科间的合作交流，他千方百计地邀请国内地理学界的专家学者到宁夏大学指导学习，同时，他推荐、鼓励品学兼优的学生到其他高校进行深造，再把这些优秀人才引回宁夏大学，以此支持宁夏大学地理学科的发展。

他的学生在各自的领域都有着优异的成绩，国家精准扶贫第三方评估宁夏的践行者、资环学院青年教授文琦博士就是在他的鼓励下成长起来的优秀青年人才。近年来，他的很多弟子都申请到了国家自然科学基金项目，这得益于他给弟子们指明研究的方向，反复给他们修改课题立项书，有的项目书他精心修改了十多遍，针对其中的问题提出详细的修改建议，付出了很多心血。

“新竹高于旧竹枝，全凭老干为扶持。”米教授担任资环学院院长期间，始终把人才引进和培养作为学院发展的基础和根本，他在任期间为学院引进和推荐了10多名优秀博士，极大地提升了学院教学和科研水平。他从资环学院挖掘、发现人才，组成20多人的金砖团队进行地理学课题研究。目前，他挑头带队完成了40多个区级、国家级项目的研究，这些项目得到了自治区发改委、住建厅和国土厅等部门的高度肯定，在自治区生态移民和精准扶贫、区域与产业规划、国土资源利用与开发以及生态文明建设中起到了重要的作用，有些直接运用到规划和实践中，取得了巨大的社会效益和生态效益。

小区域做出了大文章

每个人成功的背后都有着不为人知的汗水和辛酸。当问及科研上有难题时该如何解决？米文宝脱口一句："坚持，越痛苦越要坚持，有时觉得看不到希望，但我总是给自己和团队鼓劲，我们在不断实现一个个小目标后朝着大目标继续作战。"他主动服从国家战略，从热点实际中选题、分析和设计问题，然后展开行动。他带着团队成员和学生进行野外调查，深入到农户、山沟、无人区等人迹罕至的偏僻地区，跋山涉水，风雨兼程，获得第一手资料。

米教授不改初衷，服务宁夏。对农民天然的悲悯情怀让他选择在宁夏南部山区展开大量研究，他做的第一个课题就是少数民族地区可持续发展研究，努力探讨一种可持续发展模式，帮助宁夏南部地区摆脱贫困。

"莫羡三春桃与李，桂花成实向秋荣。"米教授带着团队成员和学生先后做了"宁夏南部山区生态环境建设与可持续发展研究"教育部科学技术研究重点项目，"宁夏西海固贫困少数民族地区可持续发展研究""西北地区国土空间主体功能分区研究""宁夏回族聚居限制开发区区域发展机理与模式研究"三个国家自然科学基金项目，构建宁夏南部地区区域可持续发展理论和新模式，探索主体功能区建设新途径，部分研究成果得到了自治区有关部门的肯定和应用。2016年8月举办的第33届国际地理大会上，宁夏仅有米教授一人的成果被吸收进了会议用书——《中国人文与经济地理学者的学术探索和社会贡献》，该书集结了中国人文地理学研究领域的领军人物，从中国人文地理学的主流学派、发展脉络与前景展望做了整体梳理，全面展示半个多世纪以来中国人文地理学者在重塑中国可持续发展的地理格局中的实质作用和重大贡献，米教授所做的“西北地区主体功能区研究”项目就列入其中，作为突出成果展示推荐给国外学者。

和蔼慈祥的“老头儿”

资环学院每年的迎新送老晚会和重大活动上，米文宝每次一出场，学生都会说：“那个慈祥的‘老头儿’来了。”每次活动还未开始，微博墙就已经频频点赞。平易近人、治学严谨的他获得了学院师生的一致好评。

在教学中，米教授治学严谨，一丝不苟。他讲了30多年中国地理这门课，对课程已经相当熟悉了。可是每次上课前，他都要认真备课，仔细地梳理课程内容，明确重点，将自己和团队的科研成果、相关方面的最新研究、国家的方针政策等内容有机地融

米文宝教授在野外给学生现场教学

入课堂中。丰富的课程内容、渊博的学识素养、生动的教学风格让学生为之着迷。

米文宝不仅关注学生的学习情况，更关注他们的心理发展和学生在学习和发展过程面临的其他问题，他经常深入学生当中，和学生谈心，给学生建议，给学生无微不至的关怀，在生活的方方面面，他始终像父亲一样十分关心学生，设身处地为学生着想，用自己的一言一行感动着学生，给他们带去温暖。他所授课的班级有个家境困难的学生，米教授了解到他的情况后，毫不犹豫地拿出自己的工资资助他，每个月都不中断。

米文宝非常重视野外实习，从教以来，曾先后八次带领学生到四川实地考察，训练学生的野外技能和生态保护意识。他始终严于律己，以身作则，考察爬山，他总是走在学生的前面，为他们探路。1990年，他带着学生到峨眉山实地实习考察，一个男生由于水土不服、过于劳累，下山后患了急性肠胃炎，后来引起了阑尾炎。米教授亲自将他送到成都医院，全程陪着学生做手术，悉心呵护，寸步不离。返校途中，由于卧铺票紧张，他们只买到三张坐票，米教授让生病的学生躺在并拢的三个椅子上，他一直站到了终点站。

“莫言春度芳菲尽，别有中流采芰荷。”谈到未来构想，这位刚刚给博士上完课的导师没有丝毫卸任的失落，而是充满了对教学与科研的激情，他微笑着，用带着神秘的语气告诉我们：他和他的团队创造的科研成果在经过时间和实践的检验后，又可以申报奖项了；他和他的团队刚刚又拿下了一项国家自然科学基金重点项目……

巍巍吾师　高山仰止

樊新刚

亚里士多德说，吾爱吾师，吾更爱真理，但是没有“吾师”，以个人的视野、经历、能力的局限，并不能始终真正理解、把握“真理”。与我的导师米文宝先生相处20多年来，从精言教诲，互动与合作，推及生活关爱，影响和改造了我纷乱无序的原生精神世界，吾爱真理，更爱吾师。

1997年，我上大学的第一学期，地理系全系师生会议上，第一次见到了先生。他当时担任地理系副主任、主持工作，在阶梯教室的会上，行动干练、腰板直挺，讲话直指问题与要求，相比较喋喋不休的会议发言，我们“为之一振”。米老师是陕西富平人，1984年西北大学地理系毕业来宁夏大学工作，是地理系建系的首批骨干之一。地理系人员流动频繁，多年间走了不少人，仅我所知，西北大学、浙江林业大学等多所高校盛情邀约，先生均不为所动，为后学者长期奉献，实属难能可贵。

先生为人慷慨热情，不遗余力地提携后进。2002年，在米老师的努力下，新成立的宁夏大学资源环境学院首次获批人文地理学硕士授权点，是学院首个硕士学位点。2003年，我投入先生门下读研，实现了人生第一次“转折”。毕业后，在先生提携下，我脱离“记问之学”，

米文宝教授（左三）与毕业生合影

进入宁夏大学工作。一直以来，先生不弃我冥顽，总是在关键时刻出手协助。我在管理岗位上经历时日，个人性格、能力难免显现出不足，先生总是不经意提醒“工作有点死板”，我也有反思，但总不得要领。2011年他建议我考博，我当时并未意识到这一机遇，还想继续沿着老路走下去。先生不厌其烦，多次提醒，我才下决心报考，幸亏先生不弃，带我继续深造。后来，我在管理岗位上，泥牛入海，并无起色，才真正意识到，自己不是行政这块料，决心还是老老实实做自己相对擅长的事情。但转行不易，先生听我难处，又亲自协调，才得以实现。时至今日，当我自己带研究生时，才深切体会到，导师没有持续指导学生的这份义务，有幸遇到先生，是我人生一大幸事。

事实上，这些年来，在先生的帮助下，学院很多毕业的本科生和研究生被推荐到中国科学院、北京师范大学、西北大学、陕西师范大学等单位深造和工作。别的老师教完学生毕业就算结束，先生往往是“扶上马，再送一程”，从实习、考博，直到个人发展，米老师总是尽其所能，有时甚至不惜得罪领导和自己的同学，为后进学生发展做了大量工作，这不是一般境界，是师者中少有的楷模。

先生的教与研，方法独特，总能振聋发聩，钻之弥坚。他教人，不是所谓的谆谆教诲，有独到的方法，我多年领悟的是“高处关注、长处鼓励、弱处点拨”。他从不将学生急迫地纳入自己的轨道，束缚自由探索的思想。硕士期间，米老师承担着教育部项目，主要研究宁夏南部山区可持续发展问题，他让我们把握方向即可，不出命题。之后，米老师逐一指导我们的论文，我的首篇论文，先生满篇批改，告诉我：“写得杂乱，想法很多，很难发出来。”我想：“完了。”就问：“还有救吗？”先生笑了，说：“估计没救，但你可以考虑一下逻辑。”之后，我反复思考，总算体会到了老师强调“逻辑”的深意：什么都想写、什么都想做，丢掉了主题。还有一件事，对我影响至深。2004年，先生带领我们下乡调研。看到彭阳县王洼镇煤矿开采的生态环境压力、原州区张易镇的生态优越与经济落后，做完调研后，在大街上与米老师边走边聊。我问：“不发展不行，发展了，好的生态环境又没有了，这怎么办？”米老师一语点破：“这就是发展的欲望与生态理性的矛盾！”正是这一核心提点，让我茅塞顿开，我现在的很多项目，都是由此挖掘出来的，10多年前跟随先生，就奠定了今天的研究局面。先生还有一个特点，他改文章，从来不大删大减，不强人所难，而是看你何处需要填补环节和完善，尤其鼓励学生突出自己的特色。这些年我有幸参与先生博士和硕士论文的修改研讨，我总是提出这不行、那不行，好为人师。相较于先生，他指导学生把握的度如行云流水，看事情很有高度，带出来的研究生很多都在自己的领域内有所建树，这源于他的开放、大度与长处鼓励、弱处点拨。

先生从20世纪90年代以来，先后主持了3个国家基金项目，部委与自治区级各类项目不可计数，研究区域地理与可持续发展，取得了丰硕成果，是少有的宁夏地理通。他先后担任中国地理学会教育工作委员会委员、中国地理学会干旱半干旱区地理建设分会理事、中国自然资源学会理事、中国自然资源学会资源经济委员会副主任、湖南省经济地理研究所特邀研究员、《经济地理》编委会委员、《干旱区资源与环境》编委会委员，在国内地理学界广有声名。同时，先生不断提升自我，2007年拿到博士学位，并总结多年研究，提出了“生态发展理论”，指出了“区域经济—社会—生态复合系统”揭示了人类社会已经成为系统的主动驱动过程和力量。老实说，至少我自己受自然地理与生态学传统理论浸润，当时并未理解。最近两年，国外兴起的“人类世”研究正是强调了工业革命以来人与自然关系的重大转变，人类已经成为地球表面演变的核心力量，单纯的自然机制已经无法解释现实规律。去年，我在研究生课上感叹，现在说的“人类世”“行星边界”研究，我导师在10多年前就提出来了，只是我们愚钝，不懂而已。现在，我越是研究深入，越是体会反思，总能从先生的传授中有新的发现，实在是“钻之弥坚”，令人佩服！

先生是地理学界的实践派，追求的是经世致用之学，是“答问之师”。在地理学界，野外考察、社会调查是研究的必修科目，也是法宝利器。先生长期坚持频繁开展乡村田野调查，不间断地参加全国学术会议，学理与实践不断升华。多年来，即使行政事务烦扰，他也最大限度地抽出时间，带领我们走遍了宁南山区的山山水水、乡村城镇。他的研究，正是在不断深入生活实际，与村民交流中“问、思”出来的。仅我读博4年期间，与米老师下乡达到了30多次，通过规划、方案、对策、论文等形式，提出了反贫困、退耕还林还草、主体功能区规划、生态重建、环境保护、城乡建设、国土空间调控等一系列对策，实现从理论到实践的转化。我们常说，提出问题不算本事，能够拿出解决方案，才是真正的“高人”。正是有问有答、答问结合，使先生成为地理学界的实践派、区域地理专家，而不是空谈理论者。

先生腹有诗书，岿然不破，仰之弥高。由于我从事过15年的管理工作，不免与各类官员、行政人员长期打交道。见多了，体会到人的差异，尤其是气质的巨大差距。自从2011年跟随先生攻读博士学位，我们承担了不少横向合作项目，政府的居多，每次沟通、汇报，作为课题组负责人，他总能发现我们的不足，也总能处理棘手的甲乙双方拉锯难题，得到了各级领导的敬重和认可，进而邀请他出谋划策。现在，先生虽已经退休，但仍活跃在宁夏地理学界，常年担任自治区发改委、自然资源厅、住建厅、旅发委、五市政府的项目评审、决策咨询专家。我很是羡慕，想学但学不来，这与先生多年研究思考，尤其是提炼提升、高屋建瓴的凝练有关，腹有诗书，外在自然岿然不动。我想，为什么当先生走近我们的时候，总是气质炯炯，而我们走近他人时，却没有如此感觉呢？我的理解是，先生的确学识超凡，善学、善思、善行，可能是地理学的综合性起到了极大作用，而我们总是局限于自己的专业认知之内，拓展力有不逮，知行合一水平自然就低了。

回望这20多年随学经历，先生是我们后进者的心灵之山，越仰望越显得高远，越钻研越显得坚固，他是无私关怀与帮助慷慨的“长者”，也是广博的学术探索、化繁为简的“知者”，更是热情不减、立足实地、凝聚后学的“行者”。

（编校：翟伟）

作者简介

樊新刚，男，1978年2月生，宁夏石嘴山人，中共党员，宁夏大学博士毕业，曾任宁夏大学科学技术处科技开发科科长，现为宁夏大学经济管理学院副教授。

许　兴

1959年11月生，宁夏银川人，中共党员，博士研究生学历，农学博士学位，教授，1996.01—1998.10，宁夏农林科学院重点实验室主任；1998.11—2001.06，宁夏农林科学院副院长；2001.07—2005.05，宁夏农林科学院院长；2005.06—2012.09，宁夏大学副校长（正厅级）；2012.09—2019.04，宁夏大学党委常委、副校长（正厅级）；2018年11月，任宁夏回族自治区政协农业和农村委员会副主任。主持国家“十一五”科技计划项目“黄河河套脱硫石膏资源化利用和盐碱地综合改良利用”、“十二五”国家科技支撑计划“典型盐碱地改良技术与工程示范”项目等重要课题十余项。先后荣获国家科技进步奖二等奖1项、宁夏回族自治区科技进步奖一等奖2项、获得全国优秀科技工作者、“西部大开发突出贡献奖”“中国侨界创新成果贡献奖”等荣誉。

在宁夏大地上播种希望

许　兴

接到档案馆征集自传的通知，知道书名是《贺兰山下种树人》后，我欣然接受了这个“任务”。希望将自己的经历记录下来，将自己对农业的情怀，对宁夏大学的情怀记载下来，用来感恩前辈，鞭策自己，也希望能够激励后辈。

如果说要给自己立传，那么我想“传”的根是土地，而养分则是宁大，树既是我自己，也是我的学生。

1977年，我高中毕业后作为知识青年下乡来到银川市红花公社满春大队（现红花乡满春乡），在那里我对土地有了基础的认识。1978年恢复高考后，我有幸考入宁夏农学院（后合并到宁夏大学）农学系农学专业。说实话，那时候的我，对农业的印象仅仅停留在知识青年下乡的层面，至于农学专业具体是干什么的，我还没有深刻的认识。但慢慢地，随着专业学习的深入，我逐渐培养起对农业的兴趣，这种兴趣对于我来说是激励，此后，也成为我教书育人的一种方式，那就是“让学生建立起学习农业的兴趣，做到一懂两热爱（懂农业、热爱农民、热爱农业）”。1982年，我作为优秀毕业生有幸留校担任农学院农经系政治辅导员和团总支书记。1984年至1989年回到农学系担任助教，担任助教的五年间，我从未停止对农学的探索。因此，1989年6

许兴教授担任副校长期间

月我被公派到法国蒙彼利埃第二大学从事硕博阶段的学习，主要进行植物作物抗旱盐碱方面的研究。我很感谢学校能够给予我出国留学的机会，在那里，我进一步培养起了对农业的热爱。留学期间，吃了很多苦，也有很多坎坷，但当我毕业时，看到从打印机里一张张跳出来的博士论文，一个个法语单词，几百页纸，趴在上面闻着墨香，我十分欣喜和宽慰，心想："我可以回祖国了，回到宁夏了。"

1996年初，我完成学业回到宁夏。坦率地说，那时候我有许多选择，许多高校、企业向我投来了橄榄枝。但我想，是学校给我了机会，学校培育了我，我是宁夏人，我所学的正是抗旱盐碱，我应该回来建设家乡，回到最需要我的地方去。记得回国时，时任自治区主席的白立忱对我说："许兴，你要知道在宁夏做科研肯定要吃一番苦头，但我认为你的选择是正确的，我希望你能坚持下去，等你干出一番成就时我再来看你。"白主席说的这一番话，一直深深地印在我的脑海里，我很高兴自己没有辜负白主席的期望，近30年来始终奋战在盐碱地上，始终做“逆境”研究。

回国后，我主要负责筹建宁夏农业生物技术重点实验室，并担任了宁夏农林科学院院长，在那里一干就是七年。1999年，宁夏农科院下属的几个研究所开始了科技体制改革，初出茅庐的我，经常睡不着，投入了大量的精力去思考如何改革。经过长时间的思考和讨论，我和班子成员提出了农科院今后体制和机制改革的构想：将过去的研究所一分为二。一部分转成企业，按照现代企业制度管理，这部分主要从事的是成果转化，成为带动农民致富的龙头企业。另一块就是研究所的另一部分人通过建立学科组，按非经营性院所管理，主要是进行一些科研成果的研究，出成果。那时候，农科院的管理工作占去了我大量时间和精力，但在我看来，我在更大范围内实现了一个科研工作者的价值。因为从个人来说，一个人的成果可能会产生一些影响；但是反过来，我通过担任一定的职务，通过一个更大的平台组织更多的人共同开展科研，那么这些科研成果如果再出得多一点，出得快一点，从这个角度看，它又是另一种经济与社会效益了。

2005年，我来到宁夏大学担任副校长直至2019年，主管科研，并担任西北土地退化与生态修复培育基地主任。在任期间，通过不懈努力，使培育基地实现了从校级、区级、教育部级再到国家级的“四级跳”。2008年，我担任“盐碱地改良利用关键技术研究”创新团队负责人，十多年来，我和团队连续拿下多个国家级大项目，围绕我国西部地区典型盐碱地生态治理和特色产业发展需求，突破了一批关键技术，为我国河套盐碱化地区土地资源开发利用、生态文明建设及区域农业可持续发展提供科技与人才团队支撑。真正做到了为地方服务，让农民增收。

在宁夏大学的近20年来，我始终对宁夏大学的培育怀有感激之情，我也深深眷恋着宁夏大学这片土地。我知道宁夏大学有着“不畏风寒、不怕困难、根深叶茂、本固枝荣”的沙枣树品格，而我的团队精神是

"扎根西部，艰苦奋斗，团结协作，勇攀高峰，甘于奉献"，他们都体现了在艰难环境下奋力生长、勇攀高峰。在宁夏大学的这些年来，无论是教书育人还是科研工作，抑或是行政工作，我都可以说是尽心尽力了。多年来，我培养硕博研究生共60余名。我也很开心能够和学生一起见证盐碱荒滩变良田。在教学过程中，我始终告诉他们要"一懂两热爱，不要混文凭，要真正懂农业、爱农村、爱农民"，我所培养的学生如王彬、麻冬梅、郑国琦、张峰举等也留在宁夏大学任教，我很高兴能够将这些"小树"培养起来，他们再去栽培新的"树苗"。2012年，时任全国政协副主席的白立忱兑现了来看我的承诺，他来到银北西大滩看试验站的建设和使用情况，并深入站内各试验示范功能区进行观摩指导。我针对河套地区盐碱地改良及其特色产业发展的相关问题，从资源化利用燃煤电厂脱硫废弃物改良盐碱地的研究背景、研究成果、应用情况、基地建设、人才培养、合作交流等方面进行了详细的汇报。白立忱副主席在听取汇报和现场观摩后，对试验站建设成果感到非常满意，认为我们研发的盐碱地改良、废弃物资源化利用以及节能节水等新技术，成果丰硕，对区域可持续发展意义重大，应用前景广阔。

在宁夏大学担任副校长的10多年来，我无愧于心，外出访问、交流，开讲座，做汇报，周六周日少有自己的时间。我曾到各个学院参观调研，和同学们一起开班会，看望困难学生。尽管工作繁忙，但我始终牢记自己是一名教师，一名光荣而又渺小的"种树人"，希望用自己星星之火点燃学生对专业和事业的热爱。我要求学生们对待其他事情都可以宽容，但对待学术研究绝不可以马虎。研究生的学习不能只是专攻，还要拓宽知识面，这样才能从重复的东西中有所创新。把自己的事业干好，个人价值就会得到体现。

目前，我们国家正处于农业高质量发展和乡村振兴的关键时期，我希望能够带领团队继续努力，为宁夏的农业发展做出更大的贡献，能够让农业成为一个有奔头的产业，让农民成为一个受人尊敬的职业，让农村成为一个安居乐业的美丽家园。我希望未来的“大树们”要明确树立自己的人生目标和远大理想，稳扎稳打，刻苦勤奋，学好自身学科知识，用科技知识和自己的智慧推动我国农业的飞速发展。希望同学们能够记住真正的成功是内在的成功，不是外在的成功，只有你追求到了内在的成功，相信你就会有新的乐趣。

天下黄河富宁夏，
盐碱地上人心苦。
协同创新肯登攀，
塞上和谐添新景。

行文至此，我的情绪久久不能平复。十余年间，每次走进宁夏大学，都会让我感受到一种亲切热情的氛围。无论是工作还是生活上的问题，学校的领导、同事都会悉心给予关心和支持，让我备受感动。也就是在这里，给我的科研生涯、行政生涯添上了浓墨重彩的一笔。最后，希望宁夏大学建设得越来越好，再次感谢宁夏大学的栽培。

盐碱地里的种树人

林　倩

高高的个子，黝黑的皮肤，说起话来中气十足，做起事来雷厉风行，这就是大家对许兴的普遍印象。许兴先后任宁夏农林科学院重点实验室主任，宁夏农林科学院副院长、院长；宁夏大学西北土地退化与生态修复国家重点实验室主任，宁夏大学副校长；兼任自治区政协农业和农村委员会副主任等职务。可以说，每一份职责后面都是一份沉重的工作，但他始终任劳任怨，尽心尽力把每一份工作做好。

三尺讲台育人才

“这么多年来，我始终记得我是一名教师。”许兴说。

小时候，每到寒暑假，许兴经常去乡下探望爷爷、奶奶，从小就与农村建立了深厚的感情。

1977年，高中毕业的许兴作为知识青年下乡，整地、播种、建设水利，处处都有着他的身影。就这样，他与土地的情缘更深了一层。恢复高考后，许兴果断报考宁夏农学院（后合并到宁夏大学）并留校从事农业科研。由于工作出色，表现优异，1989年许兴被公派到法国蒙彼利埃第二大学攻读博士学位，怀揣着报效国家、反哺家乡的梦想，

许兴教授在全区科学技术大会上获奖留影

面对其他高校抛出的橄榄枝，他都毅然拒绝，回到宁夏大学做一名农业科研人，甘愿做一名教师。

“三尺讲台育人才”，用来形容许兴再合适不过。“许老师教学特别严谨。”许兴的学生这样说道。无论本科生还是研究生，在他们眼里，许老师的“严格”是出了名的，与每届新生的第一次见面，他都严格要求学生，搞研究一定要有科学的研究方法和严谨的科学态度。研究获得数据方面，他绝对不放松要求。在修改学生的毕业论文中，连一个标点符号他也不放过。

学生的收获是老师最大的快乐，因为热爱自己的工作，热爱自己的讲台，许老师总会钻研怎样教学、怎样育人才。许兴很喜欢给学生讲课，虽然有着繁重的科研与行政工作，但多年来他却一直坚持给学生代课。“我希望通过我的教学，通过科研转化，为农业、为农村做些事情。”到目前为止，许老师已带出硕士研究生50余名，博士生10

余名，许多学生毕业后都选择留在宁夏大学教书。有学生拜访时，他总会打开话匣子，谈论如何学好专业课，如何做人，如何充实自己的课余时光。在学习上，许老师恨不得把自己的所学全部灌输给学生，在生活中，他也竭尽所能地为学生提供帮助。有一次，许老师的一个研究生由于家庭条件较差，英语水平也不如其他学生，对科学研究感到吃力，便向许老师申请退学。在了解原因后，许老师把这名研究生叫来谈心，诚恳地告诉他会想办法帮助他，让学生放心，希望他不要放弃学业。抚慰好学生心情后，许老师不仅找其他同学帮他补习英语还寻找助学渠道，使其顺利毕业。“考研究生很不容易的，既然读了就读下去，有困难我就帮助他，如果看到学生退学我会很难过的。”许老师说。

许兴数十年投身教书育人事业，在培养农业科技骨干的同时，始终坚持从事作物逆境生理生态、退化土地生态修复与生态农业、盐碱地农业、功能农业和风土农业的研究，这是他数十年如一日守望初心的坚持。在培养学生的过程中，许兴始终将“一懂两热爱”牢记在心，他希望自己培养出来的学生能够真正做到“懂农业、爱农村、爱农民”。许兴所带的2021级草学博士研究生何海锋说：“在和许老师相处过程中，我切实地感受到许老师对土地的热爱，许老师也一直教导我们，不要混文凭，要学到真本领，反哺社会、反哺国家。”

谈及对未来宁大学生的寄语，许兴这样说道：“青年学生要把个人的理想、个人的价值追求融入国家、民族和区域发展的这种需求中去。要做一个顶天立地的大学生，紧扣宁夏这片大地的需求，有真才实学，做到有志气、有底气、有骨气。

身兼数职　农业科研结硕果

宁夏农林科学院副院长、西北土地退化与生态修复培育基地主任、宁夏大学副校长、宁夏回族自治区政协农业和农村委员会副主任等，这些都是许兴的头衔。20多年来，许兴身兼数职，任职期间，他早起晚睡，合理统筹时间，就学校在服务地方经济方面默默奉献。然而，在学术论坛上，作为盐碱地改良专家，他也能层层分析，就宁夏盐碱地改良利用形势侃侃而谈，这样一位多重身份叠加的人物，他总能保证每年的科研课题高质量完成。

“我一直都是双肩挑，既要做科研，也要做行政，但这么多年来，我始终没有把科研放下，始终记得自己是一个农业科研人。”许兴坚定地说。尽管繁忙的行政工作会占去他很多时间，但他总会抽出大量时间去做科研，为了申报一个国家级的课题，四五天没得休息，都是常有的事。在他的团队里，始终践行着“扎根西部，艰苦奋斗，团结协作，勇攀高峰，甘于奉献”的精神，这也正契合着宁夏大学“不怕困难、不畏风寒、根深叶茂、本固枝荣”的“沙枣树”风格。

醉心科研一路走来，许兴扎根土地，扎根宁夏，成果斐然。他关心农业研究、关心农民生产，却很少有时间关心自己和家庭，忙时住在地里，住在办公室，等到收到家人的电话催问，他才拍着脑门，想起回家看看。一般人看来，科学研究枯燥乏味，但在许兴眼里，科学研究却别有一番滋味。平时，他喜欢利用工作闲暇出去走走，完全放松地融入大自然、体验自然。每每为了获取研究数据，他总是亲力亲为，一丝不苟。“夏天晒得黑黑的，但是我非常快乐。”许兴说。而他的快乐也常常体现在脱口而出的诗句中。看到石嘴山万香小镇建设时，他畅言道：“重阳时节喜相逢，东西合作谋发展；星海湖边彩蝶飞，万香香飘石嘴山。”看到千叶青转型发展向好时，他不禁发出“盐碱改良谋发展，草畜循环产业兴；一草一木千叶情，十年一顾再起航”的感叹。

在许兴眼里，宁夏农业的发展史，是一部与盐碱地作斗争的历史，其中蕴含着他和土壤剪不断的情结。“我希望未来的农业、农村、农民就像习近平总书记说的那样，让农业成为一个有奔头的产业，让农民成为一个受人尊敬的职业，让农村成为一个安居乐业的美丽家园。”谈至此处，许兴满脸笑容。尽管许兴已取得大量荣誉，但他依然奔走在农业农村这条路上孜孜不倦，在他的心里，只有农民朋友们生活幸福了，才是他自己收获的最大荣誉；只有农民朋友们的笑声，才是他最大的幸福；只有农民朋友们的腰包鼓了，才是他的成就。如今，许兴带领团队搞清楚了脱硫废弃物的使用技术，同时，研究出脱硫废弃物对农作物、土壤、地下水的影响均在国家标准之内。让盐碱地变成农民手中的良田，使他们少费力多收益，从而促进工农业循环经济，让科研更好地服务地方，这一直是他追求的方向。此外，他在作物抗旱耐盐生理生态及枸杞道地性、盐碱地特色农业和河套地区盐碱地综合治理的理论及技术等方面开展了系统性的研究工作，解释了宁夏枸杞道地性原因，提出并建立了作物抗旱耐盐生理生态评价体系及河套地区盐碱地综合改良的理论和技术体系。他以实际行动，践行了“懂农业，爱农民，爱农村”的誓言。

尽管已年过花甲，但许兴依然没有离开土地，离开他钟爱的科研事业。今天，他依旧活跃在田间地头，2021年，许兴带领团队研究的“河套盐碱地生态治理及特色产业关键技术研究与示范”项目荣获宁夏回族自治区科学技术进步奖一等奖。

校长的风范、学者的风骨和为人师者的风尚，在许兴身上达到了一种完美的融合，他是真正意义上的“盐碱地上的种树人”，每个和他打过交道的学生，都对他的教学、科研留下深刻的印象。他丰厚的学识、敬业的精神，以及严谨的态度、平易近人的品格，赢得了学生们的极大尊重。

作者简介

林倩，女，2000年12月生，山东省日照市人，宁夏大学新闻传播学院2020级卓越新闻传播人才班学生。

我的导师许兴教授

王　彬

我和导师许兴教授相识已近15个年头了，十几年的密切相处，如今我对许老师的感觉是亦师亦友、如兄如父。

与许老师相识，是因为植物生理学。许兴老师是宁夏知名的植物生理学专家，而我对植物生理学也有着浓厚的兴趣，因此在2007年报考博士时，在征求硕导意见后，我就选择了许老师。当时许老师并不认识我，报考他的学生也不止我一个，很幸运在最后过线的学生中，许老师选中了我。这一选中，我们就一起走过了十几年，不得不说这份“缘分”是上天最好的安排。

记得第一次与许老师相见是2007年夏天的一个午后，我独自去办公室找他。早就听闻许老师很“严肃”，且当时他还担任宁夏大学副校长职务，所以我内心的那种忐忑和紧张至今难忘。进屋小心翼翼坐下后，许老师也从办公桌前走过来，坐到了我旁边的沙发上，这一下就拉近了我与他之间的距离。随后，许老师就开始和颜悦色地问我一些基本情况，当我说到我喜欢植物生理学时，许老师竟然有些激动，和我说了很多有关他与植物生理学结缘的故事，这一下就彻底消除了我的忐忑与紧张。就这样，在轻松愉快的氛围下，我与许老师结束了第一次单独谈话。走出办公室，我的心情很是激动与喜悦。

在随后的交往中，越来越感觉许老师是一位非常随和、非常平易

许兴教授（右一）和其他老师在试验田中讨论

近人、特别容易沟通的导师，这也是他能带领我们团队不断壮大、团结奋进的重要因素。

正式成为了许老师的学生，就开始在他的指导下学习和工作了。毕业留校后，继续在许老师教导下开展教学与科研工作。十几年在工作中的并肩作战，我感觉许老师太勤奋了！他对工作那种投入与热爱，绝对超过常人。他经常给我们说："我的天资并不突出，我所取得的一切都是靠勤奋。"他以身作则，每周只休息一天甚至半天，节假日和寒暑假几乎都在办公室或试验基地度过。身边的人有时也会有抱怨，觉得太累了，他就语重心长地告诉我们："你们去看看东部高校及科研院所是怎么工作的？咱们西部本身就落后，再不努力差距就更大了！"说话中，脸上全是焦虑的神情。正是这种使命感和危机感，使许老师在工作中格外努力。作为学生的我，当时确实有些小抱怨，但现在的我是深刻明白了导师的良苦用心。如果不是这些年的辛勤付出，我们团队怎会拥有如今的学术地位，我个人也不会拥有现在的一切。真是天道酬勤啊！

除了勤奋，许老师对待工作还特别执着。但凡认定是正确的、值得付出的事，许老师绝对不会轻易放弃，定会尽全力去拼搏。印象中最为深刻的有两件事：一是2011年申报"十二五"国家科技支撑计划项目时，当时竞争特别激烈，我们面对的都是"国家队"，强手如林，但在许老师的带领下，我们没有被吓倒、更没有退缩，而是铆足劲往前冲，最终以优异成绩通过了答辩，不但争取到了项目首席科学家的席位，还获得了3700余万元的科研经费，这在当时是宁夏大学获批经费最多的科研项目。二是2020年申报自治区科技进步奖一等奖时，当时的竞争难度没有参与其中的人是根本无法理解的，想要获得一等奖必须付出超常的努力。许老师带领大家没日没夜地干，每个章节都反复讨论与修改，每个细节都数次打磨与雕刻，到最后大家都筋疲力尽了，甚至许老师自己都想到了放弃。但还是出于骨子里永不言弃、勇攀高峰的执着信念，许老师带领我们咬着牙挺过来了，最终如愿以偿获得了2020年度自治区科技进步奖一等奖，这是对许老师、对我们团队近十年来科研工作最好的肯定！

尽管许老师平时对待我们都是和蔼可亲、随和宽容的，但他在治学方面却是相当务实、相当严谨、不容半点马虎的。他定期或不定期要求学生汇报学业进展情况，随时随地展开讨论明确我们的研究思路，田间地头、餐厅车内都是他的课堂，尤其强调我们要虚心向当地政府、企业、农户学习，知道生产一线需要什么，要把论文写在大地上。若我们在学业上犯了错误、出了问题，他会毫不留情地批评的。由于工作原因，我和许老师走得比较近，私交也很好，许老师也不轻易批评我，但我若在学业上有了什么问题，许老师依然会直面坦言地指出来，不留情面。我有时也会觉得心里不舒服，觉得许老师太“不近人情”。但如今我也是导师了，此刻的我真能深刻体会许老师的做法了。如果导师对学生总是“你好、我好、大家好”的“一团和气”，不能及时指出学生的问题所在，那么最终会害了学生，也不利于团队的发展。正所谓“严师出高徒”，许老师目前已是桃李满天下，学生中的佼佼者也很多，这与他的严谨治学是密不可分的。

如果认为许老师只会工作，那就大错特错了，其实许老师是很有生活情调的人。闲暇之余，许老师要么找一家安静有格调的咖啡厅，在香气四溢的氛围中回味自己的人生；要么漫步在金波湖或典农河边，在杨柳依依、波光流动之间畅想未来。中秋来临，许老师会突然出现在学生宿舍里，为他们送去月饼与祝福；新年到了，许老师会早早为每一位师生准备新年礼物，为大家带来新年的问候与寄语。最盼望的还是每年毕业季的野餐，许老师总会在那时带领大家来到郊外，一边无拘无束地享受大自然与美食，一边与每位学生悉心交谈，既是与毕业生话别，也是打造团队的凝聚力。

如果认为许老师只懂科研，那也是大错特错，许老师也是很有艺术和文学情怀的人。每到新年，许老师总会如约而至地出现在新年交响音乐会上，去享受艺术大餐；茶余饭后，兴致使然，许老师会为大家献歌一首，激情满满、抒发情怀。熟悉许老师的人都知道，他的歌喉是不错的。每到周末休息时，许老师都会手捧诗集，在平仄的韵律中寻找灵感；每当重要时刻，许老师都会有感而发赋诗一首，那激扬的文字让在场听众心潮澎湃，现场氛围往往瞬间被点燃。目前，许老师所创作的诗词已近百首，当然最难忘的还是在我婚礼上，许老师为我的新婚所创作的诗词。

这就是我敬爱的导师——许兴教授。我们从相识、相知、相随，一路走来十几年，他对我的帮助是不计其数的，对我人生的影响也是无可估量的，深深感谢许老师！同时，他身上还有很多闪光点是我正在努力挖掘或有待发现的。我衷心希望在今后的道路上继续聆听导师的谆谆教诲，在许老师指引下继续感悟人生、开拓创新。

（编校：翟伟）

作者简介

王彬，男，博士，教授，九三学社社员，现为宁夏大学农学院专任教师（教学科研岗）。长期从事植物生理生化、作物逆境栽培和盐碱地改良利用等方面的教学与科研工作。

孙振玉

1956年生，祖籍河北省青龙县，宁夏大学政法学院教授，1994年于兰州大学获法学民族学博士学位。现为宁夏大学民族学硕士点导师；中国少数民族史民族文化史方向博士生导师；中国回族学学会常务理事；中国中外关系史学会、中国民族理论学会、中国宗教学会等理事。主要从事回族学、伊斯兰学、民族理论等研究，已出版《中国伊斯兰传统文化研究》《明清回回理学与儒家思想关系研究》等10余部专著，在核心以上刊物发表论文40余篇，现主持多项课题，其中，国家社科特别项目1项和国家基金项目1项。2022年2月17日，孙振玉担任宁夏回族自治区文史研究馆馆员。

我与宁夏大学

孙振玉

宁夏大学是我职业生涯的最后一站。

我是内蒙古赤峰市喀喇沁人，祖籍为河北省青龙县。此前我曾在赤峰师范学校、内蒙古师范大学、兰州大学求学，直到获取民族学博士学位；曾在昭乌达盟蒙古族师范专科学校、乌兰察布盟教育学院、西北民族学院、兰州大学任教；曾赴土耳其安卡拉大学、马来西亚马来亚大学访学。在宁大期间，也曾有机会去北京和上海高校任教，但我仍选择留在了宁大，这样做似乎找不出令人信服也不令自己信服的缘由，只有在宁大走过的路似乎能够对此做出回答。在宁大我没有碌碌无为，也许正是有所作为，或期待能够使我有所作为，让我最终坚持了下来。

我是1999年2月7日举家来到宁大的，当时离春节也就剩几天了。那时的宁大，还未脱尽其稚嫩懵懂的气象，校园周围可见风吹黄沙，校园内着眼处亦不乏斑驳砂石，还能听到教师只管教学而拒斥科研的声音，不仅没有博士点，硕士点也就10余个。不过，那时的宁大，却也有其难得的朴实和宁静，改革开放的东风，虽已无处不春潮荡漾，宁大人的内心却似乎波澜不惊。然在全国高校现代化发展的大潮中，宁大不可能长久置身事外，她很快也便迎头追赶了起来。千禧年过后的二十余年，我亲眼见证了宁大的快速崛起。如今的她，已是今非昔比。

我就是读书人的性格，也喜欢宁大朴实宁静的样子，可惜世态喧嚣，有谁能无动于衷呢？

孙振玉教授

若能热火朝天地干一番事业，也是难得的好事。怕只怕浮躁虚华和沽名钓誉。在宁大我也有机会脱掉这身布衣，不知是有幸还是不幸，直到退休我仍是一袭布衣，这种坚持同样是既有理由，也没有理由。一身布衣，迎着朝阳和落日，若干年来，却也难得少许轻松自在。就是在这种氛围中，我干了三件应该干的实事。

第一件是教学。在高校从事教学，我的体会就是一个良心活儿。尽量避免不失误，这是一条底线。至于是否真正做到尽职尽责，不误人子弟，却很少能有效监督和检查。我在本科毕业后，才正式走上教学岗位，年轻气盛时，有过轻率任性的教训。没有科学的态度，不按规律办事，实际是不称职的。来到宁大后，我已步入中年，积累了相当的教学经验，较早就得到了学生的肯定，成了他们眼中的好老师，获得过学校和自治区教学名师荣誉称号、钟翰德“明德教师奖”。然而，随着良心的发现，却愈来愈感到肩上担子的沉重、责任的重大。退休后我并未离开教学岗位，还承担着主要的教学任务，却愈来愈发现作为教师，虽不是我遗憾的选择，却是一个遗憾的职业，因为我时常为上一节课做得不够好所困扰。我害怕讲台下那一双双明亮的眼睛，害怕从中看到失望。我害怕也许江郎才尽，终究无法释怀这一担忧。

第二件是科研。我自认为此生只是一个读书人。中国古代士人将明道、修道、传道集于一身，追求宇宙精神，澄明心性本原。生也有涯，求索无涯。虽为市井之徒，却也许身藏道德文章，且是孜孜不倦，此之谓书生本色。对于当代文人而言，所谓科学研究之论文，也

孙振玉教授授课中

不过是古代文章的别名而已。文以载道、文以传道，舞文弄墨其实不是一件小事，也堪堪足以安身立命。在古代士人的心胸之中，不是始终装着自然宇宙、黎民百姓、往圣绝学、天下大同这四样重要的东西吗？我不敢大言有如此胸怀，却也在科研这条道路上，做到了不放松、不言弃。迄今为止也着实写了许多著作和文章，而在宁大的岁月里，则算是此生贡献最多的了。学有所得、胸有所怀、着眼现实、紧跟时代，也算是我的科研生活的写实吧。我的著作和文章，还不能全是算作一堆废纸，有的确实得到了人们的认可。能够被国家推荐为全国优秀民族图书、能够成为书店畅销书，甚至被高价炒作、能够在国内用于高校教材、能够资治于政、能够在民间被推荐阅读，甚至得到日本学者的特别关注等，也可为之见证，也可安慰读书人了。

第三件是学科建设。高等学校的使命中，学科建设是必有内涵。高校以培养高级人才为目标，承担着教学和科研两项基本任务，学科建设则是发展的重要保障，也是衡量的重要指标。我是兰州大学培养的第一位文科博士生，专业是民族学，来到宁夏大学后从事民族学的学科建设，是学校需要的，也符合我本人的专业性质。有幸的是，在学校及有关部门的领导之下，我很快就成立了民族学研究所，成功地申报了民族学二级硕士点，尤其是在政法学院潘忠宇院长和李正东书记的领导和参与下，举全院之力，成功地申报了民族学一级学科硕士和博士点。在这个过程中，民族学也成了自治区重点学科。我本人则是民族学研究所的所长、重点学科的负责人、民族学的博士生导师，为二级学科民族学博士点和一级学科民族学硕士点的负责人。民族学也是宁大如今唯一的文科博士点。

学科建设过程中，我深深地体会到，成功申报只是重要的第一步，建设、做大、做强才是关键，且任重道远。我还深深地体会到，学科建设必须要有科学理性，要遵循客观规律，要有专业人才、专业素养、专业精神的人来参与，切实做到心无旁骛、扎实推进，才可能做得更好。所以必须培养专业领军人物、锤炼专业人才队伍。学科建设还要广结学缘，开展深入持久的学术交流，相互学习借鉴，才能共同推进我国民族学事业的发展，才能不仅走出学校，还要走出国门，与国际学术接轨，争取学科话语权。如今宁夏大学民族学建设确实已取得很好的成绩，但前面的道路却是又远且长，任务也更为艰巨。

我国民族学尚属新的学科，同政治和现实联结紧密，建设发展也从来不是一帆风顺。民族学有自己独立的学科发展历史，理论和方法自成体系。由于源头关系，若要弄懂民族学，还必须弄懂西方哲学、文学艺术乃至语言学等学科。科学、严谨、认真地对待民族学的学科建设，这一点至关重要。按照最新中央民族工作精神，在中国特色社会主义新时代，民族学还必须为实现中华民族伟大复兴做出贡献，其学科建设也因此正面临前所未有的重大转折。正是基于这些原因，认真开展民族学研究，致力于培养新型民族学专业人才，时不我待。而在人才培养体系中，教材开发建设又是根本性的。我曾针对国内教材混乱情况、针对学校民族学的学科建设和人才培养需要，编写了《民族学教程》《民族学实用方法》《中国民族理论政策与民族发展》和《文化与人十四讲》等四部教材，目的是使学校民族学跟上国内总体发展步伐，同时形成宁夏大学学科建设与人才培养特色。以此不仅满足了我们自己的教学需要，事实上，这些教材也为其他一些院校所采用，而有效地扩大了我们的影响。

大学需要有根，根深才能叶茂，这个根就是大学的优良传统。唯愿宁大根深叶茂，这样未来的宁大人也才有幸树大好乘凉。

若有初心在，何惧岁月长

——记宁夏大学法学院孙振玉教授

马县兰　吕　欣

“爱在左，责任在右，走在生命之路的两旁，随时撒种，随时开花，将这一径长途点缀得花香弥漫，使穿枝拂叶的莘莘学子，踏着荆棘，不觉得痛苦，有泪可流，却觉得幸福。”作家冰心的话仿佛映照着宁夏大学法学院孙振玉教授的教学科研历程。

治学严谨的师者

1999年，孙振玉进入宁夏大学工作，他是兰州大学法学民族学专业培养的第一位博士，也是宁夏大学引进的第一位博士。多年来，他积极推动宁夏大学民族学学科建设，在他的不懈努力和学校支持下，宁夏大学民族学研究所成立，民族学硕士学位授权一级学科点、民族学博士学位授权一级学科点先后获批，民族学成为自治区重点学科。他现任宁夏大学民族学硕士生导师、中国少数民族史民族文化史方向博士生导师。

任教三十多年来，孙振玉教授不曾有一刻懈怠，总是严于律己，以身作则，精益求精。他对教育事业始终心存敬畏，他认为作为教师，要具备良好的职业道德，他最害怕的就是误人子弟。他说，“授人以渔，不可以掉以轻心”，在指导学生时如果因为考虑不周，或其他原因语近词冗，没有教导好学生，这都会使他心感遗憾。正因如此，他对教学十分严谨，每次给学生指导时总是小心翼翼，循循善诱。在指导之后，他总是会反复自省，自己是否回答得全面准确？学生是否真正理解？反思之后他总会及时改进、纠正教学方法。在他人看来，他未免过于苛求自己，但这样一丝不苟的态度已然成为一种鞭策自我的力量，推动着孙教授不断反思，做好每一次的课堂教学，每一次的答疑解惑。但他似乎从来没有真正对自己满意过，对教育事业的责任心让他在教学中孜孜以求。

孙振玉教授授课中

孙振玉始终认为，教书育人是爱的事业，每一株“禾苗”都要精心培育和灌溉。研究生招生、创新能力培养、论文写作，每一个环节他都不敢掉以轻心，严把质量关，每一个学生都是“严进严出”。这让他在教学中毫不吝啬对学生的夸奖、鼓励，但也总是不留情面地指出学生的不足。曾经有一个学生，因为没有达到培养计划要求，孙教授重重地批评了他几句，这个学生感到内心难以承受，萌发了退学的念头。现在回想起来，孙振玉满是自责，“若是他当时退学了，我一辈子都不会原谅自己。”在孙教授悉心指导和不断鼓励下，学生最终克服了困难，顺利完成了学业，从事本专业教学工作。直到现在，这个学生都十分感激孙教授，与孙教授保持着密切的联系。每个教师节，孙教授都会收到学生的问候，这让他心里满是欣慰。

对教授而言，教师是一个总让他感到留有“遗憾”的职业，但却不是遗憾的选择。因为责任心，所以遗憾；因为遗憾，所以他始终用高标准严格要求自己。为人师表是他始终不懈的追求。

由于民族学的知识晦涩难懂，要让学生听懂，不仅自己要理解透彻，还要能举一反三，因此他常常以讲故事的形式开头，然后以幽默风趣的语言将相关理论娓娓道来，列举大量实例，让学生易于理解。他的课程内容丰富，学生们都争先抢第一排的座位，教室里常常座无虚席。他给学生制定了学习目标和阅读计划，要求学生们多读书，读懂、读透、读烂，认真思考书本中延伸的内容。此外，他注重学生实践能力的培养，总是亲自带研究生下基层，指导研究生开展田野调查，并想方设法给研究生提供学术交流的机会，带学生参加学术交流会议，开阔视野。孙振玉教授说：“老师不只是学生学习的引导者，更要为学生的人生负责。”他要求学生努力掌握专业知识，做综合素质全面的人。

孙振玉教授以开放的视野，推动宁夏大学法学院和国外高校开展学术交流、研究生培养等工作，并致力于推进国际化人才培养，指导多名外国留学生博士毕业。他曾留学土耳其安卡拉大学、马来西亚马来亚大学，在加拿大多伦多大学、日本东洋大学等学府做过多场学术报告。有一次，他出访巴基斯坦，在国立当代语言大学做学术报告，他列举大量实例，将晦涩难懂的民族学知识用通俗易懂的语言生动形象地为在场的学者进行讲解，全场掌声经久不息。在报告结束后，国立当代语言大学校长亲自为孙振玉献花，并对他赞誉有加。此次出访，不仅为宁夏大学赢得尊重与荣誉，更是为中巴交好锦上添花。

“师者，所以传道授业解惑也。”三十多年来，孙教授在教育一线默默耕耘，用自己的实际行动把“师者”的形象阐释得淋漓尽致。

勤于创新的学者

在潜心学术的过程中，孙振玉一直保持两种心态：一是不停步的心态，一是上台阶的心态。他说："我是从农村走出来的，最羡慕村子里的庄稼把式，姑且把我的心态称作学术园地里的'庄稼把式心态'吧。"农人般日复一日地精心耕耘、不辞劳苦、无怨无悔、默默无闻，在孙振玉教授这位学者身上得到了充分体现。也正是这样的心态，使得孙振玉教授孜孜不倦，成绩斐然，自得其乐。

孙振玉教授早年曾在甘肃和青海调研，详细记录了当地居民的日常生活与学生的教育情况，以独特的视角撰写了论文《"玛曲教育现象"：藏族牧区教育问题研究》，在《中央民族大学学报》发表，曾引起学界关注。

执教期间，孙振玉教授经过潜心研究，撰写的《民族学教程》《民族学实用方法》《文化与人十四讲》《中国民族理论政策与民族发展》四部民族学教材，在全国范围发行。首次出版时，几乎是一夜售空，这些教材为宁夏大学民族学学科建设指明了方向，不仅深受民族学专业教师的喜爱与认可，也得到了全国民族学研究界的一致好评，成为中国民族学的典范之作。

三十多年如一日地辛勤耕耘，孙振玉教授收获了累累硕果。他发现了重要的"回回理学"理论，把伊斯兰哲学和我国的宋明理学相糅合，并在此基础上形成了一种独特的民族学术与文化传统；他先后出版《中国伊斯兰传统文化研究》《明清回理学与儒家思想关系研究》等10余部专著，在核心以上刊物发表论文40余篇；获宁夏回族自治区教学名师、宁夏大学校长特别奖励、钟翰德明德教师等奖励。

孙振玉教授认为学术研究要拥有批判性思维，所谓不破不立，未经怀疑不要轻易相信真理，这是做学者必须具有的品质。怀疑并不等于否定，而是给自己一个独立思考、研究并解决问题的机会，如此才能在科研这条路上走得长远。正是保持着这样的想法，孙振玉教授总是不断地思考，用他敏锐的洞察力挖掘创新点。

跨学科视野让他青年时就博览群书，深耕哲学、人类学、社会学等多个领域，他以博大的胸襟，吸纳民族学、社会学、哲学和艺术学等专业的专家、学生组建学术团队，他总是亲自培训团队、组织调研和研讨，鼓励他们发挥所长，刻苦钻研。

扎实丰厚的积累是支撑孙振玉教授科研创新不竭的力量。最令他感动的是宁夏大学为学术研究提供的良好的科研环境，让他能够静心开展科研工作，并能获得源源不断的支持，这一点让他倍感珍惜，也更加感到肩上沉甸甸的责任。

几十载春秋悄然而逝，如今，孙振玉教授已经年过花甲，但他退而不休，仍坚守宁夏大学民族学教学科研第一线，潜心耕耘，不问名利。作为一名教师，他一直用最真诚的心和最负责任的态度对待每一位学生，为人才培养不遗余力。

作者简介

马县兰，女，1999年生，共青团团员，祖籍宁夏固原市，就读于宁夏大学。

吕欣，女，2001年生，共青团团员，祖籍重庆云阳县，就读于宁夏大学。

学生眼中的孙振玉老师

张琴：“逝者如斯夫”，与孙振玉老师相识已经快二十年。

2000年，迎着西部大开发的号角，我从陕西考入了宁夏大学。对于先生，很多人仰慕至极，如果能够投到孙老师的门下学习，那更是一件奢侈的事情。在大三那年，中国民族理论与政策课程恰好是孙老师讲授，我跟别的同学一样，很快也被老师的魅力所感染。孙老师的课程，讲授内容丰富，条理清晰，而且声音洪亮，铿锵有力，在谈笑风生间，引经据典，令人如沐春风，徜徉于知识的海洋之中。

2004年，本科毕业后，我跟随孙老师攻读民族学专业硕士和博士学位。在二十多年的学生生涯中，令我难以忘怀的老师有不少，但孙老师对我的恩情是无法表达的。令我刻骨铭心的就是他对学生要求很严厉，挑选学生的标准也很高。在他的帐下，汇聚了大批天资聪慧、能力超群、刻苦努力的有为青年，不少已经成长为各条战线上的骨干。

孙老师有一句名言——“形势逼人强”，这句话一直鼓励着我。即使参加工作后，他的治学精神和人格魅力仍是我学习的标杆，引导着我不断努力，不断进步。在漫谈式的探讨中，他豁达的风范、深邃的思想给予了我诸多启迪。每次拜访孙老师之后，都有巨大的收获，惊叹他的胸怀和睿智，对一些问题，他总有非常独到的看法和判断，常常令人幡然醒悟，茅塞顿开，不得不折服于他的智慧和修养。“路漫漫其修远，吾将上下而求索。”未来的路还很长，充满了机遇和挑战，我将谨慎自律，刻苦奋进，以报师恩。

狄良川：恩师孙振玉，作为学者，在1998年以博士研究生的身份被引进宁夏大学，不仅在民族学专业硕士学位点、博士学位点的学科建设上立下了汗马功劳，也在教学科研上取得了丰硕成果。即便到了退休颐养天年之时，他也相继出版《民族学教程》《民族学实用方法》《文化与人十四讲》等教材。其对学术的执着追求，既是我等求学入其门的榜样，也是高校教师的学者典范。

老师在学业上赢得同行的尊重和敬仰，只是其学者身份的一种体现；但作为晚辈，我更多感受到的是他作为长者的风范。我从一件事上体会到了他对学生的温情和热情。

记得那是2016年的夏天，在孙老师的积极沟通和努力斡旋下，“第十一届全国民族理论研究生学术研讨会暨第七届全国民族理论与民族政策教学研讨会确定由宁夏大学主办。暑假办会，前期工作都比较顺利。考虑到研究生的学生身份，初期计划让学生住宿舍，但在多轮沟通后，了解有部分学生投亲靠友，还有一部分学生经济条件好或有学

孙振玉教授（左三）带博士生赴循化撒拉族自治县进行田野调查

校支持，不愿住学生宿舍，这样住宿舍的学生也就只有五六十人了。我把情况给孙老师汇报后，他就决定让学生以原来提交的会议价格改住学校招待中心，这样不但能让学生住得舒适体面，还能借招待中心的食堂解决学生会议期间的吃饭问题。学生的食宿是改善了，但和预期计划相比，价格差异的问题就突出体现出来了。关键时刻，孙老师亲自出马，和招待中心负责人、后勤管理处领导沟通协调，并拿出自己的科研经费作为补贴，最终解决了参会一百多名研究生的食宿问题，使本次会议取得了圆满成功。

桃李不言，下自成蹊。老师的学者典范、长者风范必将成为我辈为师、做人的榜样！

冯杰文：在近20年亦师亦友的交游经历中，孙老师在学术研究方面给予了我不少的思想启迪和灵感启发，老师的人格魅力和学术研究风格也深深影响着我。

孙老师是一位有责任心的人。他曾经说过："从教了几十年，按道理说对课堂教学应该是驾轻就熟了，但是每次上课总是战战兢兢，如履薄冰，生怕把课上不好。"这是一位资深教授对课堂教学的责任感和使命感的体现。老师不辞劳苦，亲自带研究生下基层，指导研究生开展田野调查，想方设法给民族学专业的研究生提供学术交流的机会，并亲自带研究生参加学术交流会议。老师曾经说过："我从兰州大学来到宁夏大学，就是冲着宁夏大学的民族学学科建设来的。"从进入宁夏大学，老师就积极推动民族学学科建设，在其努力和多方支持、配合下，民族学硕士学位授权二级学科点、民族学硕士学位授权一级学科点、民族学博士学位授权一级学科点先后获批，他为宁夏大学民族学学科建设作出了重要贡献。

孙老师是一位执着于并享受学术研究的人。老师的英语水平最初并不理想，但经过不懈努力，他能够在国际学术会议上用英语做专题发言，能够熟练地研读、翻译英文学术著作。老师曾经说过："学术研究成果被发表或认可是一种享受，但更享受的是学术研究过程。”与老师谈论其他话题并不能勾起老师的兴趣，然而一旦与老师讨论学术，他便会兴致盎然。“晨钟暮鼓，黄卷青灯”，心无旁骛地做学术研究是他生活的常态，即使退休后仍然笔耕不辍。

孙老师在学术上是一位有真知灼见的人。跟他讨论学术问题总会或多或少地受到其思想启迪或灵感启发。除此之外，与老师在中西哲学的修为深厚也有密切关系，老师的主攻专业是民族学，但他也偏爱哲学，即使退休后，仍然热衷于研读古希腊哲学和近现代西方哲学，并每每与我分享。老师常常告诫学生：“做学术研究，没有一定的哲学功底，很难取得有深度的学术成果。”

马冬雅：我的导师孙振玉丰富了我的生命。他的出现开启了我始料未及的人生新阶段。因为在此之前，我还不能深入思考技术、艺术与学术的关系。

他曾经对我说：“美的作品应是内容和形式的统一。”那时，他注意到我对于音乐更擅长作曲和表演技术的形式分析，而并不重视对内容的深层解析。内容与形式的关系问题似乎很简单，但事实上，几年后我才领悟到他说的“美”指向更高远的精神世界。他热爱艺术，也很有艺术天赋，自然对艺术有几分见地。我总觉得，他如果专攻艺术，也会有大成就。

我的导师学识渊博，学术造诣深厚。他用无比宽容的胸襟和极度开放的视野，使各专业的学子有机会融合在民族学的研究中，使他们得到启发，提高专业水平。他在学术研究和指导学术研究上，都是孜孜不倦且很有智慧。他敞开胸怀、不拘一格组建学术团队。他总是精力充沛，亲自培训团队、组织调研和研讨，使得成员们能够迅速掌握方法而后刻苦钻研。他了解每一位成员的优点，并不吝夸赞，得到他指点和夸赞的人好像开悟一般。我就是在他的团队中迅速成长起来的。他用民族学研究的经验逐步扩大了我的视野，使我从作曲与作曲技术理论研究转而走入音乐学的研究领域中，进而胸怀全局地看待音乐、看待艺术，乃至看待人生。可以说，我的导师对我学术方面的指导，也指导了我的艺术人生，对他无私的奉献，我由衷地敬佩、赞叹和感激。

我的导师非常正直善良，他的笑容很亲切、笑声很爽朗，他总是充满活力与自信，他也有魔力让你更加自信和勇敢。

聂君：2014年9月，我考入宁夏大学西夏学研究院，成为中国少数民族史专业的一名博士研究生，如愿以偿地成为孙老师的学生。三年的朝夕相处让我对导师有了深入的认知和了解，作为“学业上的严师、生活里的慈父”，孙老师在如何做学问与做人方面令我感受颇多，受益匪浅。

入学伊始，孙老师就要求我博一期间，每周都要交一篇小论文，并且要有创新。一周一篇小论文无疑成为我每周都必须面对的难题。令我毕生难忘的是，有一次我太过忙碌没有时间写论文，就随手将硕士期间写的一篇论文交给了孙老师，出乎意料的是，孙老师一眼就看穿了我的小把戏，只听“嗖”的一声，我的论文就被扔到了门外。批评是在所难免的，但至今我脑海中记得最清楚的一句话就是“做学问要先学做人”。这句话犹如醍醐灌顶，让我一下子明白了做学问的真谛和老师的苦心。此后，无论多忙我都要认真完成这一任务，得益于老师的严格训练和悉心栽培，我的逻辑思维和写作能力突飞猛进，也终于明白做学问要像做人一样诚实勤勉、脚踏实地。毕业后，我进入北方民族大学成为一名大学老师，在之后的几年里我先后获批了国家社科基金项目、教育部基金项目以及多项省部级项目，发表论文、出版专著。可以说，孙老师以大家的气度、深邃的思维、广阔的视野成就了现在的我。他严谨的治学态度、渊博的知识、创新的思维和高尚的品格都给我留下了深刻的印象，并使我受益终生。

（编校：褚文娜）

作者简介

张琴，女，1980年生，陕西榆林人，共产党员，博士毕业于宁夏大学西夏学研究院，就职于宁夏大学法学院，副教授。

狄良川，男，1971年生，宁夏中卫市，共产党员，博士毕业于宁夏大学西夏学研究院，就职于宁夏大学法学院，副教授。

冯杰文，男，1971年生，宁夏盐池人，共产党员，博士毕业于宁夏大学西夏学研究院，就职于宁夏大学法学院，教授。

马冬雅，女，1976年生，陕西合阳县人，民进会员，天津音乐学院（硕士）、宁夏大学（博士）、中央音乐学院（博士后），就职于宁夏大学音乐学院，教授、副院长。

聂君，男，1986年生，山东临沂人，共产党员，博士毕业于宁夏大学西夏学研究院，就职于北方民族大学民族学学院，讲师。

苏冠文

1936年10月生，北京人，中共党员，教授。1960年从河北师范大学物理系毕业后来到宁夏，同年进入宁夏农学院（现宁夏大学）工作。先后任宁夏大学物理系教师、《宁夏大学学报》副主任等职务。在任期间，《宁夏大学学报》进入“全国优秀科技报刊”行列。曾获教学超工作量奖、教学研究论文奖和优秀教学成果奖。

我的教学和科研生涯

苏冠文

我是北京人，从上小学到初中毕业都在北京市房山区，从中等师范学校毕业后考入河北师范大学物理系。1960年大学毕业响应党的号召，听党的话跟党走，到祖国最需要的地方去，支援刚刚成立不久的宁夏回族自治区，告别祖居地北京，就乘火车到宁夏了，从此开始了我在宁夏的教学和科研生涯。

到宁夏后被分配在原宁夏农学院公共课教研组当老师。当时农学院没有新建的校舍，临时校舍据说是马鸿逵姨太太在银川西门外的一处住所，记得当时院内还有人工湖，湖中有小亭，有小桥连通湖边房屋。校外道路都是砂石路，两侧则是低矮土房。我到银川的时候是十月份，很多人家窗户旁挂着多串红辣椒，很有地方特色。往东穿过西门就进入市区了，远处有鼓楼和玉皇阁，近处有红旗电影院，其他建筑都是低矮的平房，不要说北京，就是相比于石家庄，这里也显得十分偏僻和荒凉。往西不远处是唐徕渠，听说在我来农学院之前，唐徕渠曾经决口，我入住时，宿舍地面还有淤泥，床板也是湿的。到了冬季，我被安排下放到农学院在芦花台的农场锻炼，这里也是新建的，没有宿舍，听说前几年曾计划在此建设农学院新校址，后来不知何故停工了。到农场后就住在尚未建成，没有屋顶和门窗的楼房内，冬天不能生火取暖，夜里气温零下二十多度，大家就不脱衣服睡在稻草堆里，再用帐篷布盖上，缩在里面还瑟瑟发抖，一直要到第二天中午晒晒太阳才能暖和过来。当时正值困难时期又吃不饱，不过劳动只是耕地和在荒滩捡牛粪，活不算重。当时生活条件的艰苦是我从未经历过的，有了这样的经历，以后遇到再大的困难都有信心克服。

农场劳动锻炼后，回到农学院开始教农学系课程——普通物理，教学工作直到1962年结束，这时农学院与宁夏师范学院、宁夏医学院合并成立宁夏大学，我被安排在物理系普通物理教研室当老师。首先做的工作就是赶马车拉物理实验设备、器材，从银川西门外农学院搬到位于银川西沙窝的师范学院，也就是现在的宁夏大学怀远校区。当时师范学院也只有一座宝盖型的综合楼和一座拐角楼，周围是大片荒滩，野草丛生不时有野生动物出没。原农学院合并过来后，全体师生就参加移除楼房周围的沙丘和平整校园种树等工作。我先后在农学院农学系、园林系、畜牧系和师范学院化学系、地理系、数学系讲授普通物理，所以对经典物理的力学、热学、电学、光学和原子物理等各部分都比较熟悉，也为研究物理学史夯实了基础。在物理系以外的其他系的教学，也使我对物理学以外的自然科学其他门类的基础知识有所了解，扩大了知识面，这对我后来研究少数民族物理学和科学技术史，对于负责主编《宁夏大学学报（自然科学版）》审阅自然科学众多门类稿件有了很大帮助，尤其是对于西夏的自然科学和生产生活多方面技术的全面研究，做好了准备。后来在物理系主讲电学、光学，以及选修课高等光学、应用光学物理学史等课程，所以在学校校历上所有上课的时间内，那时候的我每学期都排满了课，每年总教学时数是比较多的。

着手研究物理学史，是从大四接触到北京师范大学物理系的《物理学史讲义》开始的，而且从那时起，自己也搜集有关资料。研究物理学史有两个方向：一是中国古代物理学史，发掘整理和研究西夏物理成就，并由此扩展到中国少数民族物理成就，相关论文《明代北方少数民族对物理知识的应用》发表在《宁夏大学学报》1995年第3期。二是研究物理学发展的普遍规律，提出了“到十九世纪末经典物理学的各部分的知识点都已形成自己的有序结构”的观点，在《宁夏大学学报》(自然科学版)发表《物理学史的有序结构理论》一文，发表时间是1988年。此外我还开展对这一理论的应用研究，用文中这个观点研究普通光学教材结构，提出普通光学的教材适宜分为三个层次讲述，就是几何光学、波动光学和光的量子性。在高等教育出版社主办的《教材通讯》上发表《普通光学的教材体系》一文，获得宁夏大学优秀教学成果奖。还用这一理论研究中学物理教学，撰写了《物理学的有序发展与中学教学》一文，发表在河北物理学会主办的《物理通讯》(1990年第10期)。这也说明，我提出的“物理学的发展是各个知识点不断被发现并逐渐从无序到有序的发展过程”这个观点，是正确的。

在物理系从事教学和科研工作到1991年底，这时我已经晋升为教授，学校调我到学报编辑部任副主任，后晋职为主任，主持编辑部工作并兼任学报自然科学版主编兼职主编。为确保论文质量，我对各位编辑处理过认为可以发表的稿件进行复审，集体审阅通过后，由我负责签发每期发表的稿件。稿件中除有校内外师生主动投稿外，我还特别约请过一些作者为本刊撰稿，例如曾约请过化学系王天勇教授等撰写若干中草药化学成分的分析，希望能对中医药学发展做些工作；例如对穿山龙、吴茱萸和知母不同炮制品等的分析，分别发表在《宁夏大学学报》(自然科学版)1995年第二期、第三期和1996年第二期等。在《宁夏大学学报》出版十五周年之际，我负责筹备主持纪念会，邀请自治区和学校有关领导参加。在我的精心组织策划下，编辑部把十五年来出版的所有《宁夏大学学报》“社会科学版”和“自然科学版”遗失的文章，在图书馆搜集后复印补齐，份数不够的复印补齐后精装成册永久保存，并在纪念会上展出，同时我还撰写研究纪念文章发表在《宁夏大学学报》(社会科学版)。主持编辑部工作五年，全体编辑部人员齐心协力共同奋斗，对于准备刊发的每篇文章严格执行责任编辑和责任校对的双责任制度，努力提高期刊的学术水平和排版印刷质量，《宁夏大学学报》的社会科学版和自然科学版，多次得到全国和自治区奖励，被评选为全国优秀期刊，1992年获得宁夏优秀科技期刊一等奖，1992年获得全国优秀科技期刊三等奖，1995年获得全国高校自然科学学报系统优秀学报三等奖等。

在任编辑部主任期间，我还曾任宁夏高校学报研究会副理事长兼秘书长，负责沟通宁夏各高校学报编辑部的业务交流，并与自治区新闻出版局联系接受指导。筹备并主持宁夏高校学报研究会年度会议，交流各高校学报编辑部一年的工作。《宁夏大学学报》社会科学版和自然科学版分别是全国高等学校文科学报研究会和中国高等学校自然科学学报研究会的会员单位，我作为编辑部主任曾多次出席这两个研究会会议并发言。我曾任中国自然科学学报研究会理事和常务理事，与兄弟院校学报编辑部同仁交流办刊经验，分享优秀成果，为全国自

第二届中国少数民族科技史国际学术讨论会（左三为苏冠文教授）

然科学学报发展也做了一些工作。

对于西夏科技成就的研究是我科研工作的重要组成部分。公元1038年到1227年由党项人建立西夏，都城兴庆府即现在的银川。从清朝末开始随着考古的发现和研究逐渐形成西夏学，迄今为止已经有很大发展。对于西夏科技成就的研究是从我开始的，1986年9月12日在《宁夏日报》发表《神臂弓》一文，文中首次在国内外正式出版物上使用“西夏科学技术史”一词，此后西夏科技史研究有了很大的发展。我1987年发表《西夏物理成就述评》(《宁夏大学学报(自然科学版)》1987年第2期)，此后又陆续发表了《西夏物理学史略》(《宁夏大学学报(自然科学版)》1995年第6期)、《西夏生物学成就述评》(《宁夏大学学报(自然科学版)》1996年第2期)、《西夏地学成就述评》(《宁夏大学学报(自然科学版)》1996年第3期)、《评“天盛律令”中的数学知识》(《宁夏大学学报(自然科学版)》1997年第一期)等，以及涉及工程技术的许多领域的论文《西夏生产工具述论》(《宁夏社会科学》1998年第5期)、《西夏膳食述论》(《宁夏社会科学》1999年第2期)、《西

第三届中国少数民族科技史国际学术讨论会(左二为苏冠文教授)

夏军队装备述论》(《宁夏社会科学》2000年第6期)、《西夏服装制作技术述论》(《宁夏社会科学》2001年第4期)、《西夏建筑技术述论》(《宁夏社会科学》2002年第5期)、《西夏化学成就述评》(《宁夏社会科学》2003年第2期)、《西夏服装制作技术述论》(《宁夏社会科学》2004年第4期)、《西夏天文历法述论》(《宁夏社会科学》2005年第1期)、《西夏信息传递述论》(《宁夏社会科学》2006年第2期)等一系列论文。最后一篇论文发表的那一年我刚满70岁，也就是说，退休后我又在科研领域奋战了10年，也是我把“西夏科技史”作为西夏学的一个分支学科研究的第20年。

除自己研究外，我还约请数学系、物理系、化学系几位老师一起搞科研，曾任宁夏大学自然科学史研究所所长，与这些老师共同参加第二届中国少数民族科技史国际学术讨论会和第三届中国少数民族科技史国际学术讨论会等，研究所各位成员也都提交了论文。1995年首届西夏学国际学术会议在银川召开，我应邀参加会议并发表论文《西夏力学史略》。此后，第六届中国少数民族科技史暨西夏科技史国际学术会议在宁夏银川召开，我应邀出席会议并做了题为《西夏科技史的学科建设问题》的主旨报告，从研究对象与学科定位、西夏科技史学史述略、西夏科技史的史料与运用、西夏科技史的特点与把握、需要今后研究的方向五个方面，做了全面深入的阐述。

在庆祝建党100周年之际，也是我85岁这一年，回顾我在宁夏的教学和科研生涯，可以说，我践行了当初来宁夏时的誓言：“听党的话跟党走，到祖国最需要的地方去。”抚今追昔，能够不忘初心，牢记使命，在宁夏大学教书育人培养人才，对宁夏的教育事业和科学发展做出了自己应该做的贡献，这是我最值得欣慰和自豪的事情。

破得荆棘丛，敢为众人先

庄佳林

白杨树全都赤裸着兀立在风沙中，落叶连同沙山的泡泡刺，在已结冰的河上飞旋飘舞。宁夏的十月分外清冷和孤独，在朦胧的晨雾中显得灰暗而沉闷。这时候的宁夏，正面临着地瘠民贫的命运，教育又何尝不是？一段无法再重现的故事，在大西北的荒烟蔓草中上演了。

1960年，苏冠文从河北师范大学毕业后，正值国家号召——有志青年到祖国最需要的地方去做贡献。于是，他坐上了驶向银川的火车，准备把自己的青春献给祖国最壮丽的事业。出发前，同行者称，大漠荒凉，要苦行。到那一看，荒漠的美，是真美，广阔无际，浩瀚壮观；荒漠的苦，也是真苦，环境恶劣，漫天风沙。在这里，苏冠文还见到了一种叫沙枣树的植物，它敢于与风沙、盐碱奋力抗争，让他的心灵受到了极大的震撼。此后的岁月，是宁夏方兴未艾的岁月，也是苏冠文艰苦耕耘的岁月。

越是特殊的年代，越需要发自内心的热爱，义不容辞的责任，既能存续传统，又能开先河。苏冠文有感于宁夏教育的空白，充满了失落和不甘，但他又满怀激情，强大的信念和毅力，支撑他在最艰苦的岁月里矢志不渝地坚持理想，开始了漫长的科研与教学生涯。当时宁夏大学刚成立，设备不全，师资匮乏，环境十分简陋，可谓一穷二白。

他们乘坐驴车在泥路上颠簸，路不好走的时候，就背着几十斤重的仪器在山路上步行，时常与臭虫、跳蚤、蝙蝠为伴。他们在三十几人的大屋里住宿，在空壳楼房里上课，跟着百姓乡邻开荒种地，生病了，老乡送来草药。门窗破破烂烂，西北风卷着雪花直往屋里灌，风雪夜来临前，在屋子里点火，用旧棉花堵住风眼，以确保学生顺利过冬。在相依为命的状况下，身边的每一个人都是亲切的、可信的。

后来，他又被分配到农学院农场，西行几十里，到达芦花台，一路上，卡车换作牛车，甜井换成咸水，直至荒凉的沙窝忽现眼前。他们就住在稻草堆、帐篷布里，桌、椅、床都由土堆成，冬天滴水成冰。宁夏的老百姓先要解决主粮的生产，所以很少种植蔬菜，常年都是咸韭菜。他们的伙食就是面条拌盐和醋，加上一些咸菜。水质不但含盐，含碱量也大，醋往往是不能少的，加上一些窖藏的大白菜和土豆，喝的还是咸水。

这些大西北的开拓者们的腰间都仿佛被钩着一根弹簧，他们拉着弹簧举步维艰地前行，时刻警惕着，一不留神，就会被钩回到原地。在严酷的自然环境和极其匮乏的物质条件下，在西北夹杂着沙尘的凛冽寒风中，苏冠文裹紧了透着膻味的羊皮袄，与一众同学在荒漠建大学，由此开始了对西夏物理学史有组织、有系统的研究工作。为什么要研究西夏物理学史？除了发展少数民族地方特色，研究西夏物理成就，也是基于现实的考虑。通过对西夏物理学史的研究，苏冠文在国际和世界物理学史的语境里，寻找着西夏物理学史的“语法”。连续三年，苏冠文出国参加国际科技史会议，均有论文入题，并受邀作学术报告。这样的会议，有权威性，因而有成就感。“从工作的挑战中所体验到的成就感以及这些成就被权威机构的认可，就是激励因素。”他如是说。

苏冠文的学术风格具有科学家的严谨，他对物理学史的认识有着非同寻常的整体观念，对物理学史的理解也是全局性的，尤其重视科技与社会的相互关系。他的研究重点虽然是光学，但他对物理学的认识和理解却贯穿于科技发展的全过程，更为可贵的是他对事物间内部联系的重视，对细节的专注并不建立在具体事件进行简单化处理的基础之上，而是要勾画一个整体画面，追踪贯穿于几千年的基本线索。物理学史研究的冷板凳不好坐，左右萧条，寂寞自如乎？而苏冠文教授的自如，在于平常心和责任感，无非意味着“做该做的事”，除了做得不够，无他遗憾，而一旦有所发现，疲乏顿失。

对于学术思想何以传承的问题，冯友兰曾有一个很有意思的提法：是“照着讲”，还是“接着讲”。冯友兰的意思是说，哲学史是“照着讲”，但是哲学不同，哲学不能限于“照着讲”，它要反映新的时代精神，要有所发展，所以要“接着讲”。苏冠文一方面“照着讲”，探究物理从无序到有序的发展进程，另一方面，他也深知推陈出新的必要，在梳理脉络的同时，结合西夏地方特色，找到自己的道路，把前人没有讲完的东西“接着讲”下去……他的那篇《物理学史的有序结构》发表在《宁夏大学学报》上，引起轰动。“风乍起，吹皱一池春水”。当时，他的年龄早已过了前沿突破的季节。他的实验室简陋，经费也不足。这一切他全知道，可还是在科研上当“拼命三郎”。创新不是年轻人的专利，学术生命是应该能够终生保持的。在光学与物理学史的教学与研究上，苏冠文获得教学超工作量奖、教学研究论文奖和优秀教学成果奖，60岁退休，但科研却一直延续到了70岁。在极端艰苦的条件下，他与众宁大人相互扶持，仍不顾一切地致力于学术教学和研究。苏冠文用一年的时间实现从辅导实验到独立开课，在此后的几年时间里，又以惊人的毅力持续工作，撰写《物理学史简述》一文，文中科学分析了物理学史的基本体系和时代演化，可谓是对物理学史研究的一大贡献。《物理通报》编委会还提出建议：“是否在本文的基础上改写一篇《让物理学发展》的文章？”他不仅苦攻物理学史，还苦钻教学，不仅是物理系的普通物理，农学系、畜牧系、园林系、数学系、化学系的普通物理，他都教过。

苏冠文离开物理系讲堂来到《宁夏大学学报》编辑部任职副主任、主任后仍笔耕不辍，继续鼓励青年教师和学生开展学术研究，并向《宁夏大学学报》投稿。此时，这个不再年轻的中年人体内却蕴蓄着令人吃惊的精力，并且这能量不为说老话、干旧事而释放，只为开拓和创新定向爆发。当时，编辑部成员大都社会阅历深，知识结构新，价值体系现代，思维活跃，而《宁夏大学学报》的经营与发展却十分惨淡。于是，在学报创刊15年时，苏冠文发动大家找到补齐学报之前已发表的文章，如期展出，一举将学报的成绩与短板同时推到众人面前。大家像是穿过山谷，突然放眼看到一片柳暗花明的景色，喜出望外。于是纷纷说："苏冠文是学物理的，不是在经典著作中寻章摘句的注经派，所以一起步就有新的东西。"他还启发宁大师生将中草药课题的研究在学报上发表，一连就发了好几篇，此时不再是吹皱一池春水的乍起之风，而是汇进了《宁夏大学学报》改革的劲风。当时的宁大，还没有"科技学报"之说，苏冠文和他的同仁以身作则，在多维的文化视野中对学报发展予以关照，使《宁夏大学学报》进入"全国优秀科技期刊"的行列。在苏冠文的身心中，既灌注着激扬文字的人文气息，又洋溢着浓郁的现代科学精神——这对我们今天诸多偏科的后学来说，其精神也是值得敬仰的。

开拓者是照亮大道的火种，破得荆棘丛，敢为众人先。苏冠文教授为发展宁夏科研与教学事业鞠躬尽瘁，恶劣的环境打不倒他，艰难的任务难不住他，60年的青春，化作宁夏大学校史上一簇闪亮的光点。如今的宁大人会想起苏冠文教授，想起他在那个时代里的努力，想起他执着的苦心，想起他未完待续的事业。研究物理学史的过去和发展，恐怕并非一个人的理想，而应该是很多人共同的志向。今天，我们继续走在苏冠文教授曾经走过的道路上，仍然面对着似曾相识的问题，依然在寻找他想找到的答案。广袤的土地上散落着经风雨剥落的历史，当遇到有现代眼光的考察者、探秘者，便是寻到了知音。通过对历史的诉说，去寻根与回归，且不忘开创与发展。如今的宁大人走在前人开拓的道路上，逐渐变大变强。苏冠文老师以他的教学科研经历告诉我们：任何事业绝非一朝一夕之能事，唯有本着追求科学的精神、历劫磨难的意志，以及人心所向，方可为之。

我的父亲

苏　红

父亲出生在北京房山区良乡纸坊村，是家中的长子。上学时父亲学习成绩优异，小学跳级，是村里考上初中的两个孩子之一；初中毕业后，进入北京市通州区一所中等师范学校就读，毕业后考入河北师范大学物理系。

大学毕业后，父亲积极响应国家号召，听党的话跟党走，到祖国最需要的地方去，支援刚刚成立不久的宁夏回族自治区，被分配到原宁夏农学院公共课教研组。1962年，宁夏农学院与宁夏师范学院和宁夏医学院合并成立宁夏大学，他在物理系普通物理教研室当老师，此后一直主讲普通光学，开设高等光学和应用光学物理学史等选修课。他每学期都有课，非常忙碌，但教学认真严谨，他也不断学习，提升自身能力。他常说，作为一名教育工作者首先就要有耐性，不能急躁。他注重因材施教，对学生倾注了极大的耐心和爱心，用心培育每一个学生。我和母亲对父亲的教学工作非常好奇，有一天我们特意去看父亲上课的样子，透过门缝望进去，父亲气度非凡，嗓音洪亮，不同于以往在家的随和，他神情严肃而专注，授课深入浅出，让我由衷而生出一种敬畏之情。

1991年，在校领导的任命下，父亲到《宁夏大学学报》编辑部担

苏冠文教授（中）接受宁夏大学档案馆采访

任主任，同时负责学报自然科学版的编审工作。他工作兢兢业业，努力为学校师生做好教学和科研服务，在他主持学报工作时，《宁夏大学学报》多次被评为全国优秀期刊。

在我幼时的印象里，父亲走路像风。他肘弯里总是挎着包，风一样地奔来奔去。

父亲吃饭也像风，捧起碗来一眨眼的工夫，饭迅速下肚，他站起来，转身又去了学校。总记得煤油灯下父亲不知疲倦的模样，他一笔又一笔地写着什么，让人看着单调又枯燥。我们很快睡去，也不知道父亲什么时候睡的。第二天，父亲照旧风一样地奔到学校去。那时，母亲还在贺兰县工作，父亲不时接我去宁夏大学拐角楼住一段时间，往返的路面非常颠簸，父亲用自行车驮着我坐在前座上。有一次，自己不小心把脚伸进前轮里，疼得我哇哇大哭，父亲赶忙把车子停下来，围着我前后左右地转，把我上下打量了好几遍后，这才长长地舒口气，我永远也忘不了父亲焦急担心的神情。父亲还喜欢做饭，放学回家闻到肉香，就知道是父亲炖了羊肉。只等父亲踅进厨房一会儿，普通的白煮肉就能变出花样。有一次，因为母亲要来看我，父亲特意把我收拾了一下，还围上了一条彩色围巾，我当时留着小辫子，他手忙脚乱，试了好多次也搞不定，只能让我散着头发。

作为一名教育工作者，做了一辈子教书育人的工作，父亲深知学习的重要性，非常重视对孩子的教育。他在让我们读书的问题上，从来立场坚定，不管家里多么困难，一定要让我们把书念下去。我还记得小时候看一些繁体字的书，父亲为了方便我们的阅读，一字一字地标注简体。数学则标注出个十百位，一个个教我识数。

1996年，父亲60岁从学报编辑部退休后，笔耕不辍，坚持写文章投稿，保证一年发表一篇，一直到他70岁。信纸上，繁体字与简体字混杂着，有的字，明显着力不够，飘浮着，我也看得吃力，但我分明能感受到他对工作的那份执着。

那段时间里，母亲被查出胰腺癌晚期，在大医院治疗了一段时间已无力回天，1999年底转到临终关怀医院。在医院的日子里，父亲就住在母亲边上的单人床上，他每天无微不至地照顾母亲，用房间里的小炉子精心做些母亲爱吃的菜，换着花样给母亲做好吃的，自己却去食堂打餐，随便应付一下。母亲晚上经常不舒服，情绪也不好，他虽然不善言谈，却也用尽各种方法安抚。那段日子过后，他衰老和憔悴了很多。

父亲还有一双巧手。闲暇时，他手工制作家具，制作相框等装饰品装点家居，家中至今还摆放着他做的桌子。他有个专用的书桌，堆满了西夏史的相关文献，那个年代收集资料不像如今这么方便，父亲的各种论文草稿摞了很高，书上密密麻麻的是字迹工整的批注。父亲活到老学到老，电脑普及后，他自学电脑，写文章，收发邮件；智能手机出现后，他使用微信与亲友沟通互动、探讨学术问题，活跃在朋友圈。

父亲就是这样一个与时俱进、勤耕不辍的人，如今的他，依然热情洋溢、精神矍铄。他为教育事业奉献终生的精神始终值得我们学习。

作者简介

苏红，女，1968年7月生，北京人。1993年硕士毕业于天津科技大学，现任百卡弗（上海）管理有限公司业务发展总监。

杜建录

1962年2月生，中共党员，宁夏同心县人，博士。宁夏大学中华民族共同体研究院院长、西夏学研究院院长、民族学与文化旅游产业研究院院长、中俄西夏学联合研究所中方所长，博士生导师，“长江学者”特聘教授，“万人计划”哲学社会科学领军人才、“百千万人才工程”国家级人选，全国文化名家暨“四个一批人才”，享受国务院政府特殊津贴。研究著作入选“国家哲学社会科学成果文库”，13项成果获教育部和省级社科优秀成果奖。

我与中俄人文合作交流框架下的西夏学研究

杜建录

中俄西夏学合作研究源远流长，20世纪30年代，《国立北平图书馆馆刊》刊出西夏文专号，中、苏、日等国西夏学者发表成果，相互酬唱，成为佳话；20世纪90年代以来，中国社会科学院民族学研究所和俄罗斯科学东方学研究所圣彼得堡分所签订协议，联合整理出版大型文献丛书《俄藏黑水城文献》；进入新世纪，中俄人文合作交流框架下的西夏学合作研究，是国家层面上的合作，受到中俄两国领导、专家、媒体的关注和表扬。新华社、国务院新闻办公室、光明日报、中国日报、中国社会科学网、中国高校社科网、宁夏日报、宁夏电视台等主流媒体跟踪报道。作为中俄西夏学联合研究所中方所长，我有幸参与和组织了中俄人文合作交流框架下的西夏学联合研究。

一、合作研究的缘起

2009年5月的一天，时任宁夏大学党委副书记的吴世彩对我讲："杜老师，你报的教育部国际合作项目批准了，过几天教育部国际司的领导要来学校布置任务。"当时我一头雾水，西夏学研究院是教育部人文社会科学重点研究基地，一般是基地重大项目，怎么是国际合作项目？而且是国际司的领导亲自布置任务。

几天后，教育部国际合作与交流司于继海副司长和欧亚处李海副处长亲临学校。经过交谈后，得知国务委员中俄人文合作委员会中方主席刘延东提议将中俄西夏学联合研究列入两国人文合作交流计划，具体由教育部负责落实。2009年4月9日，教育部公布“中俄语言年”活动项目，将西夏文化列入其中，司领导亲自部署落实。

于司长对我讲：“中俄西夏学合作研究是中俄人文合作的一部分，是国家战略，也是刘国务委员交办的政治任务，不但要承担下来，而且必须做好。”我听后心情非常激动，作为一名地方高校研究机构的负责人，被国家委以重任，这是从来没有想过的，深感责任重大。随后一天多的交流中，于司长和李处长帮我逐条梳理合作研究内容，并提出主办一个西夏学国际学术论坛，每年一届，成为国际西夏学的“达沃斯论坛”，经费由教育部和自治区教育厅共同承担。同时提出成立中俄人文合作交流框架下研究机构——宁夏大学中俄西夏学联合研究所，作为合作研究的平台。

西夏在中国，由于历史的原因，大量的西夏文献收藏在俄罗斯，这样一来，西夏文献与西夏学就成为中俄两国学术界共同关注的话题，这应该是领导人提出将西夏文化列为中俄人文合作交流项目的重要原因。

二、成立联合研究机构

在于继海司长和李海处长的指导下，我逐渐对中俄西夏学合作的意义和合作内容有了比较清晰的认识，学校对这项工作也很重视，下一步重要任务是和俄罗斯沟通。

在中俄西夏学联合研究所成立前，宁夏大学和俄罗斯西夏学界已

中俄西夏学合作研究签约仪式

建立起比较密切的联系。1995年，参加首届西夏学国际学术会议的境外专家访问宁夏大学，俄罗斯著名西夏学专家克恰诺夫、索夫洛诺夫、克平等受聘宁夏大学兼职教授。

2004年3月11—12日，俄罗斯科学院东方文献研究所所长波波娃教授和前所长克恰诺夫教授访问宁夏大学西夏学研究中心，双方就进一步合作达成共识。

2007年5月，我应邀赴俄罗斯圣彼得堡参加“丝绸之路与西夏文明”国际学术会议，并访问俄罗斯科学院东方文献研究所和艾尔米塔什博物馆。会议间隙，我就中俄西夏文献资料共享、学术交流、人员互访等方面，和波波娃所长达成了一致。

上述学术活动主要在两个学术机构和专家之间进行，尚未上升到国家层面。国家立项后，完全不同于过去一般意义的学术交流，波波娃所长对此高度认同。我们通过电子邮件多次协商，最终就成立两国西夏学联合研究所达成一致：中俄西夏学联合研究所挂靠宁夏大学西夏学研究院，俄中西夏学联合研究所挂靠俄罗斯科学院东方文献研究所，波波娃教授担任俄方所长，我担任中方所长。具体合作包括：联合开展黑水城文献整理研究、举办国际西夏学论坛、相互开放与交流文献资料、联合培养人才、建立两国专家互访和研修机制等。

这期间，我就同俄方协商情况，随时向教育部国际司汇报，得到国际司的指导和支持。经过半年多沟通，2010年初，双方就协议内容达成一致，开始讨论在哪里签订。波波娃所长告诉我，她应自治区档案局邀请，将于5月份访问宁夏，期待在银川签约。5月底，她和原所长克恰诺夫抵达银川后，立即通过电邮告诉我下榻的酒店，约定在酒店签约，6月2日我们如约在酒店签订了协议。

签约前，我向克恰诺夫教授和波波娃所长各赠送了一方贺兰石印章，印文汉字，特别请学校治印名家桑凤亭先生篆刻，寓意中俄西夏学联合研究像贺兰石一样坚固，他们二人听了我的解释后，非常高兴。

联合研究协议签订后，我们积极稳步推进各项工作，一是和克恰诺夫、波波娃、索罗宁等俄罗斯专家讨论合作课题；二是着手筹备首届西夏学国际学术论坛暨中俄西夏学联合研究所揭牌活动。2010年10月17日，首届西夏学国际学术论坛暨中俄西夏学联合研究所揭牌仪式在宁夏大学如期举行，学校主要领导和相关专家出席揭牌仪式，我和波波娃所长共同为联合研究所揭牌。

10月16日，波波娃所长和克恰诺夫教授经北京到达银川，我前往机场接上他们，返回的路上看到很多装满大白菜的货车，克恰诺夫教授指着车上的大白菜问我，多少钱一斤，我告诉他一元人民币能买七八斤，都是绿色无公害的蔬菜。他听了后非常惊叹，告诉我他每天要吃这个大白菜。晚餐时，我专门点了大白菜，同时请克恰诺夫教授点喜欢的菜，他脱口而出“皮蛋”二字。学校国际交流中心餐厅没有皮蛋，在得知是国际著名西夏学专家点的菜，很快派人去商场选购了皮蛋。从此以后，我们请俄罗斯专家吃饭时，经常点泡椒皮蛋。去俄罗斯访问时，也常给他们带一点物美价廉的皮蛋。

2011年9月21日，俄中西夏学联合研究所在俄罗斯科学院东方文献研究所揭牌，宁夏大学校长何建国教授，俄罗斯科学院东方文献研究所所长波波娃教授共同揭牌。我作为联合研究的负责人，全程协调揭牌活动。出席揭牌仪式的还有俄罗斯科学院东方文献研究所克恰诺夫教授，中国社会科学院民族学与人类学研究所聂鸿音、孙伯君，宁夏大学西夏学研究院胡玉冰、段玉泉、佟建荣等。

在合作项目起步阶段，除国际司外，教育部领导也给予多方指导。2010年7月26日，教育部副部长、中俄人文合作委员会教育合作分委会主任郝平一行在自治区教育厅和学校领导的陪同下，考察了中俄西夏学联合研究项目推进情况，郝部长认真听取了我的汇报，要求从推进两国战略协作伙伴关系的高度做好中俄人文合作研究项目。

三、建立两国项目负责人定期会晤和项目报告制度

中俄西夏学联合研究所成立后，首要任务是如何组织团队、如何推进项目，这是一个逐渐探索的过程，最初我们设想派一个团队到圣彼得堡，和俄罗斯专家共同整理黑水城文献，在文献整理的基础上，开展合作研究。俄方的意见是选一些重要文献进行专题研究，俄藏西夏文献由俄方负责拍摄，中国藏西夏文献由中方负责搜集，共同研究。

2012年，我在东方文献研究所举办的庆祝克恰诺夫教授80岁寿辰学术研讨会上，和波波娃所长就人员互访和举办国际学术论坛达成一致。从此以后，中俄双方项目负责人每年会晤一次。研讨会间隙，萨玛秀克教授邀请我和汤晓芳教授考察艾尔米塔什博物馆藏西夏艺术品，到文物库房考察黑水城出土文物，并让我拍摄了课题所需的建筑构件。台湾地区的西夏学专家林英津、日本西夏学专家荒川慎太郎一同前往，令他们惊喜的是和我们一起在库房参观了以前从来没有见到过的西夏雕塑。

2013年3月28日，俄罗斯科学院东方文献研究所所长、中俄西夏学联合研究所俄方所长、俄方项目负责人波波娃教授应邀访问宁夏大

学，出席联合项目研究报告会，并就共同编辑出版《西夏文献研究丛刊》达成一致。

2014年1月7日至8日，中俄西夏学合作研究第二次报告会在宁夏大学西夏学研究院举行。俄方项目负责人波波娃所长和中方项目组成员、西夏学研究院部分师生参加了会议。报告会上，中方项目组展示了部分成果打印稿，会后考察了宁夏收藏的西夏文献文物。

2014年10月10日，波波娃所长应邀在宁夏大学参加第三次中俄人文合作项目研讨会，会议提出抓紧出版《天盛律令研究》《中国藏黑水城汉文文献释录》等合作研究成果，并讨论了下一阶段合作研究项目。

2016年12月10日，宁夏大学在银川悦海宾馆召开中俄西夏学联合研究成果出版座谈会，俄罗斯科学院东方文献研究所所长、中俄西夏学联合研究所俄方所长波波娃教授，教育部国际司欧亚处副处长毕欢欢，宁夏大学原党委书记、校长陈育宁教授，中国社会科学院史金波教授，宁夏大学副校长许兴教授，吉林大学程妮娜教授等40余位专家学者出席了会议。座谈会由我主持，陈育宁教授和史金波教授为《中国藏黑水城汉文文献释录》揭彩。毕欢欢处长代表教育部国际司表示祝贺，并提出进一步加强合作研究，产出更多更好的成果。波波娃所长发表热情洋溢的致辞，指出过去列宁格勒是西夏学的中心，现在宁夏是西夏学的中心。与会专家认为，中俄西夏学联合研究是国际学术合作成功的范例，必将对中俄人文合作产生深远的影响。

2017年8月21日，俄罗斯科学院东方文献研究所召开俄中西夏学联合研究成果发布暨研讨会，来自俄罗斯科学院东方文献研究所、艾尔米塔什博物馆、圣彼得堡大学的专家和部分课题组成员出席会议，波波娃所长主持会议并介绍项目研究和成果出版情况。我和索罗宁、巴格达诺夫等俄罗斯专家先后发言。宁夏大学西夏学研究院副院长彭向前研究员以及潘洁副研究员、于光建副教授、张海娟博士等出席了上述活动。座谈会后，课题组一行应邀前往波波娃所长的郊外别墅，签订了俄罗斯西夏学论著翻译授权。

2018年1月16日，波波娃所长利用新年休假访问西夏学研究院，商议联合研究事宜。项目组邀请了自治区教育厅国际教育处处长孙忠铭、自治区外事办欧美大处处长武裕军、宁夏大学对外合作交流处处长高桂英、宁夏大学科技处副处长赵军莅临指导。我和波波娃所长分别就项目背景、研究成果、下一步规划和研究重点进行了介绍和总结，提出双方在文献整理的同时，加强文物整理和人才培养等多方面合作，进一步扩大合作范围和领域。潘洁副研究员代表课题组发言，相关领导从各自分管的角度，提出指导性意见。

2019年4月30日，中俄人文合作项目成果《天盛律令》出版座谈在宁夏大学召开。俄罗斯科学院东方文献研究所所长波波娃教授，自治区外事办欧洲非洲处负责人，区内外专家学者，中央和地方新闻媒体，甘肃文化出版社以及中方项目组成员等30多人参加研讨会。宁夏大学副校长郎伟在座谈会上表示，《天盛律令》的成功出版是宁夏大学西夏学研究的又一重要成果，对于促进中俄人文合作交流发挥了重要作用。他希望西夏学研究院再接再厉，多出成果，提升宁夏大学在国际西夏学研究中的话语权和影响力。波波娃所长在座谈会上说，她非常同意专家的意见，全彩写真影印出版，使珍贵古籍“化一为百”，不仅方便研究人员的使用，更重要的是减少了对原件的翻阅，有效地保护了原始文献。会议期间，中俄双方就下一步文献整理与合作研究进行了探讨。

2019年7月3日至9日，于光建副教授一行3人赴俄罗斯科学院东方文献研究所、艾尔米塔什博物馆等单位开展文献资料搜集和项目对接。项目组首先与波波娃所长和巴格达诺夫研究员就2019年中俄西夏学联合项目《俄藏黑水城汉文文献释录》整理出版进行了对接，搜集《俄藏黑水城汉文文献释录》所缺原始文献及西夏佛经版画资料。之后赴艾尔米塔什博物馆东方部与俄方项目组成员萨玛秀克教授就《俄藏黑水城出土雕塑品》座谈，就俄方任务进度、照片拍摄、成果形式等进行了交流，拍摄了中方项目组所需部分黑水城文物照片和资料，其间在波波娃所长安排下赴科兹洛夫博物馆，调研俄罗斯探险队发掘黑水城文献文物的原始档案。

四、启动新一轮合作计划

2014年开始，中俄西夏学合作研究成果陆续出版，当时的成果主要集中在西夏文文献专题研究和黑水城出土汉文文献释录，如何拓展合作研究领域，加快联合整理研究进度，提到了议事日程。2017年8月20—23日访俄期间，我就下一步计划和波波娃所长进行了讨论，商定2018年签订新一轮合作研究协议。

2018年7月11日，时任自治区党委书记石泰峰来宁夏大学西夏学研究院调研，我向他介绍了中俄西夏学合作研究情况，并说近期在圣彼得堡和俄方签订新一轮合作协议。泰峰书记表示，中俄西夏学联合研究服务两国人文合作，你们做得好，并说他即将访问彼得堡，如果时间合适，可以出席签约活动。经过和外事部门对接，协调出代表团在彼得堡中午的两个小时，出席我们的签约活动。

我当即和波波娃所长联系，按照代表团的时间安排我们的签约。8月4日，我和彭向前、于光建一行3人飞抵圣彼得堡。俄方很重视这次活动，许多人放弃周末休假，前来参加签约活动。会场布置也很正式，主席台和签约桌上摆放中俄两国国旗。我和波波娃所长代表中俄双方签字，石泰峰书记和俄罗斯圣彼得堡外事局副局长阿布巴卡罗夫分别致辞。

石泰峰表示，中国宁夏是西夏的故地，在西夏研究上具有天然的地缘优势；大量的西夏文献收藏在俄罗斯圣彼得堡，俄罗斯是国际西

俄中西夏学联合研究所在俄罗斯揭牌（右二何建国校长、右一杜建录教授）

夏学的重镇，中俄两国西夏学联合研究在国际西夏学中具有不可替代的地位。他希望两国优势互补，进一步加强合作研究，为推动中俄人文合作交流和两国战略协作伙伴关系的发展做出贡献。阿布巴卡罗夫说，圣彼得堡市和中国很多省市有合作，俄中西夏学联合研究，将进一步推动圣彼得堡和宁夏的合作交流，使合作领域更加广泛，为俄中经济文化交流注入新的活力。签约活动结束后，石泰峰书记一行参观了中俄西夏学合作研究成果，并进入特藏馆，考察俄藏黑水城文献。从东方所出来后，波波娃所长、萨玛秀克女士和我陪同书记步行到艾尔米塔什博物馆，萨玛秀克教授介绍了艾尔米塔什博物馆和宁夏大学合作研究进展情况，并带我们考察的馆藏黑水城出土文物。原计划和艾尔米塔什博物馆签订合作协议，由于时间太紧，改由年底进行。

拓展中俄西夏学联合研究领域一直是我思考的问题，我在一些学术活动中，多次和著名西夏艺术研究专家、艾尔米塔什博物馆东方馆研究员萨玛秀克进行交流，达成共识。2017年7月28日，我写信给艾尔米塔什博物馆彼特洛夫斯基馆长，就联合开展俄藏黑水城出土文物整理研究提出建议。彼特洛夫斯基馆长接到信函后，委托学术秘书给我来信，表示愿意合作，并在合适的时机面谈。

当年8月21日，我在东方所参加中俄西夏学联合研究成果出版座谈会后，应约前往艾尔米塔什博物馆，和馆长助理进行会谈。博物馆考古学者叶甫艮尼和在俄访学的西夏学研究院博士生张海娟担任翻译，双方就合作研究内容和一些细节达成了一致，商定在合适的时间正式签订协议。

2018年9月，我和何建国校长等接到11月下旬出席在圣彼得堡举行的俄罗斯科学院东方文献研究所成立200周年学术活动的邀请后，立即和艾尔米塔什博物馆联系，提出利用会议间隙，正式签订合作协议，并提前沟通好文本。11月28日，何校长一行到达博物馆，由于彼特洛夫斯基馆长当天要出国参加学术会议，他提前签好文本，委托副馆长维林巴霍夫和我交换了协议书。艾尔米塔什博物馆东方分馆馆长科兹洛娃和相关专家萨玛秀克、叶甫艮尼以及宁夏大学赵明、高桂英、于光建等出席了上述活动。仪式结束后，中方课题组和俄方专家就合作细节进行了讨论。

五、推出系列合作成果

从2009年西夏文化研究纳入“中俄语言年”项目以来，中俄西夏学联合研究走过了12个年头。12年来，在教育部和自治区的大力支持下，在两国学者的共同努力下，中俄西夏学联合研究取得了一系列可圈可点的成果，多次被国家领导人举例表扬。

一是连续举办西夏学国际学术论坛。起初每年举办一届，2010年10月，在银川召开首届西夏学国际学术论坛，2011年8月，在甘肃武威市召开第二届。为了给学者充裕的撰写论文时间，后改为两年举办一届。2013年9月在北京召开第三届，2015年8月在甘肃张掖市召开第四届，2017年8月在内蒙古阿拉善盟召开第五届，2019年8月在宁夏银川召开第六届，2021年8月在宁夏银川线上召开第七届。该论坛成为西夏学界规模最大、最稳定的国际学术交流平台。

二是联合开展西夏与黑水城文献整理研究。出版《西夏文献研究丛刊》等系列成果，得到中俄人文合作委员会教育合作分委会主任郝平的肯定，他在丛书序言中指出："令人欣慰的是，两国学者不是停留在一般性的往来上，而是围绕西夏法律文献、社会文书、佛教典籍等领域开展实质性的合作研究，相继完成西夏社会文书研究、夏译《孟子》研究、天盛律令研究、党项西夏碑刻研究、西夏《功德宝集偈》跨语言对勘研究、黑水城出土汉文文书释录等课题，陆续出版的《西夏文献研究丛刊》和《黑水城出土汉文社会文书释录》，就是其中的一部分。"近年来相继出版或即将出版的还有写真本西夏文《天盛改旧新定律令》《孙子兵法三注》《圣立义海》《黄石公三略》《十二国》《类林》《新集锦合辞》《诗歌集》《番汉合时掌中珠》《三才杂字》《艾尔米塔什博物馆藏黑水城出土雕塑品》以及西夏汉文《杂字》等。

三是选派师生赴俄罗斯科学院东方文献研究所和圣彼得堡大学访学。2013年彭向前赴俄罗斯科学院东方文献研究所开展为期半年访问研究。随后，史伟、张海娟、王颖、魏亚丽、李玉峰等师生先后赴圣彼得堡大学和俄罗斯科学院东方文献研究所，开展为期一学期的访学研修。随着疫情的好转，将继续分期分批选派青年学术骨干和研究生赴俄访学。

四是联合培养研究生。在教育部国际联合培养研究生机制下，杜建录教授和波波娃教授联合培养博士生，彭向前研究员和彼得堡大学尤丽娅副教授联合培养硕士生，目前入学的博士生有2020级方璐、2021级苗亚婻。

五是产生了良好的国际影响，确立了中国西夏学的国际学术话语权。

六、结语

2010年，中俄两国总理会晤中，将西夏学研究列入两国人文合作项目，并写入两国总理公报，成为两国人文合作交流中的“不断线项目”。十年后的2020年，两国总理线上第25次会晤中，再次将西夏学联合研究列入两国合作项目，随着合作机制的成熟和两国关系的友好发展，未来的十年必将产出更多更好的研究成果，为两国人文合作与战略协作伙伴关系作出应有的贡献。

从同心县文科状元到西夏研究著名学者

陈 勇 纳 茹

“要不是恢复高考，有可能我现在还在山里放羊呢。”谈起恢复高考40年这个话题时，我国著名西夏研究专家、宁夏本土唯一的“长江学者”特聘教授、宁夏大学西夏学研究院院长、博士生导师杜建录博士不无调侃地说。对于能有今天的成绩，杜教授一直强调：这要感谢恢复高考和我的高中老师们。

靠着地图册学完地理课

杜建录1977年上高中，1979年参加高考（彼时高中是两年制）。那时高中生可以提前参加高考，1978年高中一年级时，班主任江之浒老师曾提出让他提前参加高考，他觉得没有把握，还是读完了高中。杜建录就读的预旺中学在当时很有名气，同心县南部的张家塬、预旺、马高庄三个乡虽然比较偏远，但当地有尊师重教的传统，学习文化氛围浓厚。高中两年他是班长兼校学生会主席。当时预旺中学的师资力量非常雄厚，很多老师因为右派或家庭出身问题从北京、上海等大城市发配到同心，又从县城下放到预旺，这些名牌大学毕业的高材生，包括从北京大学毕业的江之浒老师。这些被“解放”的知识分子，从学校勤杂工走上了讲台，又正值壮年，将压抑10年的才华释放出来；而当时还没有所谓的“掐尖招生”，所以虽是农村中学，但还是有不少学习好的学生。“江之浒老师非常厉害，他从来不让学生死记硬背，都是要求理解着记忆，当我拿到高考语文试卷，发现古文竟然是江老师在课堂上讲过的；我们那几届学生的语文功底都比较好，很多学生因为江老师报考了文科，学生们非常崇拜他。我的作文经常被老师作为范文在课堂上朗读。”杜建录教授说。

20世纪六七十年代，乡下中学很多课都没有开，也缺少教材，杜建录的地理课竟然是靠着江老师给的一本《中国地图册》和墙上的世界地图学完的。江老师经常把他找去，让他背《世界地图》，说出各国的首都、物产、河流、山脉、海峡、气候、国旗、国徽等，并逐一讲解，就这样在一点一滴的讲授中，杜建录学完了高中地理。至于外语课，因为没有专门的老师，只有江老师讲授了一学期课。当时的学生们学习都非常刻苦，不比吃穿，只看谁的学习好。杜建录和大家一样，起五更睡半夜，在熄灯后，点着煤油灯学习。有时，连煤油灯都没有的情况下，学生们还借着月光在读书，大家的学习劲头都非常足，一点也感觉不到艰苦。

乡下中学出了个县状元

当时高考时间在7月7、8、9日，没有亲人送考，也没有家长在考场外等候，杜建录和同学一起坐班车赶到同心县城，住在同心中学的学生宿舍里，几排简易的平房，房间里除了土炕，没有任何寝具，杜建录花5块钱从供销社买了一条薄线毯，和现在是自治区著名枸杞专家的赵世华同学合盖，睡在只铺有席子的土炕上。令人头疼的不是土炕的冰凉，而是晚上跳蚤无法让他安睡，他当时铆足了劲，第二天早上也不觉得困，匆匆吃点自带的干粮，喝一口凉水，就进了考场，一考就是三天，每天都是粗茶淡饭，没有营养餐。考完后，杜建录就回到家乡，进入夏季的农忙季节。有一天，他正在吃午饭，突然家里的喇叭响了起来，通知他去乡里领取高考录取通知书，很快十里八村的乡亲们都知道杜建录考上了大学。县城电影院的墙上公布了当年全县的高考榜单，杜建录以第一名的成绩，成为1979年同心县文科“状元”。不起眼的预旺中学当年的高考上线考生总数、总成绩均名列同心县第一名，竟然超过了县城中学，成为当时人们茶余饭后的热门话题。由于那时信息闭塞，杜建录只看到了陕西师范大学等为数不多的高校招生信息，他的高考志愿也就填了陕西师范大学，最终被录取了。后来，杜建录才知道，还有其他著名大学也在宁夏招生，不过让他欣慰的是，他还是上了一所重点大学。

全国西夏研究的领军人物

高考改变了杜建录的人生航向，1983年，杜建录大学毕业后到固原师专（今宁夏师范大学）任教，1992年，因科研成果优异，被宁夏大学引进，专门从事西夏学研究。1999年教育部启动高校人文社科重点研究基地建设，当时杜建录刚从著名史学家漆侠先生门下获得博士学位，在学校和自治区教育厅的大力支持下，他抓住机遇，积极整合学术队伍，凝练学科方向，申报西夏学重点研究基地。经过教育部专家评审和实地考察，2001年3月教育部批准宁夏大学西夏学研究中心为高校人文社科重点研究基地，由教育部和自治区共同建设，这是宁夏大学第一个国家层面上的研究平台。从此，宁夏大学西夏学研究和民族学学科建设走上了发展的快车道。

在以后的十几年里，杜建录教授以教育部重点研究基地为平台，在学校和上级主管部门的支持下，整合学校相关力量，2006年获得中国少数民族史博士点，2009年获得民族学博士后科研流动站，2010年获得中国少数民族史国家重点培育学科，这是宁夏回族自治区第一个文科博士点、第一个文科博士后科研流动站和第一个国家重点培育学科。宁夏大学西夏学研究院由过去单纯的科研单位，发展成教学科研并重的学术单位，汇聚和培养了一批西夏学中青年学术骨干，团队研究领域涉及历史、文献、地理、宗教、文字、艺术、法律及西夏文献数字化和西夏文化开发等多领域。2011年，以杜建录教授为首席专家的宁夏大学西夏学研究院被宁夏回族自治区政府批准为“西夏学人才高地”。

多年来，杜建录教授围绕西夏与周边民族关系、西夏经济、西夏社会文书、中国藏西夏文献、中国藏黑水城汉文文献、西夏通史等领域，先后主持完成国家级及省部级重大重点及一般项目20余项，其中国家重大项目1项，国家重点项目2项，教育部重大项目3项，获国家和省部级研究成果奖10余项，其中一等奖4项；出版专著10部、主编17部，发表论文140多篇。

2001—2007年，在杜建录教授的组织下，由宁夏大学西夏学研究中心牵头，联合国家图书馆、中国社会科学院西夏文化研究中心、甘肃省古籍文献整理编译中心等20多个单位的专家，完成教育部人文社科重点研究基地重大项目“中国藏西夏文献整理编纂”，出版17卷20册《中国藏西夏文献》。这是第一次全面系统地整理出版我国境内收藏的西夏文献，在整个西夏文献整理出版与西夏学研究中，具有填补空白的重大学术意义。《中国藏西夏文献》的出版，改变了以往研究重点聚焦俄藏黑水城文献的状况，大大提升了我国西夏学的国际影响力，《光明日报》、中央电视台曾予以报道，被誉为“十五”期间地方高校人文社会科学两项重大标志性成果之一，2007年获甘肃省社科优秀成果政府一等奖，2009年获教育部人文社会科学奖。随后他又相继主持完成《中国藏黑水城汉文文献》和《中国藏黑水城民族文字文献》。

2009年，在国家领导人的关怀下，成立中俄人文合作交流框架下

俄中西夏学联合研究成果发布会暨研讨会（前排左三杜建录教授）

的西夏学合作研究机构——中俄西夏学联合研究所，杜建录任中方所长，俄罗斯科学院东方研究所所长波波娃教授任俄方所长，两国西夏学合作研究从专家个人、研究单位上升到国家层面，随后几年杜建录带领联合研究团队推出《西夏文献研究丛刊》《中国藏黑水城汉文献释录》等系列成果，加快了中国西夏学走向世界的步伐，得到了新华社、《光明日报》、国务院新闻网、中宣部社科网、中国社会科学报等国家主流媒体和宁夏电视台、《宁夏日报》、宁夏新闻网等自治区主流媒体的多次报道，国家领导人也多次举例表扬。

杜建录撰写的《中国藏黑水城汉文文献整理研究》入选2015年国家哲学社会科学文库，代表当前我国在该领域学术研究的前沿水平，"体现我国哲学社会科学界的学术创造力，按照统一标识、统一封面、统一版式、统一标准的总体要求组织出版。"他主编的《党项西夏文献研究：索引、注释与异名对照》，分地理、人物、职官、国名纪年社会风俗、宗族五卷，广泛搜罗正史、笔记、文集、碑刻以及出土文献中有关党项与西夏资料，分门别类设置词目4万余条，被誉为西夏历史研究的百科全书。

杜建录教授主持的自治区“十五”社科规划项目《二十世纪西夏学》，是国内最具代表性的西夏学专家对百年来西夏学进行全面回顾与展望。该书集学术性、工具性于一体，是西夏学研究的必备书籍。

《西夏经济史》是杜建录教授承担的教育部人文社科规划项目最终成果，被多所重点大学确定为教学用书。

2014年，杜建录教授受自治区党委宣传部的委托，主持大型史诗纪录片《神秘的西夏》史稿本撰写工作，出版《神秘西夏》与《解密西夏》《还原西夏》《话说西夏》系列丛书，其中《话说西夏》入选“农家书屋”读物，使神秘的西夏文化走向千家万户。

从自己的人生经历出发，杜建录将人才培育作为学术生命的重要组成部分，投入大量精力。1997年任硕士生导师，2003年聘为河北大学博士生导师，2007年聘为宁夏大学首批文科博导。他所指导的硕士研究生相继考上中国社会科学院、中央民族大学、陕西师范大学、复旦大学、山西大学、宁夏大学等高校和科研单位的博士研究生，获得进一步深造的机会；他所指导的博士生成为西夏学的教学科研骨干，并全部主持国家基金项目，其中彭向前、佟建荣、潘洁、史伟、许伟伟、于光建、尤桦、张笑峰、高仁、邓文韬、王颖、张海娟等主持国家社科基金项目，柳长青主持国家自然科学基金项目，在读的4位博士生均参与国家或教育部基金项目研究；他所指导的博士后梁松涛获得博士后科研基金特等奖，这是目前我区博士后唯一的一项特等奖；作为研修导师，他接受中组部“西部之光”访问学者和陕西师范大学西夏研究博士生的进修访学。杜建录指导的研究生学位论文还多次获得奖励，其中佟建荣获全国百篇优秀博士论文提名奖，佟建荣、许伟伟获得自治区优秀博士学位论文奖，翟丽萍、高仁、邓文韬、李玉峰等获自治区优秀硕士学位论文奖。

顶“天”立“地”坚定文化自信

杜建录认为，历史学研究的社会价值，最终要通过具体的文化符号和文化产品影响人类活动，坚定人们的文化自信。这就要求“顶天”的西夏学，也要“立地”的社会服务。顶“天”，是追求占领西夏学研究的学术制高点，致力于把宁夏大学西夏学研究院打造为全国乃至世界西夏学研究领域的高地；立“地”，是西夏学研究的当代价值和现实意义，通过文创的开发，让尘封在文献资料里的西夏历史活起来，服务现实生活、赋予文化自信。

2017年，由西夏学研究院、民族学与文化旅游产业研究院和宁夏大学美术学院合作组成专门的设计团队研发出20个系列300余款带有丝路宁夏文化元素和符号的文创产品，获得百余项外观设计专利，助力宁夏及周边文化旅游融合发展和全域旅游示范区创建。该团队先后与西夏陵国家考古遗址公园、贺兰山岩画遗址公园、银川西夏风情园、甘肃省武威市博物馆等单位签订了战略合作协议，建立了“宁夏大学西夏学研究院文创研发基地”和“宁夏大学民族学与文化旅游产业研究院产学研融合实践基地”。

2021年10月15日，第七届中国国际“互联网+”大学生创新创业大赛总决赛上，宁夏大学“丝路宁夏文创——中国西部文化旅游融合发展领跑者”项目获金奖，这是宁夏高校首次在该项大赛总决赛中获得金奖，实现了宁夏参赛历史零奖项的突破，起到了积极示范引领作用。此次获奖团队一共有14名同学，由西夏学研究院和美术学院的本科生、硕士生、博士生共同组成，体现出了协同创新，优势互补的成功。他们一直在参与“丝路宁夏文创”项目的研发设计、创作、成果转化系列工作。这种跨学科的碰撞、深度融合让很多学生受益。团队深入挖掘“丝路宁夏”“丝路西夏”“丝路黄河”“长征红色文化”等特色文旅资源，以文化遗产中蕴含的各民族共创共享中华符号为主线，开展文创设计研发，传承弘扬中华优秀传统文化。

“我们在丝路的历史文化中定位西夏学，从不局限于在宁夏搞文创，而是努力把银川打造为丝路文创的区域中心城市，辐射内蒙古、甘肃等地，真正实现各民族共享中华优秀传统文化，铸牢中华民族共同体意识。”杜建录说。面向未来，他希望新一代年轻人在弘扬中华优秀传统文化，坚定文化自信方面，要对文化研究得透，理解得透，在学术上取得话语权。

作者简介

陈勇，1972年10月生，辽宁人，中共党员，西北政法大学毕业，主任编辑，新消息报教育周刊负责人。

纳茹，女，1999年11月生，宁夏永宁人，中共预备党员，宁夏大学新闻传播学院2019级卓越新闻传播人才班本科生。

李 伟

1954年11月7日生，山东新泰人，中共党员，二级教授，宁夏大学民族地区公共管理博士生导师，哲学硕士生导师，曾任宁夏大学副校长，学术委员会副主任。自治区政府参事。

“常为新”的学者李伟教授

——回忆与李伟教授的学缘、业缘和情缘

潘忠宇

潘忠宇教授（右一）、李伟校长（左一）在国际儒学联合会第六届会员大会上当选为副会长

鲁迅先生曾经对北大精神作过精辟的概括，他说，北大是“常为新的”。作为北大学子的李伟教授就是一位“常为新”的学者。

我有幸与长我三岁的李伟在北大相识，至今已近44年，并且我们有长期的学缘和业缘关系：同在北京大学哲学系上大学，同一批成为中国伦理学会的首批会员，同在宁夏的高校里任教，共同筹划编写宁夏第一批高校德育教材，共同筹建宁夏伦理学会，共同成为同批同一个硕士点研究生导师，共同在宁夏大学工作，共同申报民族学一级学科博士点，共同申报哲学一级学

科硕士点，共同筹建中国民族伦理学会，共同成为同批同一个博士点博士研究生导师，共同成为同一批二级教授，共同申报国家社科基金重大招标项目，共同开展中国民族理论与政策的研究与教育，共同开展民族团结进步创建的理论研究和实践指导，共同开展儒学民族化研究……在其中，结下了深厚友情。

长安街游行初相识

我与李伟教授初次相识于北京长安街的游行队伍。我1977年2月入北京大学哲学系学习，李伟1978年2月入北京大学哲学系学习。当时，北京大学自周恩来总理逝世后，每年清明节都组织学生到北京长安街游行，以示对先烈的悼念。1978年4月清明节，我们在北京天安门前长安街上的北大学生游行队伍中相识。

在北京大学哲学系学习期间，李伟学习勤奋，善于思考，乐于探索，他发起成立了大学生学术社团——“大学生伦理学社”，得到了许多同学的积极响应和周辅成、魏英敏等教授的热情支持和指导，该社团成为北京大学第一个，也是全国高校第一个伦理学学科的学生社团，他也成为该大学生社团的第一任社长。后来，在老师的提携和推荐下，李伟和我一同成为中国伦理学会的第一批会员。李伟热情好客，待人诚恳，交友广泛，当时我们与学长朱玉华（75级、宁夏政协原秘书长）、学弟白建国（77级，宁夏日报报业集团原纪委书记）、张学智（78级，北京大学哲学系教授）、景海峰（78级，深圳大学国学院教授）、闫晓宏（79级，国家新闻出版署原副署长）等宁夏同乡系友时常相聚，关系融洽，经常探讨交流学术、社会、人生问题，李伟总是很活跃的一位。

在宁夏大学从教

1982年春天，李伟毕业后回到宁夏，在宁夏大学任教，我们又成为宁夏高校教育战线一线的战友。他主讲马克思主义哲学、思想道德修养、自然辩证法等多门课程。1983年，他为政治系1980级学生首开伦理学课程，使宁夏大学成为全国高校中开设伦理学课程较早的学校。1988年他研究生毕业回宁夏大学后，担任德育教研室主任、学校党委宣传部副部长，受命筹建宁夏大学德育教研室，这是宁夏高校的第一个德育教研室。

1989年，为适应高校德育教材本土化的需要，朱玉华、李伟等和我共同谋划编写具有宁夏特色的高校德育教材，得到了宁夏教委主管副主任雒秀兰的支持，李伟是其中重要的策划者、组织者、编写者和统稿者。当时编写了《思想修养》《人生哲理》《马克思主义哲学》《法律基础》等德育教材，这是宁夏第一批本土化的高校德育教材，经评审、正式出版后，于1991年开始在宁夏各高校使用，为宁夏高校德育教材的本土化做出了重要贡献。

2008年9月，宁夏大学迎来了建校50周年华诞，时任国务委员刘延东给宁夏大学送来一份大礼，宣布宁夏大学进入“211工程”建设高校行列。宁夏大学迎来了学科发展的新契机，我当时任政法学院院长，与孙振玉教授等凝练申报“211工程”建设项目，后又组织申报民族学一级学科博士学位点。2009年10月，李伟回到宁夏大学任副校长，主管文科学科建设和民族预科教育工作，他为宁夏大学“211工程”项目建设和民族学一级学科博士学位点申报提供了强有力的支持，经常参加学科方向的凝练、研究资源的整合、团队人员的集成、申报方案的设计和论证以及专家的咨询论证指导。2011年8月，宁夏大学民族学一级学科博士学位点获得批准，这是宁夏文科历史上第一个一级学科博士点，李伟作为学校分管领导在其中投入了极大的精力，发挥了策划、组织、指导、协调、支持等重要作用。

2013年11月，以李伟教授为项目负责人、宁夏大学为项目责任单位申报的国家社科基金重大招标项目——“我国多民族道德生活史系列研究”获得国家社科规划办公室批准立项（批准号：13&ZD064），这是宁夏大学乃至宁夏首个获批的国家社科基金重大招标项目，实现了宁夏大学乃至宁夏获批国家社科基金重大招标项目零的突破。我作为项目组核心骨干成员和子项目负责人之一，参与、见证了该项目策划、设计、组织、论证、申报全过程。

发起筹建中国民族伦理学会、宁夏伦理学会

在2009年全国第七次伦理学会会员代表大会上，我和李伟提出的“加强民族伦理研究及学科建设的六点建议”中，还建议筹建中国民族伦理学会，得到了部分伦理学人的积极响应和中国伦理学会的积极支持。中国伦理学会委托李伟负责，潘忠宇、杨国才等协助筹建中国民族伦理学会。经过近两年的准备，2011年8月由宁夏大学发起，中国民族伦理学会在宁夏银川正式成立，李伟当选为会长，我当选为副会长兼秘书长。由此，宁夏大学成为中国民族学会的依托单位、会长单位和秘书长单位，奠定了宁夏大学在全国民族伦理学界的重要地位。我在“宁夏首个获批国家社科基金重大招标项目申报记”中评价：“‘我国多民族道德生活史系列研究’这一国家社科基金项目重大招标项目的策划、设计、组织、论证、申报、研究过程中，李伟教授作为首席专家、项目负责人，不仅显示出强烈的责任担当、深厚的学术底蕴、广阔的学术视域和超前的学术眼光，而且显示出出色的团队协作意识、强大的学术动员力量、强有力的科研组织能力和持久的学术凝聚力。”

2011年8月，宁夏伦理学会、宁夏大学政法学院发起的“全国民

族伦理学学术研讨会”在宁夏银川召开，这是中华人民共和国成立以来第一个全国民族伦理学学术研讨会，李伟是主要的策划者、发起者、组织者。

长期致力于中国民族理论与政策的研究、教育与宣传

宁夏作为民族自治地区，开展中国民族理论与政策的研究、教育与宣传十分重要。2011年，我与李伟教授等协同自治区教育工委组织编写具有宁夏特色的《中国民族宗教理论与政策》教材，李伟是其中主要的策划者、组织者、写作者和统稿者之一，并为全区相关授课教师进行师资培训、示范讲课，为我区高校党的民族理论政策教育、宣传做出了重要贡献。2014年，我和李伟教授参与了教育部民族司组织编写的民族班《民族·宗教·法治》教材。2015年，李伟教授受教育部民族司委托作为编委会主任，我参与，组织编写了少数民族预科教育教学大纲——《马克思主义民族理论与政策教学大纲》，作为全国各高校民族预科教育该门课程教学和考核的依据。2019年，李伟教授又受教育部邀请，参加部编教材《中华民族共同体教育讲义》的编写。2020年，李伟教授又受聘北京大学铸牢中华民族共同体意识研究基地研究员和中央民族大学铸牢中华民族共同体意识研究基地研究员，上述两个基地均是中央宣传部、中央统战部、教育部、国家民委等四部委首批审批设立的国家高层次研究基地。

2014年，中央第四次民族工作会议和2016年全国宗教工作会议之后，我国民族宗教问题得到了高度重视，各民族地区大规模开展了“马克思主义民族观和宗教观”宣传教育，并广泛开展了“民族团结进步创建工作”。李伟教授发挥专业优势，对宁夏的民族团结进步创建工作给予积极指导，自2016年以来，李伟教授和我几乎每年都作为专家组组长或副组长带队进行全区民族团结进步创建示范单位第三方专家

评估工作，进行评估考察，研判指导，出具评估报告，足迹遍及全区各市县及许多乡镇街道、社区、学校、企业和寺观教堂，并经常为机关、学校、企业进行民族团结进步宣讲，积极承担多项宁夏统一战线智库研究课题，组织编写《新时代中国民族理论政策读本》。2019年，我和李伟教授等受自治区教育工委委托组织专家编写了《马克思主义"四观"教育讲义》。2021年9月，受自治区党委统战部、民委委托，李伟教授邀请国内民族学知名专家组成评估组对宁夏五年来创建民族团结进步示范区进行第三方专家评估，为促进宁夏民族团结进步事业发展提供智力支持。

李伟教授是个自强不息、积极奋斗的学人。李伟一生勤奋好学，努力上进，博览群书，通贯古今，知识面广，才思敏捷，视野开阔，能言善辩，他读博士时已年近五十岁。记得2007年我们共同在北京大学参加一个高端学术论坛，我们住在北大勺园宾馆，我俩同住一个房间，夜里我被类似于鸽子低鸣的咕咕声吵醒，我朦朦胧胧中以为是窗外的鸽子早晨低鸣，睁眼一看，才知他在旁边的床上坐着背外语，我一看手表，早上五点略过，年近五十的他，学习还如此勤奋用功、有心有力，我对他的敬佩之心油然而生。他获得北大博士学位，已经51岁。

李伟教授是一个勇于创新、常为新的学者。几十年来，我和李伟共同走过很多路，共同开过很多会，共同干过很多事。作为一名宁夏学者，李伟能在众多学术组织，特别是国家一级学会担任重要领导职务，实属罕见，难能可贵。

李伟教授是一位交友广泛、乐于助人的兄长。李伟生性秉直，善良热情，他善于与人交流研讨，乐于帮困助人，他传承了父亲山东人的秉直和母亲南方人的智慧，许多人都认为，他没有官架子，平易近人，乐善好施，也好伸张正义，也因此，朋友众多。几十年来，我们一起聚会很多，一同开会研讨很多，在一起吃肉划拳喝酒也很多，但我们不是酒肉朋友，而更多的是相互研讨、交流、思考、激励。几十年来，我和李伟之间生活上是朋友，事业上是同盟，学术上是伙伴，我们之间尽管偶尔也有过争论，但更多的是默契和他的宽宏包容。几十年来，我们的学缘业缘催生、固化、强化了我们的情缘。

作者简介

潘忠宇，中共党员，毕业于北京大学哲学系，宁夏大学二级教授、博士研究生导师，政法学院原院长。

“顶天立地”的西北民族伦理学者

何小倩

未名湖畔文化熏染　金波湖边科研发端

1977年，作为恢复高考第一年就考入北京大学哲学系的学生，在那个求学氛围浓厚的年代，李伟从西北大地来到首都北京。从此，未名湖畔有他求学的身影，图书馆内有他的一席之地，面对艰难的学术攀登，他没有丝毫畏惧。北大求学时，兼容并蓄的环境为他提供了无限的学术发展空间。1981年，在学校的支持下，他组织成立了北京大学大学生伦理学社，担任第一届社长，在北大求学的时间里不仅锻炼了他奋进学习的劲头，更让他拥有了开放包容的学术理念。

李伟副校长（中）在2020年中国伦理学会会员大会再次当选副会长

1982年李伟毕业回到宁夏，在宁夏大学任教，从此翻开了他学术生涯的新篇章。1983年他在宁夏大学首次讲授伦理学课程，使宁夏大学成为全国高校哲学专业最早开设这门课的高校之一，这得益于他读书期间师从中国伦理学大师罗国杰老师和周辅成先生，并且得到了校内外最早研究中国伦理学的一批高师指点的结果。在北大学习期间，他还有幸参加了社会学民族学大师雷洁琼、费孝通、林耀华等先生组织的社会学民族学高师培训班，受到了田野工作和实证研究方法的启蒙并有幸跟随这些大师们在贵州等地进行民族学田野工作，得到先生们的点拨，开始把伦理学和民族学结合起来，利用民族地区丰富的人文资源和在高校积累的文献资料进行跨学科研究，开始民族伦理学研究的摸索。他每年坚持到一两个民族地区村落进行社会调查，迄今他积累了几百万字的田野工作笔记和图片、资料。

从1989年李伟和宁夏大学政治系潘忠宇老师合作开始，他们合作的自治区社科规划课题，再到2010年合作出版第一本学术著作获得自治区政府社科优秀成果著作一等奖，李伟和他的学术团队在学术研究方向和学术精神上的坚守，终于使他们开创了伦理学和民族学相结合的一个新的跨学科研究领域——民族伦理学。同时由他主持或参与的有关民族伦理学的国家和省部级科研课题日益增多，如国家社科基金重大项目子项目“中国少数民族生态思想史研究”“中国少数民族家训研究”“中国少数民族经济伦理思想史研究”；国家民委重大研究项目“中国多民族优秀传统文化及其当代价值系列研究”“我国民族地区新农村建设中的伦理道德问题研究”“宁夏新农村建设中的伦理道德问题研究”等。这些课题的成功申报和顺利结题，都是他和他的科研团队一步一步坚持下来的成果。

宁夏伦理学研究和中国民族伦理学的学科建设就是在这样一批有志学者的努力耕耘下，从20世纪80年代一直发展到如今壮大起来。在宁夏大学申请哲学一级博士点时，伦理学成为学位点建设重要的支撑点。2013年，由李伟担任首席专家、由宁夏大学作为责任单位申报的国家社科基金重大项目——“我国多民族道德生活史系列研究”获批，该项目的获批实现了我区和宁夏大学在国家社科基金重大项目上零的突破，有力地提升了我区哲学社会科学在全国的学术地位。

勤能补拙是良训　一分辛苦一分才

随着工作的变动、学科研究的拓展和宁夏经济社会发展的需求，李伟不断地进入新的学术和工作领域开展学习和探索。

从20世纪90年代末开始，他先后主持和参与了多项国家级和省部级关于西部民族地区经济、政治、生态、民族、文化、教育问题的大型调研和社会科学软科学课题。目前已完成的国家社科基金项目、国家部委和自治区社科规划课题、自治区教育厅高校社科重点课题有：“民族地区县级领导班子换届程序研究”（1991年）、“中国民族地区地市领导干部思想道德素质实证研究”（1996年）、“宁夏红寺堡地区可持续发展实证研究”（2001年）、“中国民族地区基层领导干部胜任力实证研究”（2005年）、“宁夏可持续发展指标体系研究”（2006年）、“民族地区高职院校领导胜任力实证研究”（2008年）、“宁夏未来十年经济增长、公共产品与服务、生态支撑预测研究”（2010年）、“宁夏清真食品工业发展重大战略问题与政策设计”（2011年）、“回族四大经学家著作整理与研究”（2012年）、“民族事务依法治理的理论和实践问题研究”（2017年）、“新时代坚持和完善民族区域自治制度重大理论和实践问题研究”（2018年）、自治区重大科技攻关项目“民族地区创新型学校效率与公平研究”（2009年）、“宁夏教育人力资本精准扶贫数据库研究”（2017年）等。

在研的国家和省部级重大和重点研究项目有：国家哲学社会科学基金重大项目《中华民族共同体历史形成的伦理认同研究》子课题项目“中华民族共同体形成的历史必然性和价值合理性研究”（2021年）；

中央统战部科研重点项目“新时代宁夏宗教治理现代化研究”（2021年）；四川省社科规划重大项目“中华优秀传统文化在中华民族伟大复兴进程中的文化软实力支撑作用研究”（2021年）；贵州省社科规划重大项目子课题“朔方和西北少数民族儒学研究”（2021年）。撰写学术专著《认识科学和科学认识》（2000年）、《回族伦理文化导论》（2010年）、《民族伦理与社会和谐》（2011年）、《文明的进程》（2013年）、《民族伦理与道德生活研究》（2016年）；主编或副主编《西部大开发与宁夏大发展》（2000年）、《WTO与宁夏发展》（2002年）、《宁夏社会发展蓝皮书》（2006、2007年）、《传媒伦理学》（2005年）。2012年受自治区教育工委委托组织编写宁夏高校第一本《中国民族宗教理论与政策教程》和《民族宗教理论政策课程教学笔记》。此外还担任编委和参与撰写过《社会主义市场经济大词典》《国外领导方法与艺术》《新领导力全书》《回族大辞典》等大型工具书中有关民族方面辞条。在各种不同刊物和论文集上发表相关论文近百篇。2019年参与高校少数民族预科《民族理论与民族政策》教材的编写工作，2020年参加教育部《铸牢中华民族共同体意识》专题教材编写工作。提交的决策咨询报告曾多次获得中央、国家部委有关领导和自治区党委有关领导批示，发表的论文曾多次被人大复印报刊资料转载。

这些科研成果的取得，得到了党和政府的积极肯定，也得到了国内外学术界的极大认可。2000年李伟被评为自治区“313人才工程”学术技术带头人、入选国家“百千万人才工程”，2003年和2005年先后享受国务院和自治区政府特殊津贴。2017年被自治区政府授予“塞上英才”荣誉称号；2020年获得自治区政府“哲学社会科学突出贡献奖”荣誉称号。先后当选为国际儒学联合会副会长、学术委员会副主任；中国民族学会副会长，中国伦理学会副会长，中国民族理论学会副会长；中国民族学人类学研究会常务理事、中华孔子学会常务理事、中国民族伦理学研究会会长、中国孔子基金会学术委员会委员；宁夏社科联副主席、宁夏高级专家联合会副会长、宁夏伦理学学会会长、宁夏哲学学会副会长、宁夏党史研究会副会长，宁夏高等职业教育研究会会长；并被教育部聘为高校少数民族预科教育指导委员会委员。

育得桃李满天下　三尺讲台守终身

从小学教师到中学教师，再到大学教师、硕士生、博士生导师，他从求学到成才、再到育才，一路走来，李伟觉得最亲切的称呼就是老师。在他读博前，已经在宁夏广播电视大学担任校长，被问及为何要当着校长考博士时，他坦言道："校长和老师的工作职责是不一样的，我是一个合格的高校教师，但我却是一个高等教育管理者的新兵，为了不误人子弟，我必须重新学习，学习教育学，学习高等学校的教育管理。"2006年，李伟考入北京大学教育学院教育经济专业高等教育行政管理方向的博士研究生，这一年他已51周岁。

把"不误人子弟"作为做教师、做校长求学深造的价值取向和师德标准，是李伟教育生涯的道德选择。

从小学到大学，他教书育人有口皆碑。在农村小学、中学教书时，他常常深入学生家中，说服家长不要让孩子辍学，1975年他被评为全县优秀教师。在自治区党委讲师团担任团长期间，他深入浅出地宣讲党的理论政策，深受广大基层干部群众欢迎，2000年，他被评为"自治区宣传思想教育先进个人"。2009年，李伟到宁夏大学担任副校长，分管文科的学科建设，担任宁夏大学学术委员会副主任和学位评定委员会副主任，并被评聘为二级教授、博士生导师，成为自治区哲学重点学科带头人和民族地区公共管理博士点负责人。在行政工作繁忙的情况下，他还一直承担学术报告、学术讲座和宁夏大学研究生的教学任务，从不间断。在授课的过程中，他强调学生学习的主动性、社会性和情境性。他的每一堂课都是以一场小型学术交流会的形式来进行，每个学生在课前一周就按照授课计划进行课前准备，课堂上学生之间、学生和老师之间互动教学、讨论，甚至争论、辩论。在他的课上没有标准答案，在学术观念上，学生怎么答都可以，学生们客串老师讲课，讲完以后共同讨论，学生发言，学生讨论；最后教师进行学习总结和教学引导。就是这样的教学理念让他指导的研究生多次获得优秀学位论文奖。

他把读书的道理和做人的道理融入教学之中，不仅定期检查学生的读书笔记，而且定期与学生交流思想和人生经验。对读书笔记做得好的学生，他会提出表扬，没做的或者做的少的也会严厉批评。对学生的文明礼貌、思想品德他更是关注有加，有些学生都已工作多年了还常在这方面得到他的帮助和启发。正是在他的严格管理下，他的学生不仅都具有了较深的理论功底和科研思维，而且走上社会，都成为国家建设的骨干力量。这中间不乏中学教师、大学教授、国家行政机关公务员、企业管理人员，有的还走上了重要的领导岗位。2010年他被学生评为那一年的“我眼中的好导师”，2016年他被宁夏大学评为“优秀研究生导师”。

干一行专一行　求知育才是理想

在多年的工作努力中，他完成了从教育者到管理者的身份转换。中央党校、国家行政学院的高层次领导培训，北京大学教育学院博士研究生的学习研究，国内外访学的经历，使他对党和国家治国理政的方针政策有了深刻的理解，对我国的社会主义教育制度和高校的教学管理有了深入的了解，也让他有了管理不同类型高等学校的理念。他努力把现代大学的理念付诸平时的管理中，他也一直在思考学院制对于学科发展的影响；他提倡不仅要有学科的知识，更要打好科研学术基础。他担任自治区党委讲师团团长期间，从对党政机关公务员党的理论政策的宣讲，到田间地头与基层群众面对面思想交流，把培训教育搞得风生水起；他担任宁夏广播电视大学校长期间，把自治区远程教育深入到西海固偏远山区和自治区周边省区远程教育边缘化的地方，在全国带头把远程教育和职业技术教育结合起来，合并了五个学校办起了自治区第一所正厅级的宁夏职业技术学院（全国高等职业技术学院大都是副厅级单位），在多重困难下完成了合校转变办学类型、全国高等职业技术教育百所示范性学校的申办、新校区建设的任务。在自治区党委政府的支持下，把人们普遍认为办不成的事不仅办成了，而且办得有声有色。他担任宁夏大学副校长期间，负责文科学科建设，组织形成了《宁夏大学哲学社会科学发展意见》，申办了宁夏大学第一个文科一级博士学位点，完成了国家哲学社会科学基金申报立项由一位数向两位数的转变，实现了自治区和宁夏大学国家社科基金重大项目申报立项“零的突破”。作为一位离职的老校长，他依然返聘承担着硕士和博士研究生导师的任务，承担着研究生的教学工作，承担着国家和省部级科研项目的研究，承担着国家部委和自治区党委政府的决策咨询和调查研究、第三方评估的专家工作。

从未名湖畔到金波湖畔，面对无数次的机遇他仍选择了宁夏大学，他对这片工作了近半生的热土充满了感情和希望。面对宁夏大学的机遇和挑战，他始终坚持母校老校长梅贻琦的大学理念：一个好的大学，不仅要有大树，更要有大师。作为宁夏大学发展的见证者和建设者，他不仅倾其所有，尽其所能，而且他对宁夏大学未来的发展充满着期盼和希望，他希望宁夏大学能够给教师更多的关怀和尊严，给学生更多的希望和创新发展的空间，他相信宁夏大学的明天一定灿烂辉煌。

我的恩师李伟老师

尤晓刚

我2007年从宁夏大学政法学院思想政治教育专业本科毕业，有幸作为保送生成为宁夏大学外国哲学专业的一名硕士生。记得开学前要进行“双选”，即每名学生要选自己心仪的导师，当然导师也要选学生，我当时选的是自己比较熟悉的李德宽老师，他给我本科授过课，对民族学有着深入的研究，很平易近人。那时李伟老师还在担任宁夏职业技术学院（宁夏广播电视大学）院长（校长）职务，所以我没有敢选择他作为我的导师，主要担心他的行政事务繁忙，腾不出更多的精力带学生；另一方面是因为我天生怕领导，不知道如何交流。后来事实证明，我的担心是多余的。

导师双向选择的结果是我的导师是李伟老师。与李老师第一次见面是在宁夏职业技术学院的院长办公室。当时我很紧张，心里忐忑不安，想着我不会说话，会不会很尴尬。见了老师才发现，他就像慈父一样和蔼可亲，没有一点架子。老师只有在严厉批评学生的时候，才会板起脸孔，平时都是笑容满面。无论讲课还是聊天，声音都非常洪亮，我想，这可能源自他自信乐观的性格与坦荡宽广的胸怀吧。

老师对我们的学业要求严格负责。第一次师生见面，老师就对我们的学业提出了明确要求，教导我们读研期间一定要静下心来多读书、多思考、多练笔。老师给我和唐俐两位新生列了读书单，尤其强调要多读马克思主义经典作家的原著，还要求我们做读书笔记，他会定期检查。当时，读书笔记做得好的学生他会提出表扬，没做的或者做的少的也会点出来，督促做好笔记。正是在老师的严格管理下，读研期间我读了很多书，打下了较深的理论功底，也培养了我的哲学思维，在以后的工作和生活中，感到受益良多。

李老师给我们哲学专业的研究生讲授马克思主义哲学专题研究这门课，他给大家发了他精心准备的讲义。看得出来，讲义是老师多年研究马克思主义哲学史的结晶，跟传统教材相比，有着不一样的研究视角，不同的研究方法，有很多经典独到的见解。那时宁夏职业技术学院正在创建国家示范性高等职业院校，加上新校区建设，作为校领导，李老师工作非常忙，但从不缺课，即使有时有重要会议或者出差上不了课，他也会抽出其他时间给我们补课。

老师当过中小学教师，懂得因材施教。带研究生总会根据不同学生的兴趣爱好和专长特点，提出合理的专业规划和学习建议。对外语学得好的学生，他会鼓励多读些专业方面的外语著作和文章；对外语程度欠佳的学生，他会要求在外语学习上多下功夫，并会与我们交流他学习英语的心得。有一位师兄读研期间有点浮躁，热衷于交际，不爱读书，老师每次见面就会问他最近读了什么书，提醒他要坐得住冷板凳，打好理论功底。后来这位师兄考上了南京大学哲学系的博士，现在成为上海一所高校的马克思主义学院的院长。由于因材施教，老师所带的研究生，在学习期间往往职业规划明确，各取所长，各舒其志，毕业后都根据自己的爱好和所长走上了不同职业方向的工作岗位，王萍师姐和吴丹、姚庐清师妹分别考上了北京师范大学、北京大学和上海师范大学的哲学博士生，我和李虎、曹雪等师弟师妹走上了行政岗位；王萍、周刚等师兄师姐和唐俐、景翔等一批师妹师弟走上了教师岗位，还有金利娟、翟澜杰、马小凡等一批师妹师弟进入了企业管理岗位，这还不算老师的博士研究生。李老师真可谓桃李满天下。

老师一生学术专攻伦理学，他知行合一，不仅身体力行，而且特别注重于我们的德行和道德实践。老师要求我们读研后不能为斗米折腰，要利国利民，要有大格局。他常让我们从小事做起，比如每年教师节要给自己教过书的老师问候感恩，每年过年要给自己的父母长辈拜年。师兄妹之间要互相关心帮助等等。老师很重视师生友谊，了解我们每一个学生的基本情况，包括父母、爱人情况，甚至连我们的孩子的名字他都能叫得出来，时间久了常会张罗着让大家聚一聚，在一起聊天谈心，既讲学问之事，又讲做人的道理。由于老师常没有架子，平等相待，使我们之间没有太大的代沟，我们也常有事先想到老师。我刚毕业考到乡镇工作时，一次给老师打电话倾诉工作中碰到的烦恼委屈，老师像对待自己的孩子一样，给了我许多开导和安慰。打那以后，老师隔段时间就会打电话问问我的情况，给我做思想工作，教我如何处理人际关系、做好自己的本职工作。在我到基层工作不到两年时间，老师向区直部门的领导推荐了我，把我从基层借调到区厅，半年后正式调到了自治区政府部门工作。老师知道我和李虎师弟基础知识扎实，但性格耿直，不适合走仕途，所以见面就跟我和李虎讲，希望我们能继续读博，以后有机会到高校工作。还鼓励我们，他51岁才读博，我们现在年轻完全来得及。我知道，老师希望我实现自己的博士梦，也希望我不被官场所羁绊，过快乐的生活。

老师希望自己的学生过得好一点，对每一位学生的工作生活都很操心，只要符合政策规定，他都会主动给用人单位推荐，给大家解决了许多实际困难。老师宅心仁厚。前年年底，在高中教书的一位师弟突发心梗去世，因为他之前在固原的一个县城工作，考到银川时间并不长，所以大家也都很少来往，我们都不知道这个噩耗，还是老师第一时间知道并告知我们消息。去世的师弟上有老下有小，家庭比较困难，老师带头捐款，并动员自己所有的学生献爱心，帮助师弟家里渡过难关。由于师弟爱人一时难以接受现实，情绪一直很糟糕，老师时不时会电话安慰开导，并安顿我们几个学生平时多关心她。因为她的工作还在另外一个城市，师弟去世后孩子没人带，老师便请求她的上级单位组织和领导能够关心照顾一下她的困难，在老师和同学们的帮助下，她所在的单位领导非常关心把她借调到银川机关单位工作，解决了师弟爱人家庭的燃眉之急。天有不测风云，人有旦夕祸福。今年老师的一位在读博士突发意外去世，老师又一次遭受了白发人送黑发人的痛苦，他忍着悲痛帮忙安排学生后事，嘱咐我们去吊唁。很长一段时间老师的心情都很低落，我也不敢跟老师打电话。过了几个月，一位师弟从新疆回宁工作，我们几个学生一起聚会接风请老师参加。没想到，老师哽咽着说的第一句话是提议大家共同举杯酒，悼念那位去世的学生。当时，我们都留下了悲痛的泪水，这泪水，既是为那位博士英年早逝而流，也是被老师对学生深沉而持久的爱深深地感动了。

李老师在学生的学业中是一位严师，在学生的生活中是一位慈父。无论是对在读的博士生，还是工作多年已到中年的我们，老师都始终牵挂着每一名学生，就像父亲爱自己的儿女一样。说起来很惭愧，老师年近七旬，本应该学生多关心他，可他却经常主动联系我们。在师生微信群，老师逢年过节总是第一个发祝福信息，有时还会给我们发红包，发一些好文章启迪我们，偶尔还会假装生气，“批评”我们不在群里冒泡。在我看来，李老师是一位正厅级领导干部，更是一位教授，一位专家学者，一位知识分子。担任大学领导时，他为学校重点学科的建设、硕士博士点的设立等工作，做出了重要贡献。老师心脏不好，从领导岗位退休后做过两次手术，但他仍然努力地工作，孜孜不倦地追求着他热爱的事业。除了辅导几个博士生的论文外，大量的时间用来读书、研究和做学问，特别是为了我国民族伦理学的丰富与

李伟校长（中）接受宁夏大学档案馆采访

发展，经常长途跋涉外出参加各种理论研讨会，作学术报告，开展调查研究，非常辛苦。有时，我在想：老师大半生获奖无数、成就斐然，有着国家“百千万人才工程”、自治区“313”人才工程人选、自治区“塞上英才”等诸多殊荣，享受着国务院政府特殊津贴和自治区政府特殊津贴，为什么不停下早已疲惫的脚步，享享清福呢？这正是我们学生跟老师的差距，也是我们每个人应该向他学习的地方。

能遇见李老师，是我的幸运，能做李老师的学生，更是我的福分。一段师生缘，一生师生情。感谢宁夏大学档案馆给了我一个代表我的同学向老师和学校表达一段感恩之情的机会。习近平总书记强调，历史是最好的教科书。大学校史是大学传统的积淀、大学精神的承载、大学文化的映照。宁夏大学档案馆为对学校教育事业发展做出重要贡献的历任校领导、知名教授建档布展，很有必要，也很有意义。这既是对校史的丰富和完善，也是学校精神文明建设和德育工作的重要组成部分，能够引导教育广大师生以先进为榜样，以典型为标杆，弘扬优良传统，追求高尚境界，汲取迈进新征程、奋进新时代的智慧和力量。

（编校：马健）

作者简介

尤晓刚，1982年3月生，宁夏西吉人，中共党员，毕业于宁夏大学政法学院外国哲学专业，现任自治区党委组织部研究室副主任。

李　星

1964年5月生，中共党员。二级教授、博士、博导，宁夏大学党委书记，上海交通大学兼职教授、博士生导师。1999年博士毕业于德国柏林自由大学。曾任宁夏大学数学系副主任、主任，宁夏大学副校长，宁夏师范学院院长兼任宁夏大学副校长，宁夏师范学院党委书记兼宁夏大学党委副书记。首届国家“百千万人才工程”一、二层次人选，国家万人计划“百千万人才工程领军人才”，中央直接联系专家。主要研究领域是复分析及其在弹性理论、断裂力学中的应用。主持完成了973计划前期预研专项、国家自然科学基金和博士点基金项目10余项。出版学术著作4部。发表160多篇学术论文，被SCI、EI引用70余篇（次）。除培养大批本科生外，已在上海交大和宁夏大学指导毕业70余名博士、硕士。曾获4项宁夏科学技术进步奖二等奖，1项上海市教学成果二等奖，获“全国先进工作者”、国务院政府特殊津贴、“全国五一劳动奖章”“留学回国人员成就奖”“中国侨界贡献奖”“何梁何利基金科学与技术创新奖”等。

就恋这一片热土

李　星

1964年初夏，我出生在素以贫困和干旱而闻名于世的宁夏南部山区海原县树台公社，那里是黄土高原的腹地，是经受过人类有史以来最强烈地震的地方之一（1920年12月16日发生的海原大地震，震级达到里氏8.5级）。故乡深处起伏的山峦、纵横的沟壑、荒凉的田野和苦涩的生活，给童年的我留下了刻骨铭心的记忆，同时也激发了我百折不挠、奋发向上的顽强品格。

时至今日，我仍然清楚地记得，受组织派遣，曾经当过乡村学校校长的父亲离开家乡前往百里之外的西吉县任职。那时，各地方的工资水平都低，父亲每个月只能挣得几十元钱，但他尽可能节省自己的花费，将工资的大部分拿回来交给母亲。勤劳贤惠的母亲为了家庭，不得不离开她一直钟爱的小学教师岗位，一头扎进贫瘠的黄土地，独自在家春种秋收，不仅干着极其繁重的农活，还要细心地操持家务，抚育儿女、侍奉老人。就是在这样艰难的生存环境中，我们兄妹5人走上了曲折的求学之路。每天放学归来，我还要去山野间、小路旁割草，捡粪，用孱弱的肩膀担回用勺子小半勺小半勺舀起来的浑浊的饮用井水。无数个寂静而漫长的山村夜晚，我和兄弟姐妹们挤在一起，趴在昏暗的煤油灯下认真写作业。因为长时间被油烟熏烤，我们几个人的鼻孔经常被煤油灯冒出的浓浓的油烟熏得黑黢黢的。

那时山区农民生活都很贫困，学校各方面的条件都差，留不住老师也留不住学生。每天上学我都要步行10里山路，披星戴月是常事。冬天最难熬，孩子们衣服穿得很单薄，四处透风的教室，冰冷的宿舍土炕，手脚冻得像馒头。然而，就是在那样艰苦的条件下，父母坚决不让我们辍学回家。父母的辛劳和慈爱感动着我，山里人永不泯灭的对知识智慧强烈渴求的信念支撑着我，让我内心深处早早萌发了发愤学习以报效家乡的愿望和志向。

1981年秋天，背负着父母和乡亲们的重托，满怀改变贫困山区教育文化落后面貌的志向，我踏入宁夏大学数学系，并很快迷恋和陶醉于数学这一独特的专业和学科当中。1985年，21岁的我以优异的成绩顺利完成了大学本科学业，并于毕业时考取了我国著名数学家、武汉大学路见可教授与宁夏大学数学系刘士强教授联合培养的硕士研究生。以后数年，在两位恩师的悉心指导下，我如饥似渴地学习，痴迷于探索数学王国的奥秘。有一天上午，为了查找一个重要的数据，我在武汉大学数学系资料室书库做检索，忘记了闭馆时间，被管理员锁在资料室里。结果，下午管理员上班后才发现资料室里竟然还有个“我”！在被“锁”的那段时间里，我的心情倒也平和，忍受着饥肠辘辘继续查阅资料、做笔记。

“功崇惟志，业广惟勤。”在武汉大学读书期间，我的学习和研究达到了一种近乎“废寝忘食”的状态。为了抢占学校图书馆的座位，我每天都提前到图书馆门口排队。寝室里熄灯后，我点起蜡烛，或者钻在被窝里打着手电筒，如痴如醉地读书钻研。夜深了，躺在床上思考论文中的难点，忽然有了灵感和想法，就马上兴奋地爬起来演算，结果常常是不如意的。然而，我却一次次反复……

我懂得“得其大者可以兼其小”的道理，求学和回到宁夏大学工作期间，我一边独立思考钻研学问，一边挤时间学习英语，想方设法获取国际上有关我所研究领域的最新学术资料。只要能找到的资料，我都仔细研读。那时候武汉大学图书馆、宁夏大学图书馆以及数学系、物理系资料室订阅的有关我所研究领域的外文资料，我几乎全部借阅过。除此之外，我还主动求教于美国、日本、德国等各国数学界知名教授和专家学者，及时了解数学领域的最前沿学术动态，以保证自己的研究与国际同步甚至可以超前。我坚定地认为，兴趣是求知的第一良师，并始终对陌生未知的数学领域葆有一种强烈而旺盛的求知欲。正是这种浓厚而持久的兴趣和求知欲，让我从研究生阶段就开始不断地在学术期刊发表科研论文，为我后来更深入的研究奠定了坚实基础。

1988年7月，获得武汉大学理学硕士学位后，怀着改变家乡教育现状的满腔热忱，我义无反顾地回到了母校，在宁夏大学数学系开始了教师生涯。那些年，我一边兢兢业业地教书育人，一边全身心地投入应用数学领域的科学研究工作。我几乎牺牲了所有节假日和正常休息娱乐时间，课堂上的忘情讲授和潜入数学之海去寻觅新的领地和风景似乎成为我生活的全部。

1994年，30岁的我被破格晋升为副教授，并被国务院学位委员会批准为硕士研究生导师，次年，再次破格晋升为教授。我的连续两次“破格”晋升经历，在宁夏大学乃至宁夏全区教育系统引起了比较热烈的反响。作为宁夏高校最年轻的教授，1996年，我被宁夏大学党委任命为数学系副主任，之后又被提拔为系主任。2002年2月，宁夏回族自治区党委和政府任命我为宁夏大学副校长，主要分管科研、师资队伍建设和研究生教育方面的工作。与此同时，由于我在数学研究方面所取得的不寻常业绩，我被上海交通大学、厦门大学聘为兼职教授并担任上海交通大学博士生导师。

“双周期平面弹性问题”在岩石力学、混凝土力学、固体力学中具有广泛应用性，既是数学领域的一座高峰，也是工程力学中经常遇到但极难攻克的国际难题，很多学者都对它望而却步。然而，我对这

2019年4月28日国外论坛发言

个学术难题却充满了破解的兴趣和热情。为了能够攻克这一难题，我把自己彻底浸泡进了学术之海，夜以继日地伏案疾书。推演工作长时间“连轴转”，常常顾不得吃饭。长期的作息不规律，使我得了慢性胃病，有时胃部疼痛难忍时，我一只手按着疼痛部位，用另一只手继续演算，疼得实在扛不住时，干脆用办公桌一角紧紧顶住胃部，身体半趴在桌子上坚持工作，艰难地寻找解决问题的路径。

唯有兴趣，才能产生灵感和勤奋。踩着巨人的肩膀，我以坚韧不拔的毅力和加倍的努力，在“双周期平面弹性断裂问题”这一国际数学难题方面，做出了一些有突破意义的科研成果，在国内首次应用解析函数边值问题和奇异积分方程的理论研究全平面应变问题。我的研究成果得到了同行专家们的充分肯定并给予了比较高的评价。其中，导师、著名数学家路见可教授评价说：“深入的研究，创造性的成果。”

世界著名数力学大师、苏联科学院院士 Muskhelishvili 曾为自己在《数学弹性力学的几个基本问题》中“未能给出数值结果”而发出“深表遗憾”的叹息。随着计算机技术的发展，我们改进算法，终于给出了数学弹性力学的几类基本问题中包含奇异积分方程的数值解。

在全国计算力学大会上，当听到“不同材料、形状制成的鼓，鼓槌敲打后会发出不同的声音，反之，也可以通过鼓发出的不同声音来判断鼓是用什么材料、形状制成的”的力学逆问题报告时，受到启发，我在多年研究解析函数边值问题的基础上，在国际领域首先提出了一类“解析函数边值逆问题”，并给出了其数值解法，开辟了复分析中一个新的研究领域。

学科需要交叉与渗透。当我把数学与力学有机结合时，发现自己寻找到了一片浩瀚博大的处女地。面对21世纪基础学科的突飞猛进，有人认为，数理化理论大厦已基本构建完成，再想取得建树难乎其难。但我把目光投向学科交叉点，把数学与力学有机结合，发现并寻找到一个无疆的国度。然而在数学这个有如宇宙般无边无际的科学王国里，我又时时感觉到自己渺小得像一粒尘埃。

我曾先后应邀赴美国、加拿大、德国、日本、土耳其、英国、希腊等十多个国家进行学术交流，在《International Journal of Fracture》《Engineering Fracture Mechanics》《International Journal of Solids and Structures》《力学学报》《数学物理学报》等国内外诸多核心学术期刊上发表科研论文160余篇，被SCI、EI引用70余篇次，国际著名检索刊物“SCI”、“EI”、美国数学评论“MR”、美国应用力学评论“AMR”、德国数学文摘等收录了多篇。我多年前研究得到的“双周期弹性问题”的相关理论、方法及其结果，至今仍被国内外最具权威的力学、工程科学杂志直接引用。

“凿井者，起于三寸之坎，以就万仞之深。”世界著名复分析专家、德国柏林自由大学数学研究所所长Heinrich Begehr教授非常赞赏我的研究成果，诚恳地向我发出前往德国攻读博士学位与合作科研的邀请。1998年初，我赴德国柏林自由大学做DAAD—K.C.Wong高级访问学者，并攻读博士学位。在此期间，我参加了国际数学家大会等世界著名数学家学术会议并作分组报告。

由于我的勤奋努力和扎实的数学功底，还在攻读博士学位期间的我，就破格享受到了德国学术交流中心颁发的只有“同德国大学或研究所进行合作的中国杰出科学家或博士后”才能享受的DAAD—K.C.Wong奖学金。20世纪最伟大的几何学家之一，“整体微分几何之父”陈省身因17个月获得博士学位而成为美谈。我在德国留学期间，一天当作两天用。清晨星辰依然闪烁在天空时我走出宿舍，夜晚月亮悬浮于天幕时才离开工作室，用了15个月超前完成学业，取得了博士学位。这在柏林自由大学数学系的历史上属于绝无仅有。我的导师、欧洲科学院院士 Heinrich Begehr 教授评价我的读博岁月 ：“在如此短的时间内完成博士论文，这是个例外。”他肯定我的研究能力和研究经验，认为我“是一个刻苦勤奋的科学家，将来一定能够获得诱人的成果，成为一个领头的科学家。”

在获得柏林自由大学博士学位后，德国一个著名的研究所邀请我从事博士后研究工作。面对国外优厚的工作待遇和优越的科研条件，我婉言谢绝了，提前携妻儿回国，投身到建设祖国和西部大开发的热潮中。我始终认为，我的根在宁夏，这里有我的情、有我的爱，还有我扯不断的牵挂。祖国需要我，家乡更需要我。面对发达国家和国内多所名牌大学抛向我的橄榄枝，我始终不为所动，毅然选择回到生我养我的家乡，留在了这片令我魂牵梦绕的西部故土。

科学的进门处犹如地狱的入口，有时需要有人做出奉献和牺牲。2002年夏，已担任宁夏大学副校长的我又一次获得英国皇家学会奖学金，并应邀到英国名校巴斯大学做高级访问学者。凭借英国皇家学会提供的优厚奖学金，我完全可以携家眷访学，但我却只身一人前往。按计划访问时间为一年，但我却不得不提前半年完成主要工作。原因是当时宁夏大学正面临申报博士学位点的关键时刻，需要我去用心使力。母校需要我，两难的抉择当中，我只能毫不犹豫地听从母校的召唤，中断了访学一年的协议，提前回国。回国后，我受命迅速组建团队跑项目、要资金、搞科研，为宁夏大学实现博士学位点零的突破竭尽全力，做出了自己应有的贡献。2008年，我还赴美国哈佛大学作了半年的高级研究学者。哈佛的访学经历，当然对我的学术研究产生了良好的影响，更重要的是，这样的经历对我了解世界名校的教育管理模式，开阔我的文化视野起到了很好的作用。

只有出了国才懂得什么叫爱国，离开家乡才知道家乡更需要我们来建设。国外的生活和工作条件固然好，但毕竟不是自己的家。为了宁夏高等教育事业的建设和发展，我甘愿倾注自己的心血。借鉴国外先进的管理理念，我为高校管理工作注入了活力，作为主抓“211工程”立项建设的分管校领导，我提出“学科建设一揽子工程”的理念，重点抓学科建设，通过大量艰苦细致的奠基工作，为宁夏大学在2008年50周年校庆前夕进入“211工程”高校行列做出了应有贡献，结束了宁夏没有“211工程”高校的历史，促使学校发展从此进入了内涵建设的新阶段。

2013年至2018年，我在先后担任宁夏师范学院院长、党委书记期间，坚持“开放办学、内涵发展、全面提高教育质量”的办学理念，在学科建设、师资队伍建设、科学研究等方面推行一系列改革。实施党建引领、社会主义核心价值观铸魂、思政育人固本强基和师德引航“四大工程”，推动创建“一院一品牌”特色党建活动，有效解决了基层党建工作“谁来抓、抓什么、怎么抓”的问题，提升了党建工作水平。由于问题抓得准，措施得力，宁夏师范学院开放办学和内涵建设水平大幅提升：成功获批新增硕士学位授予单位和2个一级学科学位授权点、1个教育硕士专业学位授权点；成为宁夏首所师范生公费教育试点学校，宁夏首批整体应用转型试点高校；教育学学科进入自治区“西部一流”学科建设行列，其他学科的建设奋起直追，繁花竞放；教师队伍中的博士比例逐年增加，师资结构明显改善；国际国内学术交流活动前所未有，干部外出学习取经之规模超出以往；推动宁夏师范学院的本科生第一次获得前往国外访学和留学的机会，同时学校获批外国留学生招生资质；学校获得了第四届“全国文明单位”、首届“全国文明校园”和“模范职工之家”，各项事业蒸蒸日上，进入快速发展的“弯道超车”期，办学能力和水平跃升新的高度。

2010年8月21日，李星教授在北京大学主办的第三次边值问题、积分方程及相关问题国际学术会议上作报告

2018年11月，我服从组织安排，担任了宁夏大学党委书记，四年多来我奉行“敬教劝学，办学之根本；兴贤育才，为政之先务”的宗旨，紧紧抓住“双一流”建设和“部区合建”叠加的历史机遇期，以党建为统领，以立德树人为根本，以学科建设为龙头，以关键领域改革为突破口，全力推动高质量发展。面对一些长期制约学校发展的难点、堵点问题，坚定信心、知难而上，大胆突破，下大力气打硬仗、啃硬骨头。全面加强党对学校各项事业的领导，始终把管党治党的责任扛在肩上，全面落实“立德树人”根本任务，全面深化综合改革，召开宁夏大学第七次党代会，提出了“到2025年，把宁夏大学建设成为区域特色鲜明、服务地方能力突出的西部一流大学”的奋斗目标，确立了以“三全育人”为核心的立德树人育人主线和以“双一流”建设为核心的“部区合建”发展主线，把“努力在建设黄河流域生态保护和高质量发展先行区中展现宁大作为，为建设经济繁荣民族团结环境优美人民富裕的美丽新宁夏作出宁大贡献”作为使命责任，学校各项事业上了一个新台阶。

抓班子、强队伍是党建工作的首要任务。我注重选树基层党组织优秀典型，深入推进教工党建“育人楷模”工程，加大“双带头人”

培育力度，持续推进学生党建“金种子”工程，提出示范高校、标杆院系、样板支部、先锋党小组、模范党员“五位一体”的党建工作体系激活基层党建“神经末梢”，使基层党建动起来、聚起来、强起来。我倡导完善了优秀年轻干部的选育管用机制，一批优秀年轻干部进入学校中层管理岗位，干部队伍焕发出了勃勃生机，“两报告一评议”分数逐年提升并创历史最佳。2020年，宁夏大学被确定为首批全区高校党建工作“示范高校”创建培育对象。我着力推动纪委体制改革、巡察督查改革，短短三年，风清气正的校园生态逐步形成。

深入推进中卫校区改革。宁夏大学中卫校区从2014年成立至今，伴随着快速发展，师资队伍、管理运行、招生质量等一些制约发展的基础性、瓶颈性问题也日益突出。为从根子上解决问题，我在反复调研、论证的基础上，启动了“实体化办学、差异化发展、科学化管理”的改革方案，结合自治区和中卫市产业发展需求，成立了文化旅游学院、商学院、智能工程与技术学院等3个实体化学院、1个公共教学部，全部配齐干部队伍、并通过多种渠道招聘专业教师，让干部教师“沉下身”“安下心”“扎下根”，踏踏实实做出实效、做出业绩。中卫校区所有的专业均由原来的二本招生调整为一本招生，实现了宁夏大学本科专业全部一本招生，建立起了符合“双一流”建设和“部区合建”高校办学定位的生源质量保障体系，中卫校区实体化运行开始步入正轨。

全面推进相关学科专业优化整合。针对学校学科专业布局不够规范、不尽合理的现实，为了更加贴近自治区产业发展需求，我紧紧抓住优化资源配置这个牛鼻子，下大力气打破内部壁垒，按照学科建设发展规律，科学调配教学科研资源。进入新时代，学校将“马克思主义理论”学科纳入“双一流”建设项目，并跨校联合申报马克思主义理论一级学科博士点，学科专业布局进一步优化。新组建了法学院，聚焦聚力法学学科专业建设，着力培养适应地方实际需求的法学专门人才。将资源环境学院与西北土地退化与生态恢复国家重点实验室培育基地相关学科统筹优化，调整组建了生态与环境学院、地理科学与规划学院。对农学院食品科学与工程和葡萄与葡萄酒工程等学科专业进行了优化整合，组建了食品与葡萄酒学院。统筹全校教育学科教学、科研和培训资源，建设教育学院、教师教育学院、教育研究院和宁夏高等学校师资培训中心，形成了“三院一中心”的一体化管理运行模式，通过调整、组建等方式对25个教学科研单位进行了优化、整合。从制定相关政策、选择研究课题和方向，申报项目、筹措经费、培育基地、建立学术梯队诸多方面，我用力用心用情，在宁夏大学形成了宽松、和谐的科研环境和良好学术氛围。

构建系统完备、科学规范、运行高效的机构职能体系。将原党委办公室、校长办公室合并组建宁夏大学办公室。适应高校纪检监察体制改革要求，将校纪委与监察专员办公室合署办公，新成立巡察（督查）办公室、审计处。新成立教师教学发展中心（教学质量监控与评估中心），组建了中华民族共同体研究院、宁夏大学民族学与文化旅游产业研究院（协同创新中心）等创新载体。

深化人事制度改革。通过构建岗位动态管理机制、建立分类评价机制、创新人员编制管理、实行人员总量管理、深化绩效工资改革，在用好用活人才、提高人才效能、激发各类人才创造活力上做文章。2019年至今，面对广大教师职称聘任的迫切需求，通过积极争取备案编职数，设立科技创新特设岗、新引进博士特设岗等，对近十年都没有聘任的专业技术岗位进行了聘任。2020年，加大了“贺兰山学者”岗位计划工作力度，经过反复论证、广泛遴选，首批46名校外讲席、特聘学者，21名校内特聘、青年学者已全部聘任到岗。打破“论资排辈”“身份定薪”，以多劳多得、优绩优酬为分配原则，完善了以实际贡献为导向的分配机制，2019年绩效工资总量较2018年翻番，充分激发了人才队伍的内生动力和活力。

民生无小事，我着力引领校党委坚定不移落实“以人民为中心的发展思想”，在努力提升和改善师生员工各项待遇的同时，着力破解民生难题，增强师生员工幸福感和获得感。针对宁夏大学附属中学教学质量严重滑坡，我立足实际，经过调研紧紧抓住“用人”这个关键要素，从银川一中和长庆中学择优遴选了两名具有多年管理、教学经验的校领导担任附属中学党委书记和校长，并充分授权、支持新班子大胆开展工作。经过一段时间的工作，宁夏大学附属中学面貌焕然一新、呈现出全新的气象。在属地西夏区党委政府的大力支持下，将西夏区九小、十一小建为宁夏大学附属小学，结束了宁夏大学50年无附属小学的历史，将其打造成银川市的优质小学；启动教职工午餐质量提升计划，从用餐环境、饭菜质量、技术保障等方面进行了全方位改进，师生满意度很高。

在担任全国政协委员、全国青联委员、中国科协委员、中国数学会副理事长、宁夏人大代表和宁夏政协委员以及兼任20多年宁夏科协副主席期间，我充分发挥优势，深入一线调研，积极谋发展、献良策。专注于如何引进高层次人才，进一步打造高素质教师队伍、全域旅游专业人才培养等方面进行调查研究，我的不少提案都得到了国家相关部门和自治区政府及相关部门的高度重视。

多年来，我主持完成了“973计划”前期预研专项、国家自然科学基金和博士点基金项目10余项，出版学术著作4部（2部英文、2部中文）。我获得了多项荣誉，宁夏“十大杰出青年园丁”，享受国务院颁发的政府特殊津贴，宁夏“十大杰出青年”，宁夏科技进步奖二等奖，“全国民族地区杰出青年”，“全国五一劳动奖章”，国务院“全国先进工作者”，教育部“青年教师奖”，教育部“全国高等学校优秀骨干教师”，“全国优秀科技工作者”称号和“十佳全国优秀科技工作者提名奖”、“留学归国人员成就奖”、“何梁何利基金科学与技术创新奖”等。

我从宁夏南部的大山深处走来，更能体会到寒门学子求学的不易，这促使我把“教书育人”当作一项“爱的事业”来做。作为一名教育工作者，我由衷地敬畏这份职业，在岗位上兢兢业业，潜心教书育人，我关心学生的成长进步，注重因材施教，开拓学生的视野，以科研促教学，鼓励学生攻坚克难，广泛涉猎相关领域，尝试创新，并想方设法帮助学生解决学习和生活上的困难，教导学生“做事先做人，立业先立德”。在学生走上工作岗位后，也一直努力助推他们的成长进步。

“桃李不言，下自成蹊”。回国至今，我培养了70余名博士、硕士，有的成为中国科学院、985大学的研究员、教授，而绝大多数学生扎根宁夏，不少已经成为民族地区知名高校院所的专家教授和相关行业的核心骨干。看到学生的成长进步，看到他们用所学为国家、为家乡服务，比我自己做课题取得成绩更有价值和意义。

大道之行行更远。五十八年家国情怀，三十四载教育使命，时光的车轮飞快地驶过，在扎根宁夏高等教育事业的几十年里，我始终不忘为党育人、为国育才的初心使命，始终为自己是一位宁夏人而骄傲和自豪，始终眷恋脚下的这一片热土。我所做的，都是一个大学老师应尽的职责，成绩是我和党委一班人以及全校师生集体努力的结果，荣誉归功于宁夏大学教学、科研第一线的老师，还有那些已经形成梯队的同事。面向未来，以习近平新时代中国特色社会主义思想为指导，开拓 进取，改革创新，积极推进宁夏大学治理体系和治理能力现代化，把宁夏大学打造为一所现代化高水平大学，是我今后不遗余力要做的事。

脚踩故园这一片热土，站在“两个一百年”的历史交汇点，我深感使命在肩，责任重大，因此，我要继续和宁夏大学党委班子成员一道，团结带领近三万名师生员工，引领宁夏大学这艘航船，承载着宁夏各族人民的希望，不忘初心、牢记使命，乘风破浪、扬帆远航。

（编校：马海龙）

勤学不辍躬身精忠报国，
兢兢业业常怀赤子之心

——访宁夏大学党委书记李星教授

张新民　王锡彬　封宏砚

2021年11月25日，阳光灿烂，天气微凉。

下午，我们如约来到会议室，集体采访李星书记。

本以为李书记是个不苟言笑的人，然而见到的第一面就使我们顿生暖意。当推开会议室的门，看到等候多时的笔者时，他微笑着连声说："迟到了，抱歉！"其实我们早就看到李书记办公室门口等了很多人，都是来向他汇报请示工作的。后来我们才知道，李书记见时间已晚，便推掉了一些公务，专门腾出时间接受我们的采访。李书记对工作的认真投入，特别是对我们工作的理解和尊重，让人感动。

转身坐定，李书记将他的故事向我们娓娓道来。

"中国少了一位数学家"

爱迪生说，"天才是1% 的灵感加上99% 的汗水"，李星的努力和付出便印证了这句话。1981年，李星考入宁夏大学数学系，开始了他的数学学习生涯。入校不久，他的数学天赋便很快得以显现。1985年本科毕业后，李星考取了武汉大学和宁夏大学联合培养的硕士研究生。在武汉大学，有一次他埋头在图书馆查找一个重要数据，竟忘记了作息时间，被图书馆管理员锁在了书库中长达数小时，其认真和痴迷程度可见一斑。

在我国著名数学家、武汉大学路见可教授和宁夏大学数学系刘士强教授的悉心指导下，李星顺利完成学业，1988年获得了武汉大学硕士学位。

毕业后，他回到母校宁夏大学任教，一边孜孜不倦地教书育人，一边废寝忘食地搞科研。他的勤奋与付出得到了领导和老师们的一致肯定。1994年，李星被破格晋升为副教授、硕士研究生导师。次年，他再次被破格晋升为教授。以出色的教学科研业绩被两次“破格”晋升高级职称，成为学校引起轰动的事件。一时间，在宁夏高教界传为佳话。1996年，李星任宁夏大学数学系副主任，之后不久又出任主任。1998年初，李星赴德国柏林自由大学做高级访问学者，并攻读博士学位。

在德期间，李星的勤奋努力和非凡的数学才华得到了德国导师Heinrich Begehr教授的认可，当时还未取得博士学位的李星获得了德国学术交流中心颁发的只有“同德国大学或研究所进行合作的中国杰出科学家或博士后”才能享受的“DAAD—K.C.Wong”奖学金，并且，李星仅用了15个月就修完了通常需要3~5年才能完成的学业，取得了博士学位。

天赋异禀和刻苦努力结合，便成就了一位青年数学家。在国际数学领域，李星首先提出了一类“解析函数边值逆问题”，并给出了其数值解法。在国内，他首次应用解析函数边值问题和奇异积分方程的理论研究全平面应变问题。他还先后主持完成了“973计划”前期预研专项、国家自然科学基金和博士点基金项目10余项，出版学术著作

4部（2部英文、2部中文），发表160多篇学术论文，被SCI、EI引用70余篇（次），多篇论文被国际著名检索刊物、美国数学评论、美国应用力学评论、德国数学文摘等收录。

后来，随着行政职务的不断升迁和管理任务的逐步加重，李星一门心思扑在了宁夏大学的建设工作上，科研工作便慢慢减少了。与李星在学术上有颇多接触的中国科学院院士、我国著名数学家杨乐，得知李星的情况感慨地说："宁夏大学出了个卓越的党委书记，中国少了一位杰出的数学家！"但是李书记却说："牺牲了我个人的科研，却为更多的人创造了更好的科研环境，这很值得！"

王安石在《游褒禅山记》中写道："而世之奇伟、瑰怪，非常之观，常在于险远，而人之所罕至焉，故非有志者不能至也。"而李星能在求学和科研之路上取得如此成就，必然是付出了常人所没有付出的努力，吃了常人难以想象的苦。

心系家国赤子心

2020年宁夏大学的新生报到时，李星看着15名被专项录取的西吉县学生面对偌大的校园手足无措、有些拘谨的样子，心里酸酸的，不禁眼窝一热——当年出身小山村的他，又何尝不是如此！1964年，李星出生在当时还十分贫穷的宁夏海原县，那里土地贫瘠，生活艰难。但也正是童年时艰苦的经历，让他意识到教育的重要性，他深知，教育能改变山区孩子一生的命运，能阻断贫困的代际传递。

1988年，在获得武汉大学硕士学位后，他怀着建设家乡的热忱，回到母校宁夏大学任教。后来，李星无论是到德国攻读博士，赴美国、加拿大、日本等国家参加学术交流，还是面对国内多所名牌大学抛出的橄榄枝和优厚待遇，他都不为所动，而是毅然选择回归他热爱的故土，投身宁夏的教育事业。

2002年，已是宁夏大学副校长的李星受邀到英国巴斯大学做高级访问学者，英国皇家学会为其提供了优渥的工作条件和丰厚的奖学金。但是，访学半年后正逢宁夏大学申报博士学位点的关键时刻，他毅然中断了访学一年的协议，提前回到宁夏大学为申报博士点尽心尽力。经过不懈努力，宁夏大学最终获批博士学位授权资格，结束了宁夏高校没有博士点的历史。李星高兴地说："让宁夏大学，乃至宁夏结束没有博士点的历史，匹夫有责，我更有责。这也是我之幸，为之付出的一切都是值得的，令人永远难以忘却的！"

无论在哪工作，只要能建设家乡、能改变家乡相对落后的教育面貌，李星便无私付出，全身心投入。2013年到2018年，他在担任宁夏师范学院院长、党委书记期间，坚持"开放办学、内涵发展、全面提高教育质量"的办学理念，推行"润物细无声"的渐进式改革，创造性地实施党建引领等"四大工程"，学校开放办学和内涵建设水平大幅提升，使宁夏师范学院的办学能力达到了前所未有的高度。在担任宁夏大学副校长和党委书记时，为了使宁夏大学的综合办学水平进入一个新的高度和境界，他更是殚精竭虑、多方设法。熟悉他的教授和员工们在校园里碰到他，或者在新闻报道里看到他，常常会在心里禁不住嘀咕：李星书记最近显得憔悴了许多。

李星的经历让许多人不解：面对那么多让人梦寐以求的出外发展的机会，为什么他一定要留在宁夏呢？他的回答是："如果我离开了家乡，我的学生们还会留下来吗？我们要继续奋斗下去，结束更多宁夏'没有'的历史。""出了国才懂得什么叫爱国，离开家乡才知道家乡更需要人来建设。外国的生活、工作条件固然很好，但毕竟不是自己的家。是宁夏的这片水土养育了我，我是宁夏人民的儿子，决不能忘本。"

因为对家乡建设做出的巨大贡献，李星被授予"留学回国人员先进个人"荣誉，在北京人民大会堂受到党和国家领导人的亲切接见。

李星教授陪同自治区领导视察宁夏大学

良师益友传佳话

李星从教三十四年，总是时时关心学生，事事为学生着想。学生求学期间的学术问题他要关心，学生毕业后的工作问题他也要关心，只要能为学生出力帮忙的地方他都不会有一丝迟疑。他与学生之间是师生关系，又更像亲密的朋友，直到现在他与他的许多学生还保持着密切的联系。迄今为止他培养了70多名博士、硕士，其中很多已经成为发达地区知名高校院所的专家教授和相关行业的核心骨干，师生相互成就，佳话传于校园。

1997年的《新青年》期刊上刊登了一篇题为《爱拼才会赢——记中国第一位残疾人博士后吴耀军》的文章。文章的主人公吴耀军双腿残疾，却凭借自己的努力和奋斗成为了博士后。而他在读硕士时的授课老师之一便是李星。吴耀军刚来宁夏大学时不会使用电脑，李星就手把手教他，如何开机，如何进系统，如何使用诸多软件。因为家庭条件比较艰苦，生活中吴耀军常常省吃俭用，李星就经常邀请他到自己家“蹭饭”。时间长了，李星与吴耀军这对师生变成了“亦师亦友”，两人常常无话不谈，就连吴耀军当时谈对象，李星都“出了不少力”。在宁夏大学的研究生时光为吴耀军以后的精彩人生做了最坚实的铺垫。李星老师给予吴耀军的爱与温暖对这位身残志坚的学生而言，是他人生长途中永远不灭的灯火。

在李星任宁夏大学副校长期间，他既担负着学校繁忙的公务，又要做好教学、科研工作，可谓十分繁忙。但繁忙的同时，他还是不忘关心学生，每一位学生的情况他都基本了解，每位学生的长处短处、性格特点他都熟稔于心。

2005年，黄如楷成为了李星的研究生，由于家庭经济条件很差，李星经常给黄如楷的辅导员打电话询问他的生活情况。后来辅导员还和黄如楷打趣道：“托你福呢！经常能直接接到校长电话了解你学习生活情况。老师这么关心你，可别辜负了他的期待！”2008年初，李星到哈佛大学作高级访问学者，仍不忘通过电子邮件对黄如楷进行悉心指导，并把当时最前沿的文献资料、程序发送给黄如楷和其他同学进行研究。为赚取生活费，黄如楷勤工俭学，经常外出打工，李星得知后规劝他做科研不要分心，并从自己的科研经费中拿出一部分给黄如楷做生活补助。后来，黄如楷到一所中学任教，李星激励他不要满足于现状，应该继续进高校深造报考博士研究生，除了传授知识，更应该生产知识。在李星的激励下，黄如楷鼓起勇气，再次考入高校，圆了自己的博士梦。2013年，李星被调往宁夏师范学院担任院长、校党委书记时，还挂念着黄如楷的工作问题，积极帮助黄如楷解决工作上遇到的一些困难。黄如楷感激地说：“李星老师对我而言如父如母，是我的人生导师。当我遇到困难时，他教我如何处理；当我迷茫的时候，他鼓励我前行。他常和我说的话是少说多做，脚踏实地，当我有点成绩时，他总是提醒我要谦虚谨慎，生怕我人生之路踏错一步。”

古人云：学贵得师，是说求学以得到名师指点为珍贵，李星便生动诠释了这句话的含义。正因为李星既有极高的学术造诣，能为学生传道授业解惑，又有一颗关心学生的博爱之心，让学生在艰苦求学路上体会到关怀与温暖，所以他总能培养出优秀的学生，他的学生永远感念师恩，师生互相成就之间成了人间的一段佳话。

殚精竭虑为宁大

李星从教至今34年，在宁夏大学工作了近30年，为宁夏大学的学校建设和学科建设做出了不可磨灭的贡献。

2002年，李星中断了自己在英国担任皇家学会高级访问学者的项目，坚持回国，全身心地投入到宁夏大学博士学位的授权申报和博士点的建设工作中去。面对他人的质疑，李星说：“作为分管研究生教育的副校长，宁夏正在为没有博士点而深感困扰。党培养了我，现在正是我用心出力的时候，我不能在英国做学问，我要回到家乡去，为宁夏博士点零的突破贡献自己的一份力量。”李星和申报团队里的老师们夜以继日地撰写申报材料、补充数据、认真汇报。功夫不负有心人，2003年宁夏大学终于获批博士学位授权资格，结束了宁夏没有博士点的历史。

学科建设一直是李星关注的重点问题。作为主抓“211工程”立项建设的分管领导，2002年，他提出了“学科一揽子工程”，并提出了必须有一位校领导主抓学科建设的提议，这些都为后来宁夏大学申报“211工程”奠定了基础。为了申报“211工程”，李星利用空余时间研究各种材料，连回家后的休息时间都在“像读数学期刊一样认真研究”，为宁夏大学如何进入“211工程”提供清晰的思路。针对学校学科专业布局不够规范、不尽合理的现实，李星主张按照学科建设发展规律，科学调配教学科研资源，全面推进相关学科专业优化整合。

在他的主导下，宁夏大学重新组建了法学院、生态与环境学院、地理科学与规划学院，统筹优化了资源环境学院与西北土地退化与生态恢复国家重点实验室培育基地相关学科；优化校企合作形式，解决了葡萄酒学院在长期与企业合作办学过程中的体制机制不畅问题；按照教育部学科专业设置的规范要求，对农学院食品科学与工程和葡萄与葡萄酒工程等学科专业进行了优化整合，组建了食品与葡萄酒学院。从2019年至今，李星带领的校党委已通过调整、组建等方式对25个相关教学科研单位进行了优化、整合。

2014年，宁夏大学中卫校区成立。随着中卫校区的发展，师资队伍、管理运行、招生质量等一些制约发展的基础性、瓶颈性问题也日益突出。为了从根本上解决这些问题，在李星书记的带领下，在反复调研、论证的基础上，宁夏大学启动了“实体化办学、差异化发展、科学化管理”的改革方案，结合自治区和中卫市产业发展需求，成立文化旅游学院、商学院、智能工程与技术学院等3个实体化学院、1个公共教学部，现已全部配齐干部队伍，并通过多种渠道招聘专业教师，真正地让干部教师踏踏实实做出实效、做出业绩。努力终有回报，目前中卫校区所有的专业均由原来的二本招生调整为一本招生，实现了宁夏大学全部一本招生，建立起了符合“双一流”建设和“部区合建”高校办学定位的生源质量保障体系。

李星出任宁夏大学党委书记以来，宁夏大学的各项事业都上了一个新台阶：全校博士学位教师达到871名；全面实施全员分类聘任，完善了以实际贡献为导向的分配机制；省部级以上科研创新平台达到42个；中卫校区实体化运行步入正轨；结合自治区产业发展需求，对学科专业进行调整，进一步优化了学科专业布局；学校“双一流”建设和“部区合建”成效得到教育部评估专家充分肯定。学校第七次党代会提出了“到2025年，把宁夏大学建设成为区域特色鲜明、服务地方能力突出的西部一流大学”的奋斗目标，确立了以“三全育人”为核心的立德树人育人主线和以“双一流”建设为核心的“部区合建”发展主线，自觉把“努力在建设黄河流域生态保护和高质量发展先行区中展现宁大作为，为建设经济繁荣民族团结环境优美人民富裕的美丽新宁夏作出宁大贡献”的发展目标，并以此作为宁夏大学的使命责任。

李星为宁夏大学的建设做出了巨大贡献，在诸多领域都敢于突破、知难而上、勇于创新。习近平总书记曾说：“改革到了深水区，要敢于啃硬骨头。”而李星书记就是那个敢于啃硬骨头的人，敢于下大力气打硬仗的人。没有他的努力，就没有贺兰山下这所高等学府今日的辉煌，他以名师之功，换来桃李芬芳。

奉献社会毕生志，此身躬行勤耕耘

在宁夏师范学院，学校给工作满5年的每位博士都赠予一套120平方米左右的住房。李星在师范学院工作超过5年时间，按照规定他应该得到一套120平方米的住房。然而，李星却主动放弃了：“党给予了我太多，让我从山沟沟里走到世界级学术殿堂，还是把房子留给更需要的人吧。”大公无私之义，莫过于此，“奉献”一词的含义，在李星身上得以完美体现。

由于李星书记专业上的突出成就和在行政岗位上的出色奉献，受组织的信任，他担任了许多社会职务。他曾任第十届全国政协委员，第十一届中国数学会副理事长，第七届、第八届、第十一届宁夏政协

宁夏大学党委书记李星在第七次党代会上讲话

委员，第十届宁夏人大代表，第五届、第六届中国科协委员，第九届全国青联委员，第七届宁夏青联副主席，第五届、第六届、第七届宁夏回族自治区科协副主席，首届宁夏欧美同学会会长等职务，为宁夏教育建设、科研发展等诸多领域建言献策。他提出的“基础教育提升工程”建议被列入“宁夏四大提升工程之一”。

宁夏大学附属中学曾是自治区基础教育的一张名片，但近年来由于种种原因，教学质量严重滑坡，师生反映强烈。李星认为这是事关教职工子女求学问题、是事关民生的大事，必须尽快解决。李星和校党政领导班子立足实际，从银川一中择优遴选了1名具有多年管理、教学经验的副校长担任附属中学校长，并充分授权、支持新班子大胆开展工作。经过一段时间的工作，附属中学面貌焕然一新，呈现出全新的气象。经过他的努力，在西夏区党委政府的大力支持下，将西夏区九小、十一小建设成为宁夏大学附属小学，并将其着力打造成银川市的优质小学，结束了宁夏大学无附属小学的历史。2018年，他从宁夏师范学院调任宁夏大学党委书记之后，针对教职员工们的呼声，启动教职工午餐质量提升计划，从用餐环境、饭菜质量、技术保障等方面进行了全方位改进。看到教职工满意度和幸福感逐渐提高了，李星的心里许多块“石头”便落了地。

2020年，脱贫攻坚战的最后冲锋号响起，李星多次带领团队到宁南山区实地调研，问需于民。在他的带领下，“到脱贫攻坚第一线”在宁夏大学蔚然成风。先后有188人参加自治区“三区人才”项目、60名专家作为科技扶贫指导员，承担44个科技扶贫专项研究任务，形成了20个分布式服务站点；16个“双一流”新农村发展研究院示范推广项目推广开来；“宁夏大学研究生支教基地”“宁夏大学师范生教学实习基地”在西吉县挂牌成立；1.4万人次接受科技培训，2019年农民户均增收10645元。李星书记以身作则，无私无悔，奉献社会，为全校师生树立了榜样。

李星深知，肩负的工作越多，担任的职务越高，需要承担的社会责任就越重大，因而他没有拘囿于自己工作的小天地，而是把自己投入到更广大的为人民服务的事业中去。陶铸曾言：“要求于人的甚少，给予人的甚多，这就是松树的风格。”李星就像一棵挺拔的劲松，无声的奉献彰显了他品格之高尚。

听完李星书记的故事，天色已经完全黑了下来。他嘱托我们要好好读书：“读书不是为了你个人，而是为我们国家的复兴打基础。”与我们道别后，偌大的校园已是华灯初上，行人稀少，但他的办公室门前，还有许多人在排队等待向他汇报工作，请示指导，于是，他又匆匆向办公室赶去。凝望着这位良师益友般的领导急匆匆的背影，让我们感慨不已。在我们看来，李星书记的格局，体现于他认知世界的宽度和对待事情的深度，他不断强调家国情怀，不断强调我们年轻人应该肩负祖国复兴的大任，或许这也正是他自己的真实写照。他始终没有忘记自己的初心，刻苦求学，奉献社会，贫贱不移，富贵不淫，将自己的志向一步步实现，最终成为高尚而纯粹的人。

《礼记》云："师也者，教之以事而喻诸德也"，说的是作为老师不仅要传授知识，更要让学生有高尚的品德。于我们而言，从李星书记的经历中，使我们学到了如何求学，更学到了如何做人。所谓身教重于言传，能亲耳聆听李星书记的故事，从他的故事中学到做人做事的道理，实在是我们人生一大幸事。

明灯照前路，光芒映众芳

——李星弟子眼中的导师

马海龙　周跃亭　汪文帅　丁生虎　黄如楷

马海龙：明灯照我一路前行

我第一次见到李星老师是在2001年秋天的学校运动会上，当时他正担任宁夏大学数学系主任。这是一次令人惊喜的偶遇，在李老师目光和蔼的注视下，我怀着忐忑不安的心情向他表明了自己想要投师他门下攻读硕士研究生的心愿。当然，在话音刚落的那一刻，我就已经为可能面对的拒绝做好了充分的思想准备，毕竟李老师当时已是宁夏乃至西北很有影响力的数学家。听了我的陈述，李老师笑容可掬地看着我，不仅鼓励我报考他的研究生，还兴致勃勃地给我讲了许多这个学科的研究现状和发展前景。他说："做科研一定要有吃苦耐劳的精神，也要有勇于探索、永不言弃的信念追求，还应该广泛涉猎相关领域。"如今二十一载春秋已逝，李老师的谆谆教诲还仍在我耳边时时响起，不断激励着我在科研道路上向前奔跑。

2002年硕士论文选题的时候，李老师提议我放弃相对较容易的"奇异积分方程数值解法"这个研究方向，并为我提供了最新前沿交

2021年3月22日，李星书记（右一）接受宁夏大学档案馆采访

叉学科方向以供选择。面对老师这一提议，我有些犹豫，毕竟尝试新的方向是一个不小的挑战。正当我踟蹰不前时，李老师的一番话给我打了一剂强心针，他说：“新研究方向不仅对你自己，也会对我们课题组的发展有长远意义，任何新研究，都需要有人敢于去尝试，敢于去做。”在李老师的鼓励下，我克服了比较大的思想压力，选择了压电材料、功能梯度材料和裂纹运动的交叉学科作为硕士论文研究方向。在论文写作过程中，李老师又指导我系统研学了 Matlab 编程、Latex 排版等硕士培养计划中没有涉及的新内容。还记得用 Matlab 求解复杂的对偶积分方程时，一个程序有时需要调试几天，甚至是一二十天才能调试出来，辛苦不言而喻，但是调试成功后的喜悦更是溢满内心，最终这篇硕士学位论文获得了自治区级优秀硕士学位论文。同时，李老师高瞻远瞩，他指导课题组对这个方向持续深入，众弟子们相继撰写了一系列优秀的硕士博士论文，将本课题组研究的深度和广度都向前推进了一大步。

2004年我硕士毕业时，出于对专业梯队建设和应用数学学科长远发展的考虑，李老师动员我跨学科报考了南京理工大学材料科学与工程专业的博士研究生。在博士学习阶段，我不仅需要补充其他同学本科和硕士阶段所学的课程，还要一点一点、从无到有地学习实验、测试和材料表征方法，学习难度极大。于是，在2008年3月我打算先放弃这边的学习，等到9月份再报考李星老师的博士研究生。当我与远在哈佛大学做高级访问学者的李老师提及这个想法时，他并没有第一时间作出回应，而是详细了解了我学习中遇到的困难和瓶颈，并为我提供了相关学习资料、介绍了锁志刚院士、崔崇博导等知名学者指导我，他自己同时还积极帮助我与硕士阶段的学习内容进行衔接。在李星老师的用心点拨和其他专家老师的耐心指导下，我最终冲过了重重难关，于2011年5月作为南京理工大学优秀博士研究生，经学校推荐，公费赴法国国立梅斯工程师大学进行了为期6个月的交流访问，并于2012年顺利从南京理工大学材料科学与工程学院材料学专业博士毕业。

博士毕业后，无论是我主持完成的国家自然科学基金项目，还是发表在《Cement and Concrete Composites，Materials& Design》及《Construction and Building Materials》上的一篇篇文章，均涉及数学、物理、材料、机理分析、数值模拟及写作等方面的知识，这些无不得益于李老师这些年教导给我的扎实理论知识、宽阔的学术视野和敏锐的思考能力。这些是李老师给予我的珍贵财富，是他为我打开了科研之路、走进探求真理之门，研究之路漫漫无穷，进一步便有一步的欢喜与收获。

二十一年一晃而逝，无论身在何处，顺利或困顿，喜悦或委屈，李老师永远是屹立在我心中的一盏明灯，这盏灯不仅为我照亮前路、指明方向，他所散发的光芒和温度，使我即使身在寒冬也如沐春光。

周跃亭：感念师恩　砥砺前行

我于2001年9月到宁夏大学数学与电算工程系读硕士，2004年9月到上海交通大学数学科学学院读博士，硕士和博士导师都是李星老师。我现为同济大学教授，博士生导师，上海“浦江人才”。李老师对我学术方向、学术道路、做人做事影响极大。20多年间，受李老师影响很深。

记得2001年9月刚入校研究生和导师见面。我们几个研究生到宁大著名的小红楼（那时候的研究生处办公地点在该楼），李老师对我们说了很多。印象深刻到现在都记得的两句，大意是“做人比做事重要”“边值问题的研究，主要包括三类边值”。当时，对“做人比做事重要”似乎有所理解；对“边值问题的研究，主要包括三类边值”感觉如云里雾里。一直以来我都在悟这些话。

“做人比做事重要”。做事时的个人态度比个人能力重要，有困难不抱怨，不气馁，积极乐观，想办法解决；谦虚谨慎、尤其有所成绩时，饮水思源，感念师恩，感谢帮助过自己的人，服务社会，正所谓“穷则独善其身，达则兼济天下。”现在我自己带研究生，也是强调“做人比做事重要。”

“边值问题的研究，主要包括三类边值”。对静态和准静态边值问题，主要有以下三类：第一类边界条件（Dirichlet），给出未知函数在边界上的数值；第二类边界条件（Neumann），给出未知函数在边界外法线的方向导数；第三类边界条件（Robin），给出未知函数在边界上的函数值和外法线的方向导数的线性组合。如果整条边界上的一部分给定第一类边界条件，剩余部分给定第二类边界条件，则称为混

2003年，李星教授指导2001级研究生学习

合边界问题。对瞬态问题，除了上述类型的边界条件，还需考虑初始条件。我从跟随李星老师读博士到现在发表在国际学术期刊的近90篇SCI 检索文章，除了关于小波分析、径向基函数计算方法外，多数都是关于各类先进功能材料的准静态和瞬态，等温和温变的多场耦合混合边值问题的数学模型，以及解析和半解析求解。可见导师对我学术影响之深。

汪文帅：青山座座皆巍峨　壮心上下勇求索

在所有的学生中，我可能对李老师的崇拜更为久远。

在我读高中的时候，就对这位家乡走出去的知名学者仰慕已久。我找到有关报道他在数学方面取得优异成就的报纸，至今仍然记得报道的标题是“数学美得像花儿一样”。在我懵懂的心灵深处觉得，从农村走出去的学子，依然可以在数学方面有所作为。因此，填报高考志愿时，我毫不犹豫地选择了数学专业。后来攻读研究生时，我自然而然地选择了李老师作为导师。研究生三年的学习中，每次和老师见面，他都要叮嘱我们要有目标、有恒心，要多思多想一些学科的前沿问题。记得开始硕士论文选题时，我通过文献调研，定了一个和老师以前的研究方向比较相近的题目，汇报后老师也没有否定，但是接着老师和我聊了他当时选题时，路见可教授鼓励他选择了比较难啃的研究方向，最后是通过攻坚克难，收获了完成课题的喜悦。我听出了老师的鼓励，让我选择攻克一些难题，或开辟一些新的方向。就是这次选题，使我在科研的道路上越走越宽阔。报考博士时，我选择了将老师的材料断裂力学的研究方法推广到地质结构的断裂情形，攻读了固体地球物理学专业。博士毕业后，对科研有所松懈，每次和老师见面，聊不上几句工作就又转到科研上，当听到科研进展不大时，李老师显然有很多失望。记得在一次组会之后，专门让我系统地汇报了我之前的科研和目前的问题，鼓励我向更深层次的问题进行探索。其实老师一直有个心结，团队对他所提出的反问题还没什么进展。而地震成像就是典型的反问题，是想鼓励我在地震成像方面进一步探索。我领会了老师的鼓励，但是该问题的确有点难，无从着手。为了攻克该问题，我一方面自己探索，另一方面想从外部汲取养分。2020年1月，我先是派自己的研究生到国际上地震成像做得非常好的南洋理工大学地震成像小组学习，同年9月，我在学校的资助下，也到该成像小组进行为期一年的访问。一年时间里，在团队老师的帮助下，打通了数据下载、数据处理、震相提取、正演计算以及反演求解等各环节代码编写，成功实现了地震成像。并在此期间，撰写了反演海原大地震地下速度精细结构的国家自然科学基金项目，顺利获得立项。李老师看到后，很欣慰地说，能用科技为家乡服务，就是我们科研人员的最好回报。

老师的责任感和敬业精神、以及在学业追求上的执着与坚持不懈的努力一直影响着我们，我也是一次次在老师的鼓励下，在科研方面才有了小的进步。老师是榜样，指引我们奋进；老师是智者，鼓励我们前行。

丁生虎：满眼生机转化钧，天工人巧日争新

考研成功后，我对自己的研究方向和所报的哪个老师都不太清楚，听本科同班同学讲，我的导师是李星老师。当时李老师已经是名闻遐迩的数学家，而且担任着宁夏大学副校长职务。

我怀着忐忑的心情拨通了李老师的电话，电话那端传来了亲切的声音，通过询问我的姓名，考试分数，李老师高兴地表示欢迎我继续深造学习，在整个交谈过程中李老师语气和蔼，娓娓道来，使我紧张的心情逐渐平复。放下电话，我感到由衷的喜悦，庆幸自己遇到了一位和蔼可亲的老师。

李老师虽然比较忙，但是非常关心我们的学习和生活。我们当时一届研究生有5个人，为了学生有条件做科研，李老师专门给实验室配备了电脑、打印机等学习设备，保障了我们的学习条件。虽然李老师身为副校长，但是他还是抽时间多次深入到实验室来了解我们的学习情况。每次见到我，李老师都仔细地询问我论文中出现的问题，遇到难点，并亲自拿笔记下来，回去思考，然后通过各种方式给我予以反馈，这对当时读研究生的我来说，在研究方面起到了非常重要的点拨和推动作用。

论文选题直面难题，要有创新，还要有深度，这是李老师对我们的要求。在我的论文选题前，方向始终定不下来。最后，李老师给我打电话，让我带上重点文献去他办公室，我们面对面，通过仔细对比文献，最终确定了我的研究方向。现在回想起来，李老师确实是学识渊博，能敏锐地把握学术前沿，这才使得我少走了很多弯路，从而有了以后科研生涯的继续。

研究生阶段快要结束时，原本计划直接入职，但在李老师鼓励下，我和同门师兄同时报考了上海交通大学的博士研究生，并最终被录取。现在回想起来，这绝对是一个前瞻的选择，博士毕业后回到高校任教，优势很快就凸显了出来。李老师的这种高瞻远瞩的想法对学生后续的职业生涯起到了至关重要的作用。

博士毕业后，我回到宁夏大学任教。2010年我们研究方向的一个重量级会议在北京和河北召开，我有幸和李老师同行。会议期间，遇到了北京大学闻国椿教授和一些著名的专家学者，通过李老师介绍这些学者的科研经历和学术成就，我再次感受到了老一辈专家学者对学术不懈追求的精神。会后漫步在北京大学校园时，李老师边走边笑着说，好好做科研，不久你也就成为博士生导师了。通过李老师的引领，2013年我和李老师又有幸参加课题组另外一个重要的国际会议——国际断裂力学大会，会议中我们遇到了另一位著名的学者范天佑教授，

2018年11月14日，新任校党委书记李星讲话

通过李老师的介绍，老一辈科学家的精神又一次地激励着我，时刻回荡在我的脑海之中。

一路走来，不管是学生时代的求学，还是工作时的科研和教学，我遇到事情总是喜欢和李老师讨论一下。李老师思维敏捷、洞察力强、高瞻远瞩，能适时地给我提供合理的建议，从而避免了我走很多弯路。在此对李老师深表谢意，永感师恩！

黄如楷：导师像一盏指路明灯

李星教授是我硕士就读期间和博士学业的指导教师。导师身负管理、教学和科研重任，但仍利用周末休息时间，来给我们讲授《积分方程》《断裂力学》等课程。精炼的板书、透彻的讲解、严谨的治学态度、自由的学术思想、开阔的学术视野、渊博的学术知识、深厚的学术造诣以及对科研的热爱和执着追求的精神，都给予我极大的启迪，也是我学习的榜样和前进的动力。当我在科研、学习和生活中遇到困惑时，导师的循循善诱、无私关怀和鼓励帮助，帮助我越过了一丛丛荆棘，让我铭记于心、感激于情。

2005年底我本科快毕业时，决定报考李老师的硕士，当时就知道导师是宁夏乃至西部最有名的数学家、留德博士、上海交通大学博导、宁夏大学副校长。后来辅导员还开玩笑地告诉我：托你福呢！经常能直接接到李校长电话了解你学习生活情况。老师这么关心你，可别辜负他的一腔期待啊。2008年初，导师去美国哈佛大学作高级访问学者，仍然不忘通过电子邮件对我进行悉心指导，并把当时最前沿的文献资料、程序发送给我们学习研究。对于我们的论文，从选题、进展、完成、投稿的过程中，导师都倾注了大量心血和精力，并时常叮嘱委托韩惠丽教授对我的学习和生活给予当面指导和监督。我作为一个从农村走出来的学生，当时耗费了大量时间从事家教等勤工俭学活动，导师知道后非常生气，规劝我科研不要分心，并从他科研经费里每月给我生活补助。2009年初，母亲在我研三下学期时突发意外去世，那是我一生的至暗时刻，有两三个月我总是心脏发紧、脑子发蒙、身体发虚、醒来时热泪盈眶。导师语重心长地启发我：你母亲希望你放下痛苦，振作、坚强起来，完成学业，生者幸福才是对逝去亲人最好的安慰。导师及时地鼓励安慰，如一道彩虹斑斓了坎坷路途上的一隅天空。毕业后老师还操心我就业，建议我留银川工作，叮嘱我谨言慎行，少说话多做事。2010年，导师百忙中抽时间参加我和妻子的婚礼，给我们祝福，并要求我们相敬如宾、孝敬老人。2011年，我跟随妻子回固原一所中学任教，忙忙碌碌，起早贪黑，本想着这辈子可能就这样了。去看望导师时，老师继续鼓励我：你不能满足于现状，应该进高校，报考博士研究生，除了传授知识，更应生产知识。在中学里，过几年科研和专业就丢差不多了，很可惜。导师的话语，像一盏指路明灯，给了我信心，使我鼓起勇气应聘进了高校，继而圆了博士梦。导师的教诲，使我受益终身，使我逐渐从一名科研小白，到能独立完成 SCI 论文的写作发表以至于博士毕业。

笑对挫折，砥砺前行！不忘初心，不负韶华！博士研究生学习生活即将结束，年近不惑，一路走来，各种艰辛，深感不易，心中百味杂陈，远非寥寥数语能说清。选择考取李老师的硕士、博士，是我做过的最正确的决定，此生最感荣幸的是，自己能成为李老师门下的弟子。

作者简介

马海龙，1976年3月生，宁夏同心人。中共党员，材料学博士，副教授。从事固体废弃物资源化利用的研究，发表高质量学术论文30余篇。作为副主编，出版档案编研类专著4本。现为宁夏大学档案馆副馆长。

周跃亭，1975年10月生，宁夏中宁人。中共党员，博士，同济大学教授，硕导/博导，上海市浦江人才计划（A类）。从事多场耦合力学及相应数学方法的研究，发表 SCI 文章88篇，其中第一作者 SCI 文章53篇。

汪文帅，1980年12月生，宁夏海原人，中共党员，博士，宁夏大学数学统计学院教授、博导。主持国家自然科学基金4项。发表高质量学术论文20余篇，出版专著1部，取得2项软件著作权。2020年获宝钢优秀教师奖。

丁生虎，1980年1月生，宁夏同心人。博士，宁夏大学教授，博导，贺兰山学者青年学者，入选2016年“国内引才312计划”，2020年宁夏科技领军人才培养对象人选。获省部级自然科学奖5次（科技进步奖2次）。

黄如楷，1983年3月生，四川宜宾人，中共党员，博士。现为宁夏师范学院硕导。

李建设

1963年12月生，河北省藁城市人。中共党员，博士，教授，博士生导师。享受国务院政府特殊津贴、自治区政府特殊津贴，入选宁夏回族自治区“313人才工”程。现任宁夏大学党委常委、副校长。

攻坚克难数十载　不辞长做宁大人

李建设

对于宁夏大学，我是有着深厚情感的。我是1987年毕业的，毕业后，就到了宁夏农学院（后并入宁夏大学）工作，自此之后一直都在宁夏大学从事教学、科研、管理服务工作，曾先后担任宁夏大学农学院院长、科技处处长、发展规划与学科建设处处长、研究生院常务副院长，宁夏大学党委常委、宁夏大学副校长等职务。

现在距离大学毕业已经30多年了。在这30多年中，宁夏大学陪着我度过了最初的青涩阶段，它见证了我挑灯夜读的每一个夜晚，也陪着我解决了科研过程中遇到的一次次困惑，因此我对宁夏大学的情感十分深厚。在我看来，它不单单是我的工作单位，它更像一个老朋友，陪着我一起进步。在我刚来宁大的时候，蔬菜学的老师只有两位，后来调走了一位，就只剩下了我一人，而我也是新手，只能一边学一边干，那时候挑灯夜读是常事，但我却一点也不觉得苦，因为我觉得作为老师，能够培养出学生是十分骄傲的事情，而现在，园艺学的教师团队已经达到了40人。

多年来，我一直从事蔬菜栽培、设施园艺、无土栽培的教学、科研工作。在很多人看来，我的成果不少了，应当适当放松一下了，但我还是不知疲倦，一有时间就到学生中间、到实验室、到田间地头，冒严寒、顶酷暑，不断探索、不断实践。说实话，我也想早一些睡觉，能够多一些时间陪陪家人和孩子，我也知道三伏天的空调、三九天的暖气是十分舒适的，但是我更想得到的是每当完成一个项目，作出一些贡献、培养一批学生，所有的疲倦都会一扫而光。在担任副校长的职务后，我的工作变得多了起来，在8小时的工作时间内，我将自己的全部精力放在管理工作上，而科研的事情，我也没有放松，将工作安排在8小时之外。因为我热爱农学，我喜欢我的专业，不仅在这30多年，今后我也愿意为农学继续奉献自己。还有，几十年来，我始终没有忘记育人的使命，用心对待每一位学生，只要有时间，我就愿意和他们在一起，听一听他们在生活和学习之中遇到的困惑，尽自己的努力去帮助他们解除疑惑，每当听到看到学生有一点点进步，我感到无比的欣慰。但我不会无原则地宠溺他们，严受相济，注重引导教育学生要有梦想、有追求，要律己、要不怕困难。

我先后主持参与完成11项国家级、自治区级科研项目，获国家及自治区级奖励5项，其中国家科技进步奖二等奖1项（排名10），自治

1987年在陕西镇巴县做毕业论文

区科技进步奖一等奖1项（排名1），自治区科技进步奖二等奖2项（分别排名1和3），自治区科技进步奖三等奖2项（分别排名1和6）。发表学术论文60余篇，专著2部；同时作为副主编出版面向21世纪教材《园艺学概论》《蔬菜栽培学总论》，参编《蔬菜栽培各论》，它们的完成是我伏在案头的每一个夜晚，也是熬夜加班加点的每一场实验的结果，每当实验失败后，我会一遍遍重复步骤，找到哪里出现了失误，去探析为什么会这样，如何去解决这个问题。所以我的每一个项目、每一篇论文、书目的每一个字，都凝聚了我的心血。我坚持理论研究和技术研发都要接“地气”，我的课题都是立足于在生产中出现的问题，我的目的就是解决这个问题，因此在过去的几年中在蔬菜新品种引进示范方面，我们团队一共引入西瓜、甜瓜、番木瓜、辣椒、番茄嫁接砧木26个，这些都是大家常见的蔬菜种类，一定程度上丰富了大家的餐桌。与此同时筛查优选出耐低温、耐弱光、耐盐抗病8个蔬菜品种示范推广，这些新品种不但能减轻种植农户头疼的问题，而且还能使消费者吃上更健康的蔬菜，同时为设施蔬菜节水高产高效生产做出了贡献。这些研究可能在很多人看来，并不高大上，似乎只是提供了新蔬菜品种，或者是使蔬菜变得更加“坚强”，但是在我看来，哪怕只是一点小小的突破，譬如能让农户少施一次肥，省下一点水，都是我的研究目的所在。只要能有突破，我便愿意去做这些，愿意去为之花费时间和精力。除此之外，在蔬菜日光温室穴盘优质苗相关技术研发与集成方面，我开发了种子基质引发新技术；研制了日光型穴盘苗播后催芽室（专利号：ZL201020213278.4）；探明了穴盘苗需水规律及基质中保水剂用量；确定了黄瓜、番茄不同季节穴盘选择、无土育苗基质优选配方、种子处理、播种、苗期温度、光照、水分、营养管理指标及出圃标准，为规模化种植提供了理论支持。规模化的种植，它的意义不但是书本上的，而且有着很大的实际意义。规范化的种植，可以规避出现的很多麻烦，只要掌握了规模化的种植理论，农户也可以减少很多的问题，与农业现代化的到来也更近一步。在蔬菜营养施肥方面，我制定了设施蔬菜滴灌营养液土壤栽培（养液土耕）技术规范；研发了滴灌营养液土壤栽培自控灌溉施肥装置、温室大棚全塑吊蔓装置；并开发出了水肥一体化全营养滴灌专用肥配方2种。肥料的使用是农业种植上非常重要的一个内容，如何使用，怎么使用，计量的多少和施肥的种类，甚至如何施肥能够达到更好的效果，这些都是农户认真考虑的，我专注于这一方面，进行了很多的实验，开发出水肥一体化全营养滴灌专用肥料配方两种，帮助农户更好地掌握，也有利于农业的进一步发展。在出国学习交流的时候，我在荷兰看到他们的新技术，回来后便想着将这种技术运用在我国的生产中，因此我自主研发的“日光温室番茄大行距节本增效生态栽培技术”，将行距由原来的70厘米增大到120厘米，栽培畦减少42%，节约起垄人工42%，节约滴灌毛管42%，亩增加定植500株；大行距中间可套种矮生蔬菜或绿肥。三年间，这一技术累计在宁夏设施蔬菜园区推广1.2万亩，增收节支4386万元，这大大降低了种植成本，不仅节约了土地资源，也节约了人力资源。我时刻关注着非耕地利用的方面，在这一方面我建立了素沙基质营养液栽培技术体系，确定了沙培黄瓜、番茄、辣椒、甜瓜营养液配方；制定宁夏地方标准4项；研发了基于银川平原地下水质的叶菜水培营养液配方。一方水土养一方人，宁夏的地理环境和其他地区有一些不同，制定属于宁夏自己的地方标准，有利于宁夏地区的规模种植和长期发展。

在我的生活和工作之中，我的夫人高艳明也给了我很大的帮助，我平时工作比较多，生活的琐事都靠夫人细心照顾，有些事情我忙忘了，她也会及时提醒我，因为我的夫人也在宁夏大学农学院工作。如果没有她，我不可能完成这些课题。我和夫人都是宁大人，我们相约在宁大一起进步。

现场指导

转眼间，我在宁夏大学已经工作了30多年，我已经熟悉了宁夏大学的一草一木，我知道春日德勤楼下梅花的芬芳，记得夏日金波湖上荷花的清香，我记得宁夏大学的一切。这里有着我的青春和激情，我的每一项成就，每一点进步宁夏大学都在替我记录着，我是宁大人，未来的时间我也会和宁大一起度过。

把普通工作当作神圣事业来干

于晨曦

研究鲜食番茄、建立高品质樱桃番茄西瓜设施生产基地、培养基层农技骨干、举办培训班……宁夏大学副校长李建设每天都在“接地气”地工作着。提起李建设，大家都会想到那个低调内敛，经常在挑灯夜读的人。他是宁夏大学第一批园艺学教师，自毕业后，就分到了宁夏农学院（后与宁夏大学合并）工作，自此之后一直都在宁夏大学从事教学科研和管理服务工作，曾先后担任宁夏大学农学院院长、科技处处长、发展规划与学科建设处处长、研究生院常务副院长，宁夏大学党委常委、宁夏大学副校长等职务。在他看来，宁夏大学已成为他生命中不可或缺的一部分。

与土地结缘，扎根宁夏

“当时在我家前面有一块空地，每家每户都种菜，我从小帮着父亲种蔬菜，就觉得十分有意思”。李建设自小便喜欢帮着家里人种蔬菜，看着蔬菜种子从小小的芽儿长到矮矮的苗，最后慢慢地长大成熟，端上我们的餐桌，觉得既有意思又实用。因而在高考填报志愿的时候，他就选择了西北农林科技大学的蔬菜专业，选择和蔬菜“再续前缘”。

2019年李建设教授（左二）赴荷兰考察温室蔬菜生产

在西农学习的四年时间里，他积极汲取知识，上植物学的时候，就将校园里的花草树木都认了一遍。当学到蔬菜学的时候，随着对蔬菜认知的逐渐深入，他越来越觉得蔬菜学是自己的心头好，总觉得在蔬菜方面还有很多可以研究的方面。至今他还记得本科时的一篇课程论文，这篇论文研究的是：若黄瓜只有雌花没有雄花，在这样的情况下，如何才能更好地诱雄，提供种子？若喷硝酸银用于诱雄，计量是多少，该怎么掌握？在西农学习的日子里，他走遍了西农的每一个角落，研究了西农绿化带中的每一棵树、每一朵花、每一株草。提起西农，他的心里满满都是感激和敬畏。从西农毕业后，他便选择回到宁夏农学院工作，当时学校蔬菜方面的老师只有两位，在一年后一位老师选择去外地工作，就只剩下他一人。尽管如此，他毅然决定一个人承担起了艰巨的教学任务，因为也是一位新手，只能一边学一边干，挑灯夜战甚至挑灯通宵都是常有的事情。但是在压力中也伴随着成长，在农业方面的研究是比较讲究产学研三者结合的，当时在宁夏地区进行蔬菜研究的主要是三支队伍，分别是宁夏农林科学院、自治区农技推广中心和宁夏大学，这三支队伍也分别代表着产学研的三个方面。在这样的压力下，李建设迅速成长，在自治区的支持下，他开始作为专家指导课题的评论及审查工作。压力也是动力，李建设的团队也在不断壮大，人数越来越多，整个团队都在成长，从刚开始宁夏教育厅级别的课题再到宁夏科技厅的课题，最后到国家的课题，整个团队都在一步一步地进步。“我是十分欣慰的，因为我喜欢这个专业，希望能为这个专业做出自己的贡献。”李建设如是说。

尊重人才，以爱为师

“我们现在的师资力量已经达到了40人，和以前相比，师资力量变得更加强大。”这些变化都让李建设感到开心，但是高层次的顶尖带头学者还是比较稀缺的，而这件事情也让他一直牵挂着，一直想着引进优秀人才。为了寻找合适人才，他以农学院院长的身份，挤出时间积极参与各项会议和各位专家导师进行联系，以求能够得到合适的人才，扩充师资队伍。他求贤若渴，对于引进的每一位博士生，都提供尽可能好的人才待遇，使之在入职之后都能够拥有自己的课题项目，在经费和实验室方面，获得足够的支持。在他的努力下，农学院快速发展，师资队伍学术水平提高，整个教师团队里有70%的教师都是博士生，除此之外还创建很多实验基地，除了学生自己进行实验的农业科学基地之外，还和地方很多特色蔬菜瓜果产业园合作，建立了实验基地，这些实践基地的建设，大大增强了学生的实践科研能力，也激发了他们学习的劲头，2020年农学院的考研率高达53%，远远高于学校的平均水平。

李建设在担任副校长之后，也没有因为行政工作而放松了科研和教学，因为在他看来，老师的职责就是培养人才，服务社会。在8小时的上班时间中，他将全部的精力放在行政管理工作上，而8小时之外的时间就是科研教学的时间。他经常是刚离开办公室就扑到了田间地头，指导学生的课题。因为学生的毕业论文都是他亲自修改的，他经常熬夜到深夜一两点，将修改好的论文发给学生。学生经常说：“老师，您要保重好身体好好休息。”他却说：“要早一点将论文改出来，只要不影响学生的进度。我自己苦一点没什么。”谈及师生关系的时候，他有着自己独特的看法，他认为和学生相处就是要从心里面爱护学生，将每一个学生都当作自己的孩子，不仅仅需要教授他们知识，更重要的是要教他们如何做人，可以包容他们的错误，但是一定要让他们明白他们错在哪个方面，监督他们改正错误，成为更好的自己。因此经常有学生说：“李建设老师就是刀子嘴豆腐心，是实打实地为我们好。”他有一名学生，叫刘宏久，在学术上面十分有悟性，在校学习期间发了5篇核心的期刊文章，但是由于英语不好，一直心存犹豫，不知道自己是否应该去考研，李建设看出了他的疑惑便一直鼓励他，经常给他发短信，让他相信自己，在李建设老师的鼓励下，刘宏久选择了攻读博士，成功上岸西安农林科技大学，最后又到德国留学。时至今日，刘宏久还经常和恩师李建设联系，汇报自己的工作和学习情况。

以土为基，坚守传承

目前宁夏大学的园艺学本科专业是国家一流专业，园艺学的硕士点是国家一级硕士点。这样的发展离不开宁夏大学各位前辈的努力，在一代一代宁大农学人的努力下，农学在不断地发展。1987年，农学院园林系就只有林学专业，到了1988年设置了果树专科，1993年增加果树蔬菜的一个专科，1994年，又增加了一个观赏花卉的专科。三十

李建设副校长在蔬菜基地培训农业技术人员

年后的今天，已形成了果树学、蔬菜学、设施农艺学、葡萄与葡萄酒4个学科，而现在这个接力棒交到了李建设的手中，他把握住大方向，组建科研团队，传承前辈的精神，立志带领农学走得更远，发展得更好。而他多年的努力和科研也得到了国家的认可，享受国务院政府特贴、自治区政府特贴，入选自治区“313人才”工程。在他看来，这些荣誉不仅仅是对他自己的一种肯定，也是对他的夫人、团队、对学校的一种肯定。他说能够成长到今天，是离不开妻子高艳明的悉心照顾，高艳明也是宁夏大学农学院的一名老师，经常帮李建设处理一些调课、帮他上课之类的事情，让他能够心无旁骛地进行科学研究。除了他的夫人，团队也给予了他很多的支持，他把握着研究的大方向，而他的团队，在他提供的大方向下一一细化，处理好每一个细节。学校的支持也是必不可少的，学校为他的成长提供了广阔的平台。

致天下之治者在人才，成天下之才者在教化，青春飞扬正当时，一路奋进一路歌。从教30多载，李建设不停歇地行走在教学科研的道路上，阐释着独属于他自己的光彩，未来，他也将继续锁定自己的目标，一路高歌猛进。

扎根田地的农学人

曹云娥

有一缕阳光，它只温暖山峦下的阴霾；有一种花朵，它只怒放在尘嚣之外。是的，它的另一个名字就是老师。正是他们，活跃在贺兰山下的田野山川间，将辛勤的汗水挥洒在三尺讲台前，将踽踽的脚步烙印在这里的原野和山巅。他们播撒种子，装扮田野；他们燃烧自己，照耀山川。在他们呵护的这一片蓝天下，贺兰山下的田野生机勃勃，初胎的花朵舞姿婆娑。他们从不与伟大相提并论，但是他们的爱与执着，却存照在历史画卷中，为人们讴歌。

曾几何时，我们也有幸成为李建设老师的学生，在他的悉心引导之下，让我们从之前的无知、弱小、叛逆的大学生蜕变为今天奋进的热血青年。前进的道路上，李老师就像一盏灯塔，帮助我们找到前方的归途，帮助我们成长，让我们找寻方向，度过漫漫长夜，走向曙色初露的黎明。

李老师的教学生涯当中有过很多学生，每一个学生都有自己的特点，即使在性格上比较叛逆的学生，李老师也是用自己高尚的道德感化每一名弟子。我是李建设老师的第三名研究生，性格叛逆，十分耿直，常常顶撞老师。面对这样的学生，李老师完全可以置之不理，一个成年人应该学会对自己的行为负责，但是李老师并没有因此而放弃我，常常耳提面命告诫我要在踏实钻研专业的同时，处理好与同事及他人的关系，要学会与他人和谐相处，常以宽怀包容的心和世界和解，只有这样才能在未来的发展中奠定一个坚实的基础。在历经岁月的风霜洗礼后，我才真正理解老师良苦用心，遂开化内心，与他人建立友好的合作关系，科研也在老师的悉心指导下取得了一些成果。正是因为李老师的宽怀和大度，关爱和包容，犹如春雨润物无声，点滴影响了我的科研生涯，最终引领我走上平坦宽阔的发展之路。

李老师是一个爱惜人才、对于学生不吝啬指导的人，是学生心中难遇的伯乐。在李老师的教学生涯当中，朱倩楠只是众多学生中的一个，她在进行嫁接实验的研究上总是失败，但是几经思索仍然找不到问题的所在，最后只好去找李老师进行指导和帮助。李老师在了解到朱倩楠的试验进展后为她调整了试验方案，针对问题设计了具体的试验环境参数，并牺牲假期自驾车去为学生采购试验需要的材料，抽出时间到试验温室里看情况、找办法，最后还是在一个工休日，李老师带领着一众本科生研究生手把手地帮助她克服了嫁接的难题。平时不管多忙多累，为了让学生能够解决问题，找出弊端，李老师挤着时间也要帮助学生解决问题。李老师在为学生解决问题时不计较个人私利，不在乎个人休息，不在乎脏和累，尊重每一名学生的提问，在乎每一个求知求解的心灵。李老师在科研处工作的时候非常忙碌，每天时间都不够用，但即使这样，对于前来求教的学生他还是非常耐心，“亲切、和善、严谨、专业，”就是当时学生们对于李老师最真实的评价。虽然泥土常常沾湿他的裤脚，却遮盖不住他真实闪光的形象。

李老师对于学生的指导和教育，不仅仅体现在日常的教学上，更体现在学科建设上，他劝诫年轻人要与实际需求紧密结合。多年前叶林老师也曾是李老师的一名研究生，他求学期间，李老师总是谆谆教诲：园艺学科与生产实践结合非常紧密，一定要结合生产实际，做农

李建设教授（左四）与硕士毕业生在一起

业的学子一定要把“论文写在大地上，把成果留在农民家！”李老师是这样教诲学生的，也是这样身体力行的。“习惯成自然”，李老师对学术严格、仔细、认真的态度让学生们钦佩不已。指导学生们的论文，大到修改文章结构，小到每一个标点、空格，李老师都一一标注。平时，除了科研和教学，李老师还有繁重的行政事务，但这都不妨碍他及时回复学生的每一封邮件。每一个学生都会被李老师的认真、仔细、负责所震撼，在学生看来，他完全可以节省时间，不用这样做，有空好好休息一下，但是他并没有那样做，在培养学生方面，李老师是真正做到了全身心地传道授业解惑，这样的精神是值得所有人尊重的。

一日为师，终生为师。李老师对于学生的指导和教育始终伴随，不会因为学生的毕业而逐渐疏远。在研三毕业前夕，王翰林去银川多所农业研究单位及专科学校寻找就业机会，最终在李老师的指引下，她幸运地考入了事业单位。在单位工作期间，她又计划考博并网上申报了学校，其中邮寄的申报资料中有硕士研究生导师推荐签字表。她预约了李老师，李老师在仔细询问了她的考博计划后，便高兴地出具了证明，让她去学校档案室调取并复印硕士研究生毕业论文的答辩及评审资料，就在她再次去取老师推荐的签字表时，李老师还是贴心地询问了她的家庭情况，并且对于她积极进取的举动表示了赞赏。李老师提醒她：对于女性而言，结婚后尤其有了小孩，既要抚育孩子、孝敬父母，又要干好工作，做到工作、家庭两不误。李老师让她好好地想想，在干好单位工作的同时，又要花精力和时间复习考博，上博后要花大量的精力做研究，在一个人有限的精力和时间内，兼顾家庭的程度能有多少？而人这一生，要把握好时机，在该干啥的阶段就要平衡干好该阶段的所有事，兼顾好事业，培育好孩子，就是幸福。听了老师一席话，王翰林被深深地触动了，顿时觉得用言语表达对导师的感恩都显得苍白，只有付诸行动，在生活实践中锻造自己，才能对得起李老师对她的教导和帮助。在多年的工作中，王翰林非常努力，在遇到难题解决不了时，她还是时常麻烦李老师帮忙。在生活中，王翰林很是用心，但还是会有棘手的烦恼，她时常请教李老师。对于王翰林而言，李老师就是人生的灯塔，在前行的路上指引学生不断向前，无论是生活还是学习都能在学生迷失的时候，给予学生关键性的指引。

求学路上能遇上一位值得一生尊敬的好老师，作为学生是幸运的。未来的工作和人生道路还很长，但是有李老师的指引，纵使前路布满荆棘，相信很多学生在老师的鼓励之下都会勇往直前。无论是做学问还是做人，李老师那高尚的品德与严谨的态度都让学生们受益匪浅。在以后的人生道路上，李老师对学生的鼓励和督促定会在耳边回响，他对学生的悉心指导和教诲，学生都将永远铭记于心。

相信在学生眼中，成为李老师的学生定将是他们人生中最宝贵的记忆，无论学习还是做人，李老师对于学生的指导就如燃烧的蜡烛，虽寂静无声但照亮前路。感谢李老师的辛勤教导，感恩李老师的知遇之情，愿李老师的光芒和能量成为贺兰山下学子心中最明亮的灯塔，能够为更多人点亮前行的路！

作者简介

曹云娥，女，1977年12月生，宁夏平罗人，西夏区政协委员，教授。

何风隽

1964年6月生，经济学博士、教授、博士生导师，教育部金融类专业教学指导委员会委员，中国区域科学协会“一带一路”专业委员会副主任，中国高等教育学会教学研究分会理事，教育部评估中心本科教学审核评估专家、教育部学位中心博士学位论文抽检评审专家、中国高等教育学会统战工作研究分会理事。

先后任宁夏大学经济系、经济与管理系主任，宁夏大学经济管理学院院长，MBA教育中心主任，教务处处长，现任宁夏大学党委常委、统战部部长。

主要从事金融发展理论与实践、区域经济等方面的教学与研究工作，先后出版专著1部，主编、参编著作6部，发表专业论文50余篇。其中：（1）“政府主导型金融资源配置的有效性分析”，获宁夏第十届社科优秀成果论文一等奖。（2）《中国转型经济中的金融资源配置研究》，获宁夏第十一届社科优秀成果著作三等奖。（3）“基于资金与效率的宁夏经济发展研究”，获宁夏第十二届社科优秀成果论文一等奖。（4）“以四维为中心的‘43321’本科教学质量保障及监控联动机制的构建与实践”，获宁夏大学第八届教学成果一等奖，2017年获宁夏高等教育教学成果特等奖。

苔花如米小，也学牡丹开

——记我和我的宁夏大学

何风隽

我出生在中卫香山的一个偏僻小山村，祖辈们世代过着面朝黄土背朝天的小农经济生活，简单的生产和生活方式，在贫瘠的山地上，年复一年地耕种着希望，冀盼着“老天”风调雨顺的年景。儿时的学习和生活似乎也重复着两点：一是山顶上的小学，一是窑洞炕头上的芋头。

这种自然简单又不失宁静的生活，在有“成分论”的年代被打破了。20世纪60年代末，父亲因富农成分接受劳动改造，搬迁到了南长滩村。这里虽然也是四面环山，交通不便，但其最大的不同是：这儿有黄河。黄河不仅为农田提供了便利的灌溉，滋养着参天的梨树和遍野的枣树，也让这里的人们在秉承着勤劳朴实之外，拥有了更多的包容。村上除了几户外姓人家之外，几乎都姓“拓”，据说是早期的“拓跋族”，他们在生活习俗上跟汉族没有什么区别，使用的语言也是汉语，只是在发音上与中卫香山一带的方言有所不同，但并不影响日常的交流。

小时候在这里的生活十分艰难，父母和姐姐辛苦劳作一年，生

何风隽教授参加教育部“六卓越一拔尖”计划2.0启动大会

产队分配的口粮在母亲精打细算并添加也不充裕的土豆和酸菜的情况下，冀盼着来年。我和小伙伴们也习惯在生产队已收获后的土豆地和小麦地里，仔细翻找着可能隐藏的剩余。

十一届三中全会，开启了中国改革开放的制度创新，在教育领域也通过“真理标准问题”的大讨论，拨乱反正，恢复了高考制度，其中一项重要的制度安排就是取消了“成分论”，从而使所有人不再有“成分”的标签，而是在机会平等的基础上有了求学机会，为一切努力向上的人，提供了选择的机遇。我在家里排行老小，哥哥姐姐聪慧好学的程度远超过我，但我赶上了好时代，有机会升入中学、考上大学。

村上没有中学，我上初中只能步行70多里的山路，到原景庄乡读中学。好在当时初二既可以考高中，也可以上初三，我有幸在初二考上了中卫市重点中学——中卫中学。记得第一次步行60多里到崔吕沟火车站乘车去中卫中学上学时，第一次看到火车，激动的心情难以言表，有同学说，火车爬着跑都这么快，要是站起来跑一定会更快……

大山里的孩子第一次高兴地站在车厢里到了县城。

我于1982年考入兰州商学院（现为兰州财经大学）商业经济系商业经济学专业，1986年毕业分配到宁夏大学经济系从事教学工作；1992年到西北大学经济管理学院就读政治经济学专业硕士学位，师从青年经济学家王忠民教授；2001年再赴西北大学攻读政治经济学博士学位，师从著名经济学家何炼成教授。西北大学被称为经济学家的摇篮，我有幸在经济学的殿堂里听到、读到了原汁原味的《资本论》和《价值学说史》，也从大师身上学到了追求真理、严谨治学的精神！

我在宁夏大学经济管理学院工作了25年，先后因学校两次合并，经历了由最初的经济系到经济与管理系，再到经济管理学院的两个阶段的学科专业整合和机构重组。合并伊始，学院在整合学科专业的同时，全力打造学科专业发展平台，先后申报并获批经济学等本科专业，2001年获批自治区重点学科——区域经济学。在时任宁夏大学副校长左理教授、吴海鹰教授的全力支持下，开始申报政治经济学二级学科硕士学位授权点。在吴海鹰教授的带领下，我先后同田家官教授、刘涛老师分别拜访了老一辈经济学家宋涛教授、吴树青教授、卫兴华教授、张卓元教授和林岗教授、洪银兴教授等，特别是卫老给予了我们悉心的指导和无私的帮助。

历时两年，宁夏大学于2001年获批政治经济学二级学科硕士学位授权点，2010年申请增列并于2011年获批理论经济学一级学科硕士学位授权点，成为宁夏第一个经济学门类的一级学科硕士授权点。

2010年在时任宁夏大学李伟副校长、原政法学院潘忠宇院长的带领下，我们一同申报民族学一级学科博士学位授权点，并于2011年获批，在此基础上，2012年申请并获批中国少数民族经济二级学科授权点，经济管理学院实现了博士学位授权点“零”的突破。

制度经济学家、1993年诺贝尔经济学奖获得者道格拉斯·诺斯曾在《西方世界的兴起》中指出，一个有效率的经济组织在西欧的发展正是西方兴起的原因所在。中国实施的改革开放，在推动经济增长的过程中，不仅需要一批有效率的经济组织，更需要培养一批懂经营会管理并具有国际视野的职业经理人。所以，教育部开始了工商管理专业硕士（MBA）的教育布局，旨在为区域经济的发展提供重要的人力资源。

在我担任经济管理学院院长期间，学院抢抓机遇，在条件还不很充分的情况下，共克时艰，创造条件，通过到兄弟院校学习取经，于2000年积极筹备申报 MBA 学位授权点。经过三年的努力，国务院学位委员会于2003年5月6日正式批准宁夏大学为工商管理硕士（MBA）教育全国第四批试点院校之一。第四批 MBA 试点院校主要是西部地区的10所高校，我们称为“新四军”。2011年3月我到教务处任处长，从事全校性的教学管理工作。学院是本科人才培养的基本单位，但学院相对全校而言，只是一个基本点，而学校本科人才培养是一个基本面，这是我初入教务处时，分管教学的王燕昌副校长对我的重要叮咛，这种耳提面命与2018年全国教育大会上提出的“以本为本、四个回归”的本科教育理念不谋而合。况且，进入21世纪，第四次产业革命的兴起，又引发了人类对全球高等教育的深度思考：“失去灵魂的卓越”“重塑本科教育”“回归本科教育”“本科教育是大学的根和本”。这些凝聚着深度思考的文字，关乎着本科教育培养什么人、怎样培养人、为谁培养人等一系列高等教育的根本问题。所以，从事教务工作是承担着天底下最神圣的使命，总是让人感到如履薄冰、如临深渊，需要在深思中厘定变与不变，在守正中锚定发展与创新。

教学理念由传统的以教为主向以学为主的转变，的确非常艰难，正如宏观经济学之父凯恩斯在《就业、利息和货币通论》中指出，旧说已深入人心，所以困难不在于新说本身，而在于如何摆脱旧说。教务人按照学生中心、产出导向、持续改进的人才培养理念，在构建“通识教育 + 专业教育 + 个性化多元化培养”的人才培养体系的基础上，先后两次组织全面修订人才培养方案，为本科教育和人才培养建立“施工图”。

打破传统的教与学的路径依赖，贯彻以“学生为中心”的教育教学理念，其突破口在于创新多元化的人才培养模式。如实施大类招生、卓越人才教育培养计划、开放式国际化人才培养以及大学英语分类滚动制教学改革等。其中，2013年机械工程及自动化专业获批“卓越工程师教育培养计划高校学科专业”，以此为基础设立“卓工班”，该培养模式的教学改革获2018年国家教学成果二等奖。同时，以“双一流”建设为契机，遴选建设18个“西部一流专业”建设项目，在教育部2019年首批评选的一流专业中，学校有12个专业被评为国家一流本科专业。

打造“一体四翼”的实践教学体系。2011年，我与教务处郑毅敏副处长封闭工作三天，完成了“宁夏大学中西部学校基础能力建设工程——理工科综合基础实验实训项目建设方案”，申请到国家发改委该项目资金一个亿，并于2016年分别建成了理、工科综合基础实验实训中心两栋实验教学大楼，同时，基础化学实验教学中心获国家实验教学示范中心。

教学改革，改到深处在课堂，改到难处在教师。课堂教学是提高人才培养质量的主阵地、主渠道，向课堂要质量就成为人才培养的关键环节。在王春秀副校长的全力推动下，2015年在全校启动实施学生、督导、同行和教学管理人员“四位一体”的课堂教学质量管理，学校每年拿出500万元作为课堂教学质量的奖励基金，专项用于奖励本科教学优秀教师。

持续推进教学质量保障体系改革，我们在本科教学质量保障与监控体系的基础上，构建了“以自我检查、自我诊断、自我反馈、自我改进”四维为中心，以“四会三查三评两专一系统（简称43321）为主要内容的教学质量保障及监控联动机制。该项成果2017年获宁夏大学教学成果一等奖、宁夏高等教育教学成果特等奖。

在教务处工作八年多的时间里，最折磨人也最难忘的事是2018年5月教育部对本科教学工作的审核评估。审核评估不同于水平评估在于“用自己的尺子量自己”，就是要让学校领导“红红脸、出出汗”。正因为审核评估的特殊要求，学校高度重视，在迎接正式评估之前，于2017年11月邀请11位教育部评估专家对宁夏大学本科教学工作进行了预评估。我们“红着脸、出着汗”依据预评估专家的反馈意见，制定了全面的整改方案，在此基础上，于2018年5月14—17日，教育部委派的专家组对宁夏大学本科教学工作进行了正式评估。专家组在对宁夏大学本科教学工作给予高度评价的同时，又提出了不少需整改的问题。

我于2019年6月转任学校统战部部长，统战工作，对我来说又是一项全新的工作。新时代统一战线是什么？高校统战工作做什么？怎么做？都是极具挑战的课题。统战部门是政治部门，统战工作是争取人心的工作，首先要讲政治站位。统战工作中的法宝就是在关键时刻能够发挥作用，要做到挺身而出，肝胆相照，荣辱与共，其关键的关键又在于平常的交往交流交融，联谊交友，交诤友交挚友，而要交到真正的这样的朋友，仅会做“快餐”是不够的，还要会做“佛跳墙”这样的功夫菜。

民族地区的高校，少数民族师生占有较大的比例，铸牢中华民族共同体意识，守好民族团结生命线，是高校民族宗教工作的重要任务，其中做好民族团结进步教育和民族团结进步创建，又是民族地区高校推进民族工作高质量发展的重要内容。

2021年暑假，由统战部牵头，组织申报宁夏大学作为“第十一批全区民族团结进步示范区示范单位”，并迎接专家组进校测评。这又是学校的一件大事，其重要性不亚于一次对学校的全方位的评估。在校党委副书记王玉炯教授的带领下，我们经过一个假期的努力，顺利通过了专家组第三方测评，宁夏大学成功获得第十一批“全区民族团结进步示范高校”称号。近期，自治区民委、教育厅推荐宁夏大学申报第十批全国民族团结进步示范区示范单位，我们又行进在赶考的路上。

我是宁大人

张新民　何小倩

从经济管理学院院长到教务处处长，再到统战部部长；从意气风发的青年到成熟稳重的中年，他在宁夏大学奉献了自己的青春年华；面对时代发展，他勤勤恳恳培育新人，傲立时代潮头。

他是土生土长的宁夏人，他是博学多才的经济学者，他更是孜孜以求的宁大人。他从宁夏到古都西安求学，又从繁华中毅然转身，执着扎根塞上，以所学回馈家乡，他就是何风隽，一名无怨无悔的宁大人。

爱，为学问之始

“俗话说兴趣是最好的老师，有了兴趣才能够产生执着的追求，才能产生动力和活力，才能够主动学习和广泛涉猎经济学领域的各种文献，为深入研究打好基础。”何风隽在谈到自己的求学经历时强调，热爱是支撑他克服艰难险阻扎根宁夏做学问的根源。

1986年，何风隽从兰州商学院商业经济系商业经济专业毕业后进入宁夏大学经济系任教。从热爱变成职业，从热爱到深入研究，他乐学乐思。渐渐地，学业变成了职业，热爱变成了坚守，思考变成了他一以贯之的生活方式。

从本科到博士，经济学带给他最重要的影响就是“用思考去思考”，实际上就是思考如何运用经济学的理论和方法来解释复杂的经济现象。因为热爱，更因为坚守，25年的时间，何风隽亲身参与并见证了宁夏大学经济系发展到经济管理学院再到成功申请MBA的艰辛历程；因为乐思，何风隽透过经济学入门课程学科概论，向学生深入浅出地阐释复杂的经济学理论。

因为热爱，所以无所畏惧。在申报政治经济学二级学科硕士学位授权点时，何风隽和其他几位负责老师一同前往中国人民大学拜访一位学科评议组的专家，向专家征询意见。当时正值北京的十一月，夜晚寒气刺骨，专家当天才从外地出差回到家。他们在不知道这位专家具体家庭地址的情况下一层一层爬楼询问，楼道很黑，没有灯，而且冬天北京居民的楼道里面存放了很多大白菜，在摸黑的情况下又给他们增加了很多障碍，他们瑟缩着身子，靠着两个打火机微弱的光照明，等真正找到专家，两个打火机早已打废。当专家听到他们的来访经过时，惊讶之余又十分感动，他们的这种坚持和执着让专家对宁夏大学的教师有了新的认识。最后在这位专家的悉心指导和他们的不懈努力之下，政治经济学硕士学位授权点申请成功，宁大的经济学发展迈出了可喜的一步。

因为热爱，所以矢志不渝。2003年，在申报工商管理硕士（MBA）学位授权点时，专家到学校进行实地考察，当时何风隽陪同专家到镇北堡西部影城考察MBA专业学位一个实践基地的实际情况。在考察过程中，突然刮起了一阵大风，被风卷起的沙粒打在脸上非常疼。现场考察的专家看到如此恶劣的环境时感慨：“你们在这里的生存都受到了考验，但还在努力办教育，让人感动。”正是在何风隽和同事的默默坚守下，MBA专业硕士学位点正式获批，宁夏大学也成为全国第四批获批工商管理专业硕士学位授权点的高校之一。

因为热爱，所以乘风破浪。怀着回报桑梓的情结，何风隽在风华正茂的年纪回到家乡，扎根在荒芜的大西北，为了宁夏大学的发展，与同事齐心协力努力奋斗，无惧风沙，无惧严寒，攻坚克难，乘风破浪，只为了心中的那份热爱与信念。

何风隽教授从教35周年留影

“我是宁大人”

2011年，何风隽离开经济管理学院到教务处任职，从熟悉的教学领域转到行政领域，何风隽积极服从组织安排，逐步适应身份的转变。在学院，他在教学领域和学科研究领域有着自己的建树；到教务处后，八年多的工作经验让他经历了不同的工作环境和工作经验，也让他有了多样的收获。

教务处素有“三光”之雅称，即头发掉光、人得罪光、专业丢光。从2011年3月到2019年6月，在教务处工作的八年多时间里，何风隽的行政工作多了，研究工作少了，但他没有丝毫怨言，勤勤恳恳开展教务管理，专心进行人才培养。和学院不同的是，教务处的工作要站在学校的维度，对人才培养进行全局性的谋划和思考。角色不同，工作也就不同，格局更高一层。“从全校的角度谋划宁夏大学本科人才培养，根本上涉及‘培养什么样的人’‘怎样当培养人’‘为谁培养人’这样一个高等教育的根本性问题。”何风隽表示，这个问题实际上关乎民族的发展和民族的未来。在这样的重担之下，当别人都在盛赞他时，何风隽却感到诚惶诚恐，如履薄冰。他深知培养一代人的责任与使命，这是为整个民族的发展和兴盛来培养人才。教务工作实际上就是立德树人的一种大事业，他也把它当作一种大事业来做。何风隽认为，做教务工作，不仅要热爱，更要做出符合实际的谋划，要洞悉国内外教育变革的大趋势，把握教育规律和人才的成长规律，更需要全身心持续地投入，进行深入的思考和研究，同时又要结合学校的实际做好顶层规划。

执着地坚守，坚定地践行，坚定人才培养的守正创新。看着宁夏大学的教务工作这些年取得的成果，在何风隽看来，尽管付出了“三光”的“代价”，但也得到了回报。

2019年6月，何风隽离开教务处，任宁夏大学第七届党委常委、统战部部长，这又是一个全新的工作环境和工作内容。由于统战部的政策性和敏感性都很强，对他的工作作风提出了更高的要求。在这样的工作环境下，他更加严格要求自己，熟悉且热爱的经济学理论和党的方针政策同时在他的心里生根发芽。

在新时代和新的工作环境下，学校需不需要统一战线、需要什么样的统一战线，以及怎样巩固和发展统一战线等一些重大问题和认识在他的心中逐渐占据重要地位。在他看来，统战工作就是要做“人”的工作，其意义在于壮大共同奋斗的力量，找到最大公约数，画出最大同心圆。从目前来讲就是以铸牢中华民族共同体意识为主线，夯实共同的思想政治基础，守好民族团结的生命线，为中华民族的伟大复兴凝聚人心、汇集力量。他把理论知识运用在日常的工作和学校的发展中，使学校统战工作日新月异，蒸蒸日上。“双一流大学的建设，就是大家团结一致，共同贡献力量。”何部长如是说。

何风隽教授参加2011年全国综合性大学教务处长联席会议

实干的学者

在经济学领域，他是专业的研究学者，他讲求经济学研究的范式和方法，以及对现实问题的解释。作为土生土长的宁夏人，在谈及家乡发展时，他的目光里充满了深情。

对于黄河流域生态保护和高质量发展，他用复杂的经济学理论阐释发展，解释人与自然、人与社会、人与整个生态之间的和谐发展的原因与结果，在何风隽看来，推进黄河流域可持续发展，就是要在围绕整个流域空间布局的基础上，东中西部各流域以其资源禀赋和生态特征，重构各区域的自身发展。宁夏的发展依托于黄河，最重要的就是黄河的水资源，这就意味着黄河的生态保护是第一位的。高质量发展就意味着产业布局、产业结构的调整都必须贯彻生态文明的理念。

作为一名学者，他不仅将专业理论与实际相结合，更重视日常的教学研究和实操。在经济管理学院任职时，他最热爱讲授的课程就是经济学概论，通过结合实际案例让学生理解复杂理论。在经济学理论的授课过程中，他让学生去食堂和周边的商店做调研，并和他们探讨调研中所涉及的经济学原理，从而让学生较为容易地理解和掌握这些经济学原理。在他手把手地指导下，学生们的调研报告逐渐摆脱了简单幼稚，不断完善为一份合格的论文。食堂饭菜的定价是否合理、商店商品的价格是否正常、校园内的价格为何与商业区不同等问题，在他的启发引导下，学生们豁然开朗，铭记于心。在日常的教学和研究中，他总是让学生自己理解体会，相互交换意见和观点。在学术研究的过程中，他更像是学生的朋友，与学生一起讨论，一起调研，一起得出结论，一起运用经济学理论解释实际现象，解决实际问题。

作为一名教师，他喜欢与学生交流分享学术心得，乐意做学生的良师益友；作为一名学者，他时常反思不足，不断提升自我，正是在一次次的反思和实践中，成就了如今的他。何风隽是深耕专业领域的学者专家，默默践行着“孺子牛”精神，勤勤恳恳，任劳任怨。他在宁夏大学奉献自己，成就自己。在陌生的工作环境，他保持学习劲头；走进全新的工作模式，他学会快速适应；在熟悉的研究领域，他不断深入思考。他在“变”中锤炼自己，在“不变”中坚守初心。一句“我是宁大人”，贯穿于他工作、生活的几十年间，矢志不渝。

一朝宁大人，一生宁大情，他是宁夏人，更是奉献无悔的宁大人。

作者简介

何小倩，女，2001年生，宁夏吴忠人，中共预备党员。宁夏大学新闻传播学院2019级新闻学本科生。

日拱一卒无有尽　功不唐捐终入海

——记宁夏大学党委常委、统战部部长何风隽教授

仇娟东

初识何老师是在2006年，我上本科时学院开设了一门名为《中国经济改革与发展前沿专题》的课程，当时何老师围绕“中国金融体系改革问题”做了5讲的专题讲座。

与何老师进一步结缘是在2007年，我被推荐免试攻读政治经济学硕士学位后，面临着选择导师和确定研究方向的问题，当时何老师所在的方向很热门，选择何老师的学生也有很多，我清晰地记得自己鼓足了勇气向何老师作了自荐，意料之外的是何老师当时没有半点推辞，欣然答应了我的请求，还很热情地介绍了他的研究方向和研究生阶段的学习要求。自此之后，我与何老师的交流机会越来越多，对何老师在学识、人才培养、学院治理等方面的了解也越来越多。2013年我从西北大学获得博士学位并再次回到宁夏大学工作之后，又亲身经历了何老师所主导的“四位一体”本科教学质量保障体系的构建与运行等工作。

1984年，宁夏大学成立财经系（经济系、经济管理学院的前身），主要招收的学生是干部班；1986年，开始向社会招生，财经系也更名

为经济系。正是在宁夏大学经济系成立的当年，何老师从兰州商学院商业经济专业毕业，被分配到宁夏大学经济系任教。1995年9月，何老师被任命为宁夏大学经济系副主任；2000年12月任宁夏大学经济与管理系主任；2002年6月任宁夏大学经济管理学院副院长（正处级）；2003年11月至2007年11月任宁夏大学经济管理学院院长；2007年11月至2011年3月兼任宁夏大学 MBA 教育中心主任；2011年3月至2019年6月任宁夏大学教务处处长；2019年6月任宁夏大学党委统战部部长，2019年7月当选为宁夏大学第七届党委常委。2011年之后，何老师仍然担任经济管理学院硕士生导师、博士生导师，仍然为硕士生、博士生授课。从1986年到宁夏大学以来，可以说何老师见证了宁夏大学经济管理学院和经济类学科、管理类学科从诞生到成长的整个过程。

何老师在经济管理学院的25年间，尤其是担任经济管理学院院长的7年多时间，其工作和治理学院的核心思路可概括为“一体两翼”。所谓“一体”就是以本科教学为主体，“两翼”分别是学术型研究生教育和应用型专业学位研究生教育。在本科教育方面，何老师紧扣师资队伍建设和课程建设两大关键，在全校较早探索建设课程梯队，为每门学科基础课、专业核心课等配备主讲教师不少于3名；实施课程第一主讲负责制，由第一主讲负责组织课程组进行课程建设。事实上，师资队伍建设和课程建设效果明显，宏观经济学、广告理论与实务、管理学、市场营销学、财务管理5门课程先后被评为自治区级精品课程，经济管理学院本科教学管理的经验也在全校做交流发言。在办好“第一学位”的基础上，何老师主动对接宁夏教育厅、宁夏大学教务处等部门，持续办好工商管理、会计学、市场营销等3个辅修专业，一些年份辅修专业学生的数量甚至超过“第一学位”，为一批学生创造了更多的学习机会，提高了学生的就业创业能力，为社会培养了一批复合型人才，广受师生欢迎。

在研究生教育方面，宁夏大学经济学学科于1984年从举办“财经干部班”起步，经过十余年的积累，于1998年获批了经济学本科专业。之后，何老师同薛生强等经济学专业团队教师一道，于2001年申请并获批区域经济学自治区级重点学科。何老师又带领团队申请政治经济学二级学科硕士学位授权点，同经济学团队的刘涛老师一道一一拜访了卫兴华、张卓元、洪银兴等专家，以求得点拨与改进建议。功夫不负有心人，宁夏大学于2001年获批政治经济学二级学科硕士学位授权点，实现了宁夏经济学学科门类硕士学位授权点“零的突破”。此后，何老师带领经济学团队负重再爬十年坡，于2010年申请增列理论经济学一级学科硕士学位授权点，锲而不舍，该一级学科硕士学位授权点于2011年正式获批，这也成为宁夏大学第一个经济学学科门类的一级学科硕士学位授权点。

1999年，我国吹响了西部大开发的号角，MBA 教指委也开始有意识地在西部地区院校布局。基于宁夏大学较早开设工商管理、会计学等本科专业的基础，在时任宁夏大学副校长左理教授、吴海鹰教授等老领导的支持下，何老师和时任经济与管理系书记刘炜带领管理学团队提交了 MBA 专业型硕士学位点的申报书，申请成为全国第四批 MBA 培养院校，并于2003年正式获批了 MBA 专业型硕士学位授权点。直至现在，我依然还记得2003年到宁夏大学读本科报到时，宁夏大学金凤校区红色横幅飘飘，展示获批 MBA 授权点后整个校园喜气洋洋的场景。自此之后，宁夏大学经济管理学院正式拥有了作为“一体”的经济学、工商管理、会计学、信息管理与信息系统、农林经济管理5个本科专业，拥有了由政治经济学所代表的学术型硕士和 MBA 所代表的专业型硕士的“两翼”，“一体两翼”架构正式形成。

我于2003—2010年在宁夏大学求学，本科阶段聆听了篇首已述及的何老师所讲的5讲关于“中国金融体系改革”的内容，最大的感受是何老师的授课既有理论的高度，又有实践的深度，更有历史的厚度，还有诸多个人见解，加之讲课激情澎湃、富有感染力，何老师的课为我们打开了一扇窗。在硕士阶段，何老师培养硕士生的第一项工作是布置了一张包括50多本书的书单，这50多本书是从他读过的200多本书中精挑细选而来的，他信手拈来，讲了一些书的核心观点和阅读注意事项，一再告诫我培养阅读原著习惯的重要性。在碎片化知识泛滥的现代社会，我时不时感佩何老师培养学生读书的必要性。之后，何老师先后为我们讲授了货币金融理论、金融前沿专题和比较金融系统三门课程，分别从理论、现实和横向比较不同维度，旁征博引、深入浅出、如抽丝剥茧般阐明了“金融是一种资源，更是能够配置其他资源的资源”的核心道理。从我们学习的总体效果来看，同门师兄弟普遍反映何老师的授课、讲解与培养夯实了我们货币金融领域的专业基础知识，激发了我们对货币金融领域的兴趣与敬畏之心。更值得一提的是，除我之外，何老师还先后鼓励、支持、推荐艾永梅、王保庆、于洋等多名硕士生考取了中国人民大学、陕西师范大学、清华大学的博士，当我们表达谢意时，何老师总是回复道“这是老师的责任、是老师应该做的”，其“甘为人梯”之育人精神得到直观体现与生动诠释。

记得我2013年博士毕业来宁夏大学就职时，曾向何老师请教做大学老师的奥秘，何老师用坚毅的眼神、坚定的语气告诉我，“站住讲台是第一位的”。2011年3月，何老师任教务处处长后，将激励宁夏大学全体老师更好地“站住讲台”、提高学校本科教学质量，作为重点关注与解决的问题。具体而言，相关改革落实到二级学院，则主要是由“学生评价、教学督导评价、同行评价、教学管理人员评价”构成的“四位一体”课堂教学质量评价及监控体系。后来，我进一步了解到何老师及其团队该项改革的思路是：紧紧抓住教师教学、教学管理、学生学习三个决定教学质量的关键要素，整合学校内部各类教学资源、协调教学过程的各个环节，构成在教学质量上能够实现自我约束、自我激励、自我改进、自我发展的有效运行机制，实现教学工作“全面监控、全程监控、全员监控和闭环监控”。这样的改革背景下在二级学院，有相当一部分老师向排名靠前的老师咨询、请教和学习，也有相当一大部分老师更加重视本科教学，最终达到了激励先进、鞭策后进、激发活力的总体效果。何老师及其团队将上述改革凝练为《以四维为中心的“43321”本科教学质量保障及监控联动机制的构建与实践》，于2017年获宁夏大学第八届教学成果一等奖，获宁夏高等教育教学成果特等奖。

日拱一卒无有尽，功不唐捐终入海。2022年是何老师到宁夏大学任教的第36年，36年间何老师在教学、科研、行政管理等领域均取得了丰硕成果，先后获自治区教学成果特等奖，两次获自治区哲学社会科学优秀成果一等奖，在经济学、管理学学科建设方面经历和主导了从夯基垒台、立柱架梁、落地生根到开花结果的整个过程，在深化学校本科教育教学改革、全面提高人才培养质量方面交上了宁大人的出彩答卷，目前他依然在构建中华民族共同体意识背景下凝心聚力、开创学校统一战线工作的新局面。

谈及未来，何老师言语之间充满了对宁夏大学的热爱，充满了对宁夏大学未来发展的信心。

（编校：张加琦）

作者简介

仇娟东，1986年10月生，经济学博士、副教授，现任宁夏大学经济管理学院副院长。

何文寿

1960年出生于宁夏西吉县，1984年7月本科毕业于西北农学院，1991年7月硕士研究生毕业于西北农业大学，农学硕士学位，中共党员，教授（二级），硕士生导师。历任宁夏大学科技处副处长、农学院院长、社会服务处（科技成果转化中心）处长（主任）、创新创业学院（大学科技园办公室）院长（主任）。获宁夏高等学校优秀教材1部，自治区教育教学成果奖特等奖1项；承担各类科研项目30多项，其中国家级8项、省部级16项。获省部级科技奖8项，其中自治区科技重大贡献奖1项、一等奖1项、二等奖2项、三等奖4项。出版学术专著2部，发表学术论文150余篇，参编全国性教材2部，参编科普读物2部。获宁夏首届职工职业道德“十佳标兵”，自治区五一劳动奖章荣誉称号，自治区“313人才工程”人选，享受自治区政府特殊津贴，自治区高层次人才（C类）。

我与宁大的不解之缘

何文寿

我祖籍甘肃省通渭县，出生在宁夏西吉县。长期从事植物营养学、土壤学的教学、科研与科技服务工作，研究方向为植物营养与施肥、土壤肥力与培肥。1980年9月至1984年7月，我在西北农学院土壤农化系学习，获农学学士学位；1991年8月至1994年7月，在西北农业大学攻读植物营养学研究生，获农学硕士学位。1984年7月至2003年8月，先后任原宁夏农学院、宁夏大学助教、讲师、副教授、教授，1999年被聘为硕士研究生导师，2003年1月至2019年8月，先后担任科技处副处长、农学院院长、社会服务处（科技成果转化中心）处长（主任）、创新创业学院（大学科技园办公室）院长（主任）。

教书育人　匠心履职

多年来，我一直承担本科生和研究生课程的教学任务，先后主讲本科生植物营养学、土壤学、农业资源与环境学科概论、硕士研究生高级植物营养学、农业资源与环境研究专题等课程。牵头组织申报了“农业资源与环境”本科专业、“植物营养学”硕士点，在其建设过程中发挥了带头人作用。牵头组织申报了校级重点学科“植物营养学”，先后主持完成教学改革研究课题2项，主编教材1部，参编国家规划教材《土壤学》。获自治区教育教学成果奖特等奖1项（排名3），宁夏高等学校优秀教材1部（主编）。先后指导毕业硕士研究生70多人；多年来一直坚持带本科生生产实习，指导毕业论文160多人。

潜心科研　服务社会

我先后主持完成各类科研项目30多项，其中国家级8项，省部级16项。获省部级科技奖8项，其中自治区科技重大贡献奖1项（排名4）、一等奖1项（排名1）、二等奖1项（排名5）、中国版协优秀科技图书二等奖1项（排名1）、三等奖4项（2项排名1，1项排名2，1项排名6）。出版学术专著2部，发表学术论文150余篇，其中获省级及以上优秀论文奖13篇，制定地方标准5项。在农田土壤培肥、设施土壤质量提升、盐碱地改良、马铃薯等作物营养与合理施肥等方面有较深入的研究，并做了大量示范推广，取得了良好的经济社会效益。

（1）在农田土壤培肥方面。先后完成4个项目。在理论上探明了宁夏不同农业生态区农田土壤氮磷钾养分的时空变异特征、灌淤土对磷吸附与解吸特性，修订了土壤碱解氮测定方法，制定了宁夏土壤有效氮、磷丰缺指标。在实践上提出了氮、磷肥推荐用量，农田土壤培肥关键技术，示范推广76万亩，增产20~30kg/亩，增收节支0.70亿元。（2）在作物营养与施肥方面。先后完成5个项目。在理论上探明了水稻、糜子、荞麦等作物不同生育期吸收铵、硝态氮的比例，以及小麦、玉米、枸杞等农作物的营养特性。在实践上研发出水稻铵/硝态氮肥分期施用技术、小麦套玉米高产高效施肥技术、枸杞减肥增效优化施肥技术等，示范推广80万亩，氮肥利用率提高12%~18%，增收节支0.60亿元。（3）在设施土壤质量与蔬菜施肥方面。先后完成3个项目。在理论上探明了设施土壤性质的时空变化特点，建立了设施土壤质量定量评价指标体系，为设施土壤持续健康利用提供了科学依据。在实践上研究提出了设施土壤保育与蔬菜施肥关键技术，包括综合培肥保育、控氮增效、防盐与治盐技术等，节约肥料10%~20%，示范推广2万亩，增收节支0.81亿元。（4）在盐碱地改良与施

何文寿教授在马铃薯试验田中

肥方面。先后完成4个项目。在理论上探明了宁夏盐碱地盐分组成特点，修订了土壤盐分组成类型划分标准，得出土壤水溶盐含量与其电导率之间的最优回归关系，为快速准确测定土壤水溶盐含量提供了科学依据。在实践上研发出不同类型盐碱地改良培肥与作物平衡施肥技术，示范推广10万亩，增收节支0.51亿元。（5）在旱作耕地质量提升与作物施肥方面，先后完成3个项目。在理论上研究了旱作耕地土壤水分、养分的变化特点，提出了旱作条件下土壤养分指标体系，建立了旱作耕地退化修复技术体系。在实践上集成旱作耕地土壤质量提升与作物施肥关键技术，包括覆膜保墒、增施有机肥料、水肥耦合等关键技术，示范推广50万亩，增产11.0%~23.4%，增收节支0.82亿元。（6）在春小麦营养与施肥方面，先后完成3个项目。在理论上探明了春小麦不同生育期吸收氮磷钾养分的数量及比例、养分效率的基因型差异，筛选出一批养分高效基因型，为春小麦合理施肥、养分高效育种提供了创新的理论依据。在实践上研发出产量、蛋白质和氮肥效率同步兼优的施肥调控技术，为

改变传统的“产量型施肥”向“产量品质效益型施肥”转变提供了创新的技术支持，示范推广42万亩，氮肥利用率提高18%，增收节支0.36亿元。（7）在向日葵营养与施肥方面。先后完成3个项目。在理论上探明了向日葵不同生育期不同器官养分吸收运转分布的特点，得出向日葵单位经济产量所需氮磷钾养分数量，为配方施肥提供了施肥参数。在实践上提出不同类型盐碱地向日葵高效施肥关键技术，示范推广19万亩，肥料利用率提高15%~20%，增产8.90%~29.80%，增收节支0.25亿元。（8）在马铃薯营养与施肥方面，先后主持4个项目。在理论上查清了宁夏马铃薯种植基地土壤养分丰缺状况，探明了旱作马铃薯养分吸收特点，为马铃薯配方施肥提供了科学依据。在实践上提出旱作马铃薯高产优质高效精准施肥技术，在宁南山区示范推广45万亩，水肥利用效率提高15%~20%，增产13.0%~30.3%，增收节支2.19亿元。（9）在油菜种植加工综合利用方面，先后主持3个项目。在理论上探明了油菜植株营养特点，研究得出油菜既可作绿肥培肥土壤又可作优质饲料饲喂家畜，还具有耐盐碱耐旱耐瘠薄的特点，为油菜综合利用提供了理论依据。在实践上引选出一批适宜宁夏种植的绿肥、饲料、观赏油菜品种，将绿肥（饲料）油菜种植引入宁夏引黄灌区稻、麦田轮作制度，提出了油菜种植与翻压培肥土壤的绿色关键技术，示范推广19.58万亩，鲜草产量4~6吨/亩，后茬作物（水稻，小麦）平均增产6.5%~10.2%，增收节支1.68亿元。

多年来，我积极主动开展科研成果示范推广、技术指导、咨询、培训等科技服务活动，先后示范推广土壤培肥与作物施肥等关键技术成果10余项，累计343.58万亩，培训农民与农技人员近3万人次，增收节支总额7.92亿元。还参加了自治区各类专家服务团技术服务活动，2010年被自治区党委评为自治区第三批专家服务团优秀专家，连续3年被海原县评为优秀科技扶贫指导员。

尽职尽责　开拓创新

我在做好教学、科研与社会服务工作的同时，还承担了一些管理工作，尽职履责。2003年1月至2010年6月，我在学校科技处从事科研管理工作，当时学校正处在“211工程”三期高校建设行列和教学研究型大学的转型时期，在分管校长和处长的领导下，在项目策划、组织申报、过程管理、促进成果产出等方面，付出了大量心血。

农学院行政管理工作：2010年6月至2016年5月，担任农学院院长，班子团结、创新、实干，带头凝练出“学科创品牌、教学提水平、科研上层次、服务见效益、管理出成果、交流国际化”的学院发展思路，并逐项落实。在学科专业方面，主抓“211工程”重点学科和创新团队建设、一级学科博士点和硕士点的申报工作，获批4个校级重点学科、3个自治区特色优势学科，重点建设了3个国家级特色专业和自治区优势特色专业，在2015年学校本科专业评估中5个专业获得优秀。在师资队伍方面，引进及培养博士42人，新增2个自治区级科技创新团队和教学团队，组建13个优势特色农业科技服务专家团队。在人才培养方面，实施了新生生活导师制和班主任制管理、本科“3+1”人才培养模式，组织申报获批教育部卓越农林人才培养计划项目，新增2个一级学科博士点、5个一级学科硕士点。在科研方面，重点抓科研总量与质量提升，学院获批国家级及区级科研项目、科技成果奖励数显著增加，新增3个区级科技创新平台，新增3个院士工作站，1个博士后流动站。在科技服务方面，学院首创“带团队、带项目、带成果和进园区、进基地、进企业”即“三带三进”服务地方新模式，成果示范推广150多万亩，培训各类人员17000余名。任职期间，在大家的共同努力下，农学院获得多项荣誉，连续5年被评为学校精神文明建设先进单位、社会治安综合治理达标先进单位、年度考核“优秀”等次，并获得“宁夏大学师德建设先进集体”

称号、宁夏大学服务地方贡献奖、自治区高等学校质量工程先进集体、自治区教育先进集体，“910”教育先进单位、全国教育系统先进集体。

2016年5月至2017年4月，我担任社会服务处（科技成果转化中心）处长（主任）期间，组织完成了《宁夏大学促进科技成果转化办法》等3个校发文件的起草工作，在横向合作项目、成果转化、校企合作等方面做了努力，特别是横向合作项目经费与申报专利数实现新突破。

2017年4月至2019年8月，担任创新创业学院院长（大学科技园办公室主任）。其间，组织制定了宁夏大学深化创新创业教育改革实施方案，完善了创新创业人才培养体系，取得了很好的效果，先后获得各级各类学科和创新创业竞赛奖项500余项，涌现出一批品牌学生创新团队。申报并获批三块金字招牌：全国创新创业典型经验高校（50强）、深化创新创业教育改革示范高校（100强）、全国高校实践育人创新创业基地（50强）；加入全国高校创新创业教育联盟等三个双创联盟。2018年本科教学工作审核评估中，学校将创新创业教育作为“6+1”的特色项目，得到了评估组的充分肯定。2018年组织遴选推荐60名科技扶贫指导员，入驻自治区60个深度贫困村，有力地支持了自治区脱贫攻坚科技扶贫工作。

扎根大地　硕果累累

从教38年来，我爱岗敬业，为人师表，开拓创新，务实工作，在人才培养、科学研究、社会服务与管理等方面做出了努力，在各级领导与同事们的大力支持与帮助下取得了一点成绩。个人获得了多项荣誉，先后多次获得校级优秀教师、优秀共产党员、先进个人、优秀科技工作者、优秀指导教师、年度考核优秀等，获自治区五一劳动奖章、全区首届职工职业道德“十佳标兵”、自治区第三批专家服务团优秀专家、自治区“313人才工程”人选、获自治区政府特殊津贴，自治区高层次人才（C类）。

我先后兼任中国土壤学会理事、中国植物营养与肥料学会理事、全国大学生创新创业实践联盟理事会常务理事、泛西北地区大学科技园联盟副理事长、宁夏土壤学会副理事长、宁夏农学会理事、《农业科学研究》编委、自治区专家服务团成员、宁夏测土配方施肥推广行动专家组成员、自治区科技扶贫指导员等。

大地上的守望者

——记土壤与植物营养学专家何文寿教授

李欣宜

有人怀抱梦想仰望星空，选择追求远方；有人立足大地守望黄土，只为老百姓的日子越来越好。

他，既仰望星空又守望大地；心里时刻都装着人民，一生与黄土打交道。

他，沉默不言忠诚实干，与这片深深挚爱的土地融为了一体。

他，以脚踏实地的执着和坚守回报这片土地。

他就是土壤与植物营养学专家何文寿教授。

诲人不倦的教师

1984年，24岁的何文寿从西北农学院毕业后，来到了原宁夏农学院，从此，开始了他在宁夏这块沃土上默默耕耘的人生。

1991年，何文寿担任土壤肥料教研室副主任，已经完成本科学业的他始终没有放弃提升自己以更好地进行教学的自我要求，继续在西北农业大学资源与环境科学系攻读硕士，1994年获得植物营养与施肥专业硕士学位。1999年，本科教学与科研工作繁忙的何文寿开始培养研究生。“我是一名老师，首先要做好的就是作为一名老师的本职工作。”何文寿这样说。无论管理工作多么繁忙，何文寿始终坚守在教学一线，默默耕耘直到退休。

“致天下之治者在人才，成天下之才者在教化。”“我希望我的学生都能够独立发现问题、分析问题、解决问题。”何文寿老师在教学过程中十分重视培养学生的实践意识，在实地考察中，他提前制定了实习内容、路线及严格的实习纪律要求，在实习过程中通俗易懂地介绍实习点内容，并反复展示，他一丝不苟的工作态度给同学们留下了深刻的印象。学生们在毕业多年后再次见到何文寿老师时，都不禁感叹道：“多亏了老师当年要求我们全方位锻炼，到单位后工作才容易上手，遇到难题才能想办法自己解决。”

师者，所以传道授业解惑也。教育学生，不仅要教给他们过硬的专业知识，在个人品德修养方面更要进行潜移默化、言传身教的正确引导。在从事教学的38年里，何文寿将传授知识和重视品德相结合，尽到一个老师应有的职责。凡是他指导过的实习本科生、研究生，个个都品学兼优，在不同的工作单位表现突出，已成为单位领导、技术骨干或学术带头人，获各类表彰者比比皆是。

何文寿教授（中）与学生合影

学生的评价是最好的试金石。“人之儿女，己之儿女。”何文寿将这句话牢牢记在心里，他把所有学生都当作自己的孩子一样看待。学生王晓军、陈萍说："何文寿先生十分关心我们的生活和工作，哪怕现在已经退休，也会经常来电话询问我们的工作和生活。"何文寿的教学生涯中，给予过许多学生帮助，面对经济困难的学生，他二话不说，自掏腰包，帮助其完成学业，或在科研试验中给予科研补助，既能够解决学生的经济问题，又能够让其在试验中获得成长。这些事情，他一做就是一辈子，从未向他人言明，甚至自己的家人也没有告诉过。

践行初心的学者

何文寿兼任多种社会职务，作为一名在植物营养学、土壤学、农业资源与环境研究颇有建树的专家，立足实际，脚踏实地一直是他奉行的准则。

"才须学也，非学无以广才。"何文寿深知学以致用，在实践中增长才干的道理。在刚参加工作的那几年，他几乎跑遍了整个宁夏。土壤与植物营养研究必须与当地农业生产实际紧密结合，否则就是"空对空"，何文寿始终秉持这样的理念，他经常自费坐车到宁夏各市县进行土壤、施肥、作物种植等方面的调研，刚开始是骑着自行车在学校附近进行考察，后来逐渐跑遍了宁夏的各个市县。20世纪80年代区内交通不便，部分山区甚至没有通车，有时下一次乡需要好几天，何文寿努力克服一切不利条件，用他的脚步丈量了宁夏的各个市县，考察笔记就做了十几本。

1997年，何文寿获批第一个国家自然科学基金项目"宁夏小麦NPK营养效率的基因型差异及其机理研究"时，收集了100多个小麦基因型材料，需要在温室开展盆栽试验筛选高效基因型，可农学院唯一的简易温室被育种老师长期使用，没有实验条件。于是，怀着满腔的热血和不怕困难的精神，何文寿在简易温室旁找了一块几十平方米的地方，用架子车运来几车农田土壤，搭上塑料布，又跑遍整个银川市买来300多个塑料盆钵作为试验盆钵，他的试验基地就这样落成了。就在这样没有条件创造条件的环境下，何文寿完成了他的第一项国家自然科学基金项目。当回忆起这件事的时候，何老师的脸上带着兴奋的表情，好像又回到了那个时候，他说道："我记得那时候小麦长势喜人，许多人驻足围观！""没有条件创造条件"，秉持着这样的理念，何文寿完成了四个国家自然科学基金项目。

"讲之功有限，习之功无已。"如何将理论研究和实际生产结合起来，一直是何文寿最为看重的部分。他认为农业科学的研究不应该局限于实验室和试验田，而应该与当下农业的生产实践紧密结合在一起，将试验成果转化为生产力，这才是科学研究应有的价值。他先后承担大大小小各类科研项目30多项，其中国家级8项，省部级16项，涉及土壤和肥料的各个研究领域，其中许多技术都进行了大量示范推广，促进了宁夏农业的发展，取得了良好的经济、社会效益。

除此之外，何文寿作为《农业科学研究》的编委，25年里一直尽心尽力地为刊物的发展做出自己的贡献。何文寿回忆，有一段时间高质量稿源一直不够充足，他对此十分着急。2011年，何文寿撰写的一篇曾获自治区科技进步奖一等奖科研成果的综述文章，本想投递国内期刊，但考虑《农业科学研究》需要高质量的稿源，而自己作为编委应起到带头作用，他将这篇文章刊发在了这本刊物上。发表后这篇文章被高频次引用，也为这本刊物吸引了更多的高质量稿件。"这本刊物我也做了一点贡献，希望它越来越好。"何文寿如是说。

忠诚使命的管理者

2005年1月，已经被评为教授的何文寿被学校任命为科技处副处长。当时宁夏大学正处在"211工程"三期高校建设行列和教学研究

何文寿教授（中）在工作中

型大学的转型时期，在这一过程中，科研水平是一个十分重要的评判标准。承担国家自然科学基金项目被认为是一个学校科研创新能力的重要指标，何文寿深知这一点，也在一直为提高学校的国基金承担项目数量而努力。2002年宁夏大学仅获批2项国家自然科学基金项目，经费22万元；到了2010年，数量达到37项，经费917万元。何文寿作为基金项目管理者之一付出的心血可见一斑。

“志行万里者，不中道而辍足。”因为表现优异，工作成绩突出，2010年6月，何文寿被任命为宁夏大学农学院院长。他秉持着“学科创品牌、教学提水平、科研上层次、服务见效益、管理出成果、交流国际化”的理念和精神，将工作按部就班地推进。在他的带领下，农学院的师资力量、学生管理等都有了长足的进步。在科研方面，重点抓了科研总量与质量，区级以上科研项目、经费、成果数显著增加。在何文寿工作的六年时间内，农学院曾获评全国教育系统先进集体荣誉称号。面对荣誉，何文寿认为：“这是全院师生共同努力的结果，不是我作为院长一个人取得的，我只是其中的一个参与者而已。”

2017年，何文寿被学校任命为创新创业学院院长。创新创业学院是个综合部门，工作板块多，且好多工作是开创性的，任务繁重而艰巨，但何文寿迎难而上，尽心尽力地做好自己的工作。在他任职期间，先后制定实施了深化创新创业教育改革实施方案，完善了人才培养体系，狠抓各类大创项目与团队建设、课程建设、双创导师培训等工作，成效显著。宁夏大学创新创业工作取得了巨大进展，短短几年拿到了三块“金字”招牌，成果转化与新农院示范基地建设也在持续推进中，支持了宁夏回族自治区的脱贫攻坚工作，获得了社会和政府对宁夏大学的广泛好评。

“人间少平地，森耸山岳多。”何文寿痴迷“三农”，他用豁达的胸襟将生命浓缩成一首诗，在不朽的岁月中不断吟讴；他用达观的态度将人生谱写成一首歌，在宁大发展的长河中不断发出嘹亮的声响。

（编校：王斌）

作者简介

李欣宜，女，2002年生，湖北宜昌人，共青团团员。宁夏大学人文学院2020级汉语言文学本科生，2021年度宁夏大学优秀学生干部。

我的导师何文寿先生

王晓军　陈　萍

撰写关于导师何文寿先生的回忆性文章，心中既忐忑又兴奋，忐忑的是因为我的只言片语无法完整地描述先生对我的教育，兴奋的是我可以重温先生对我的教诲以及点滴。

和先生第一次正式见面在14年前，还记得接到学长的电话说先生要和新入学的研究生见面，之后就在师兄师姐那打听并上网查询先生的相关研究，打印了厚厚一沓，为的是能给先生留下好的第一印象。8月14日下午，在一间干净整洁的办公室里我见到了人生启蒙恩师——何文寿先生。见面之后，先生见我怀里抱着一沓厚厚的书稿，疑惑地问："你带的这是什么？""这是我搜集整理的您的研究成果"，我略带紧张地回答道。先生微笑着说，"对不起，今年太忙了，太忙了，应该早点和你见面的。"是啊，先生在忙于教学、忙于科研、忙于为农学院的发展和学院的未来牵线搭桥……望着桌面上厚厚的文件，我的心情有点不安，责怪自己太过于莽撞，不应该在今天来打扰先生。先生看出了我的自责，理解了我的心情，忙说："没必要准备这么隆重的，没关系的，请坐吧。"

先生首先问我的住宿安顿好了吗，生活上有没有困难，一下子让我感觉我们之间的距离拉近了好多，心情也随之放松了许多，这种亲切的关怀打消了我的紧张和顾虑。紧接着，先生和我谈起了他的科研情结与教学之路。他说，自从进入宁夏大学农学院，他每天几乎都是忙于教学工作和科研工作；二十多年来，自己带着一份责任给学生上好每一节课，备好每一章教案，做好每一次实验；二十多年来，凭着对养育了宁夏回汉儿女这片土地的热爱，他从未因自己的事而耽搁教学，从未旷过一次课。“后来由于学校科研工作的需要，我离开了农学院，离开了我热爱的岗位，调到了科技处……”先生慢慢地说。在科技处他又担起了学校科研管理工作的重任，在这里又开辟了一片新的天地，尽管换了新的环境，接受了新的工作任务，但还是以极高的信心和极大的热情投入到了工作当中。

何文寿教授（右一）给学生授课

先生说，回想过去，至今还能想起学生们上课时那一双双渴求知识的眼睛，那眼神仿佛还停留在昨天，说到这里，先生的声音有些发涩……短暂的沉默之后，先生笑着说：“过去孔子有学生三千，今天我的学生遍布在宁夏各个农业岗位，每到一处讲学，总有我的学生登门请教，我感到无比满足与自豪。”

在闲聊当中，我随手拿起一本装订好的书翻看，先生说，这是他承担的国家科技支撑项目的一个课题资料，在这个项目中，他所研究的不同类型盐碱地改良剂与测土配方技术得到了前所未有的提高，对改良我区222万亩盐碱地发挥了重要作用，经过施用他研制的专用盐碱地改良剂配方肥料与其他相应配套技术，我区银北盐碱荒地亩增产22.3%，亩均总产量达到380公斤以上，从此我区也将告别盐碱滩地有碱盐无粮食的局面，打破了重度、中度盐碱荒地不能产粮的传说，给全区的农民朋友带来了希望。

先生干工作很认真，对我们的学业要求也很严格，甚至可以说很苛刻。记得先生所主持的“宁夏设施栽培土壤质量时空变化研究”获得自治区科技一等奖时的情景，当时先生为了撰写研究报告几乎是“5+2、白 + 黑”，先生组织我们进行校对、审稿，一个字一个字地盯，乃至一个标点符号都要严格要求，当谈及获奖感言时，先生却说这是我们全体课题组成员共同努力的结果。但是，我知道这是先生先后历时10余年分别对宁夏12个县、市、乡系统调查的基础上形成的成果，测试设施土壤养分时空变化，设施土壤次生盐渍化，土传病害，连作障碍时的产量以及设施土壤质量的整体性变化特点等60多个土壤物理和化学性质指标，先生先后进行了大量试验，获得了30多万条有效数据，这每一项数据都融进了先生的心血。针对设施土壤出现的问题，他首次提出了35个定量评价指标及其分级标准，在国内首次系统研究了宁夏设施土壤质量时空演变规律和特点，为设施土壤持续健康利用与设施农业提质增效提供了科学依据。课题实施期间，共计发放《设施土壤管理与施肥技术》1万多册，举办各种大中型培训会多次，先后培训农民21500多人，研制并推广应用腐殖酸复混肥3.6万吨，改善了设施土壤质量，在主要设施基地推广应用，产生的直接经济效益达8100多万元，取得了突出的应用效果和示范效用，他经过近十年的科学研究，提出和规范了提升设施土壤质量的八项关键技术，为我区设施农业发展提供了强有力的科技支撑，将科学研究做到了农民的炕头，种进了农民朋友的心田。

由于先生研究面较宽，研究区域较广，试验监测点较多，有好多试验田机动车根本到不了，即使是在这样艰苦的科研试验环境中，先生仍然长期奔走在田间地头，奔走于“理论——实践——理论”之间，无论春夏秋冬，他背着干粮带着水壶，与农民朋友同吃同住，早出晚归，披星戴月。为了测得一组可靠的数据，先生亲自下地；为了能让我们快速成长，进入试验，先生手把手地教，一次不行两次，两次不行三次、四次……直到我们完全掌握工作技巧和试验方法，我明白，先生这样做的目的是让取得的试验数据更加准确、更加可靠。

先生对待工作严谨，对我们的生活方面也很关心，时不时地会询问我们工作或生活方面有什么困难，并竭尽全力给予我们帮助。师恩如父，这是我想对先生说的肺腑之言。如今先生已退休，本应享受天伦之乐，但是他对科研工作的执着和热情并未减少，时常询问我们工作和科研方面的事情，电话指导、视频教学。我也更加明白，先生没有退休，只是工作的方式和方法转变了而已。每次见到先生，望着他瘦削的脸庞，我更加懂得，这是一颗农业科研人的执着之心所致。先生今天的成就，是一次次的试验验证、一遍遍的数据校对、一堆堆的资料编写换来的。总之，这所有的一切归根于先生的无私付出……是的，伟大的成就需要非常的付出，有哲人说过，雪白的纸片上容易画出最漂亮的图画。我认为也是如此，先生必将以今日的成就为起点，擦去上面最美的画卷，为今后宁夏农业的发展描绘出更加漂亮的蓝图。

习近平总书记多次在不同场合，谈及科研人员要发扬“三牛”精神。今天，当我走上工作岗位以后，才真正理解总书记教诲的内涵，也真正体味了先生当年从事教学和科研工作的艰辛与不易，是先生教会让我怎样做人、怎样做学问、怎样做科研。我暗暗发誓，今生定当以先生锲而不舍的学术精神为指引，发扬不怕吃苦、不畏艰难的忘我精神，持之以恒担当新使命，奋力展现当代农业人的新作为，为宁夏农业高质量发展贡献自己的力量。

（编校：王斌）

作者简介

王晓军，回族，1983年生，研究生学历，助理研究员，2012年进入宁夏农林科学院固原分院工作。主要从事旱作农业土壤肥料方面的研究工作。

陈萍，女，1984年生，研究生学历，高级农艺师。2010年就职于宁夏农垦农林牧技术推广服务中心。主要从事农业新技术的研究与示范推广工作。

何建国

回族，1960年2月生，山东济宁人。中共党员，教授，硕士、博士研究生导师，研究方向为食品机械及自动化控制、农产品无损检测。1982年本科毕业于宁夏大学物理系，1988年硕士毕业于北京航空航天大学飞行器设计与应用力学专业。曾任宁夏大学校长，兼任《食品与机械》杂志特约编委、《宁夏工程技术》主编等。主持完成国家科技支撑计划课题，国家自然科学基金、国家农业成果转化项目、宁夏回族自治区重点研发计划重大项目等10余项，完成企业技术革新项目10余项。发表论文100余篇，获授权专利2项。国家“百千万人才工程第三层次人选”，国家有突出贡献中青年专家，国家科学技术奖励评审专家，享受国务院政府特殊津贴。获国家教委，国务院学位委员会联合授予的“做出突出贡献的中国硕士学位获得者”称号、中华全国总工会、国家计划委员会联合授予的“全国合理化建议和技术改造积极分子”称号、国家科委和陕西省人民政府颁发“首届杨陵农科城技术成果后稷金像奖”“1996年北京国际发明博览会银奖”、1997年香港柏宁顿（中国）教育基金会“孺子牛金球奖”、团中央“第五届中国优秀青年科技创新奖”、“宁夏回族自治区科技进步一、二等奖”、教育部高等学校科学研究优秀成果二等奖、广东省科技进步奖一等奖，第五届“高等学校科学研究优秀成果奖（人文社会科学）”经济学类三等奖等。作为自治区“特色农产品保鲜加工”创新团队带头人，坚持围绕食品产业发展的需求，将食品科学、自动化控制与光学无损检测有机结合，系统建立了基于高光谱成像技术的红枣内部虫害及隐性损伤无损检测方法，揭示了果蔬采后光谱特征变化的光学机理；对引进意大利空罐生产线进行重大技术改造，创造经济效益数百万元；对意大利番茄酱生产线自动控制系统进行升级，为企业节约资金百万余元；研制了红枣计算机图像处理快速无损检测自动分级机、日光温室除湿系统及全自动液体灌装机等农产品加工自动化装备，有效解决了我区食品生产过程中相关技术问题。

宁夏大学是我一生的牵挂

何建国

我在宁夏大学学习、工作40余年，在校长岗位上工作14年，确实经历了不少事，有不少的回忆，许多事真是“刻骨铭心”。但静下心来，提笔来写的时候，想说的太多、想写的也不少，却不知从何谈起。

我在宁夏大学求学和工作了整整43年。1978年我进入宁夏大学学习，毕业之后到原宁夏农学院工作，43年间没有离开过学校。2007年3月担任宁夏大学党委副书记、校长，前后有14年时间。宁夏大学培养了我、鞭策了我、成就了我。我热爱宁夏大学、感恩宁夏大学，对宁夏大学的一砖一瓦、一草一木都充满着无限的感情。毫无保留地为宁夏大学奉献，是我的志向；倾情用心地为宁夏大学师生做一些实事，是我的追求。宁夏大学记录了我最充实、最感到快乐的时光，留下了我最宝贵、最值得珍藏的记忆，沉淀了我最深沉、最值得回味的感情。在我心中，宁夏大学是一生的情缘，是永远的眷恋，是不变的挚爱！

一路走来，有辛酸、有委屈、有艰辛，但更有收获。担任校长的14年时间里，没有一个晚上关过手机。“铁打的营盘流水的兵，永恒的事业往来的人。”从卸任开始，我的生活有了新的转折。此时此刻，我的内心充满着无限的感谢与感恩，无比的欣喜与欣慰，无尽的祝福

何建国教授在毕业答辩会上发言

与祝愿。

此时回想，最感恩的是组织的信任。我从一名普通教师，逐步走上管理岗位，最后担任宁夏大学党委副书记、校长。我的心里始终铭记是党培养了我，是组织给予了我干事创业的平台。作为与自治区同龄和自治区唯一的一所综合性大学，宁夏大学在地方经济社会发展中起着十分重要的作用，全区上下对学校的要求和期望很高。把这所大学办好，是一份沉甸甸的责任，也是一种义不容辞的使命。受地域等多因素影响，学校基础弱、底子薄，各方面条件与中东部高校相比都处于劣势。面对发展的实际和很高的期望，加快推进学校跨越发展是我们的必然选择。在推动学校发展的过程中，我坚持，办教育就是办良心；我坚持，办教育需要较大的资金投入，也需要长线的投入，但其效益的显现是个长期的过程，要遵循教育规律；我坚持，推动学校改革、促进学校建设，就像是“挖井”的过程，需要保持定力、坚定信心、找准点位、持续深挖，这样才能有所突破。我们的基础、条件等实际决定了一味搞“高大上”力不从心，要实现“面上开花”困难较大，为此，学校注重从校情出发，突出内涵发展与精准建设，坚持抢抓任何一个机遇，坚持“点上突破”，力求踩实每一步，走好每一步，每年都有新进步。正是有组织的信任，让我们有放手一搏的空间，让我们有厚积薄发的时间，才能有宁夏大学今天的发展。

此时回想，最不舍的是师生的关爱。师生是学校的根本。我一直在倡导，多点尊重学者、尊重学生，少点敬畏行政、敬畏权力。把老师发展好，把学生培养好，这始终是我的初心。师生们对我的关爱、理解和支持，也始终是激励我前行的力量。14年来，我迎来了14届新同学，送走了15届毕业生。我经常讲，尽管宁夏大学地处西部，尽管我们发展的任务更重，尽管我们的资源等长期匮乏，但当一个孩子历经千辛万苦，甚至跨越千山万水来到学校，这不仅仅意味着学校多了一个人，而是将一个学生、家庭和社会的“未来”托付给了学校，需要用“良心”承担起这份“千钧重担”。一直以来，我们坚持将“人才培养”作为学校的“无限责任”和“元”任务，将为社会输送一批合格人才作为学校对社会的最大贡献和终极服务，我们采取一系列举措，努力提高人才培养质量和学生的能力与潜力。学校的本科教学工作得到了教育部评估专家组的高度肯定。评估专家组组长在与我谈话中提到，“在国内顶尖大学也听过好多次课，这次听了四位宁夏大学老师的课，没有感觉到有什么差别。”还有一位评估专家指出，“宁大干得比说的好、做得比写的好、实际比传闻的好。”我也清晰地记得，在很长一段时间里，每当有博士要来找我时，我的脑海中第一反应是这个博士是不是又要提出调离，这确实是我们人才队伍建设压力之大的现实反映。多年来，我经常性地走到老师中间，与他们聊聊天、鼓鼓劲、加加油，解决一些问题，甚至听听他们的怨言、牢骚，成了我工作的一部分。为了建设一支过硬的教师队伍，我们一直坚持把人才作为第一资源，把人才战略作为第一战略，“稳”“引”“育”协同推进，实施了一系列举措，积极营造干事创业的人才工作软环境，努力让每一位人才到宁夏大学都能找到梦想的舞台、事业的平台、生活的港湾，安心、顺心、暖心、放心地工作，让人才根系更加发达，一茬接一茬茁壮成长。经过不懈努力，学校的人才队伍建设工作发生积极变化，具有博士学位的教师达到了816名，占据了自治区博士总量的近一半，入选国家级、省部级人才工程和人才项目320人次。我也深刻地记得，无论是面对曾经资金不足的困境，还是两次教学评估、两次校庆、综合改革等硬骨头，新冠肺炎疫情等一些突发事件，全体师生都顾全大局，服从全局，毫无怨言。许多老同志也积极帮助、指导和支持。我们共同经历了一段又一段难忘的岁月，在奋斗中建立起了珍贵的友谊，学校的事业也在大家的共同努力中取得新的进展。

此时回想，最难忘的是拼搏的过往。事非经过不知难。多年来，走在校园中，看到工人师傅们在护养草木，我经常会感慨，在西部，要让这些花木茁壮成长，需要浇的水、需要付出的心血肯定要更多。我也联想到在西部办学，加倍的努力和超常规的付出是必然的。作为一所西部地区的高校，宁夏大学在办学的道路上面临的各种现实困难更大，需要的付出和努力也更多。这种困难不仅有“硬”的需求、也有“软”的欠缺，既有“基础薄弱”的现实、也有“赶超发展”的压力。“211工程”“双一流”“部区合建”“省部共建国家重点实验室”从立项到建设，教学评估顺利通过、校庆圆满举办、专业认证实现突破、民生事业不断改善，这一切都是拼过来的，都是奋斗出来的。多年来，我也经常性地走到学生宿舍、教室、实验室，甚至是厕所，了解师生的心声、基层的关切，启动了“宿舍革命”“厕所大整治”，实施了怀远校区和文萃校区休闲文化广场建设、健身步道建设、体育场馆和体育设施完善、金波湖治理、供暖系统改造、智慧教室改造等几百项小型建设和维修改造项目，每个项目实施过程中，我几乎都去看几次，有的甚至是十几次，因为我觉得坐在办公室听汇报、搞管理，有时不如花点时间到现场多看一眼，这些事看似是小事，但确实需要用心、上心、操心，现在，在大家的共同努力下，学校校园面貌和学习生活环境大为改观。学校曾经有一段时间办学经费极度困难，经过艰苦努力，自治区在财力有限的情况下，最大限度地帮助我们化解债务，使得学校最近几年能轻装上阵。按照自治区的部署和要求，在推进中卫校区建设的那段时间里，下班后奔波在去中卫的路上似乎成为常态，目前，中卫校区各项工作有了新的起色。由于受专业技术职务职数和绩效额度总量的限制，专业技术职务能评不能聘，并且越积越难解开，几乎成为死循环。甚至有一年，我们本身不高的绩效工资只能发放半年时间。面对这些困难，我深感压力巨大，好在这两件涉及教职员工切身利益的大事在校党委的领导下，不仅有效地解决，而且提高了教职工的收入。困难何止这些？但幸运的是有一届又一届班子成员、各级干部和广大师生员工的鼎力支持、团结互助，大家风雨同舟、攻坚克难、干事创业，突破了一个又一个困难，成功应对了一个又一个挑战。

此时回想，最欣慰的是学校的发展。所有的付出都有收获，所有的努力都有回报。通过抢抓机遇、铆足干劲、奋力追赶，宁夏大学诸多领域都有了大的发展、大的跃升，在一些领域实现了多年的夙愿、取得了新的突破，构建起了“博士—硕士—本科”完整的人才培养体系，“国家—自治区—学校”三级重点学科体系，“国家—自治区—学校”三级创新平台体系。2008年，进入国家“211工程”重点建设高校行列；2012年，成为“中西部高校综合实力提升工程”入选高校；2017年，入选国家“一流学科”建设高校；2017年，获批建设了宁夏第一个省部共建国家重点实验室；2018年，成为“部区合建”高校。2021年，工程教育和师范类专业认证实现突破。学校年均科研经费增长15%以上。与阿联酋迪拜大学合作建立了海湾地区第一所孔子学院。国有资产总值达到28亿元。自治区将原宁夏财校校园划转宁夏大学。

“未来教室”等一批项目正在积极推进。特别是宁夏大学始终扎根宁夏、汲取宁夏大地养分、服务宁夏发展，在发展的过程中，建设形成了独特的沙枣树品格，这种精神已经融入每一个宁大人的血脉之中。如今，宁夏大学正在成为塞上江南的璀璨明珠、西部边陲的人才摇篮。

当前，宁夏大学正处于千载难逢的历史机遇期，各项事业发展势头和发展状态很好，正在意气风发地向西部一流大学建设目标迈进。但实事求是地讲，我们与建设一流大学的要求相比，差距还很大，未来建设发展的任务十分艰巨，困难和挑战依然很多。但我坚信，在习近平新时代中国特色社会主义思想的指引下，在教育部、自治区党委和政府的正确领导以及各有关部门的大力支持下，在新一届班子的带领下，全校上下团结一心，携手奋进，宁夏大学一定会越办越好。

回望这一路走来，所有的辛苦都成了我人生的美好回忆，所有的奋斗成了我人生的宝贵财富。14年来，我始终在利用学校和校长这个平台用心“经营学校”，没有通过学校和校长这个平台“经营自己”。当然，由于受个人能力、水平限制，一些工作还有缺憾、有遗憾，希望大家予以理解、谅解。不过，好在有一代又一代的宁大人在接续奋斗，宁夏大学的无限的事业，一定会更加兴旺发达。我永远是宁夏大学的一员，是宁夏大学的一分子，我将始终关心、关注和支持宁夏大学的建设发展，我的心永远和大家在一起。

真诚祝福每一位宁大人一切顺利！衷心祝愿我们共同的宁夏大学明天更加辉煌！

撑起一片绿荫

刘　娇

不远万里，奔赴宁夏，在这片黄土地中，何建国寻找落脚之处，自此扎根、繁叶，最终为宁大学子撑起一片阴凉。

初见何建国校长时，是在2019届本科生的开学典礼上，他身穿白衬衣，在发言台上站得笔直如松，岁月在他的脸上留下了沧桑的痕迹，又将他眼睛打磨得更加炯炯有神，他浑厚深沉的声音在整个活动大厅回荡，“同学们，昨天怎么样已经不再重要，重要的是今天和明天你将会怎么样。”

对于宁大来说，不仅仅是何建国的今天和明天重要，他的昨天和前天都是弥足珍贵的。

前天，扎根

1978年，何建国怀揣着对知识的渴望，来到了宁夏大学，开启了求学路上的新里程。1982年，何建国以优异的成绩从宁大毕业，毕业之后他并没有返回家乡，而是选择扎根宁夏，留于宁大。自此，何建国开始了他在宁夏大学的前天。

刚刚留校任教的时候，当年的条件非常艰苦，和今天相比，可以

何建国教授（右三）与日本专家交流技术问题

说是天壤之别。当时的实验室设备少之又少，图书馆藏书十分有限、食堂的饭菜品种单一，信息化更是无从谈起，就连上课要用的仪器设备，都得老师们自己动手制作。和现在相比，那时学生们的娱乐生活枯燥乏味，周末能看上一场电影是很值得兴奋的一件事。

“学校当时的硬件确实有限。但是，现在回想起来，尽管环境和条件艰苦，但老师们干劲十足，同学们很刻苦。”即使那段岁月已经过去很多年，但是学生强烈的求知欲望，给何建国留下了深刻的印象。课堂上、课间同学们喜欢发问，如果老师备课不充分、不扎实，很难应对学生的频频提问。他们要努力掌握书本背后的书本、知识背后的知识，这样一来，逼着老师也要做充分的准备，“教学相长”的理念确实得到充分的体现。

何建国热爱讲台，喜欢跟学生们在一起，他认为师生之间，最好的状态是亦师亦友，要把学生当作自己的孩子，去传播爱的力量。老师要以自己的思想感染学生，以自己的人格匡正学生，以自己的魅力改变学生，以自己的坚持鼓舞学生。没有爱就没有教育，要用爱培育爱、激发爱、传播爱，通过真情、真心、真诚拉近同学生的距离，尊重学生、理解学生、宽容学生。

在教书育人的二十几年期间，何建国一直坚信，如果教师自己无法充分理解掌握书本知识，拥有丰富的实践经验，是无法给学生讲解清晰的。因此，除了日常教学外，何建国一直在科学研究的山峰上不断攀登。

无论是教学期间，还是在管理岗位上工作时，何建国从来没有放弃过科研。于他而言，科研工作是一项十分艰苦的工作，需要有耐得住寂寞、坐得住冷板凳的精神。取得一项科技创新成果，可能需要很长时间的积累积淀，才能实现突破。带着这种精神，何建国完成了自治区商检局下达的意大利进口空罐生产线设备技术改造、自治区教委下达的全自动液体灌装机的研制、宁夏自然科学基金项目日光温室除湿系统研制等项目和课题，从一项项实验中，不断吸取经验，完善自我，并将所获传递给学生。他说："有人认为科研和教学是矛盾的、冲突的，其实不然，教学和科研是相辅相成、相互促进的关系，要充分认识科研育人的重要意义，发挥好科研育人的作用，促进教研协同。"

这段与学生朝夕相处的时光，让他明白了宁大的短板在何处，也为他日后在管理岗位上施展拳脚奠定了基础。

昨天，繁叶

后来，何建国从一名普通教师，逐步走上管理岗位，2007年3月，他肩负起宁夏大学党委副书记、校长的重担。

进入新世纪以来，学校迎来了许多前所未有的好机遇，国家、自治区从资金、项目、政策等方面对宁夏大学给予了重大支持，加上全校上下的合力奋斗，学校进入了发展的快车道。

原农学院食品科学系讨论教学工作

“把宁夏大学办好，是一份沉甸甸的责任，也是一种义不容辞的使命。”何建国始终把建设好宁夏大学的任务放在心间，建设西部一流大学的期望一直萦绕在他的心头。他认为一个人无论如何用心和努力，有时都难免会想得不周全、干得不到位。所以他很注重把大家团结起来、凝聚起来，一起奋斗、一起努力。

“办好大学，始终围绕人，必须依靠人，时刻离不开人。”何建国坚信，大学首先是培养人的地方，承担着为党育人、为国育才的光荣使命，立德树人是大学的根本任务。在他看来，宁夏大学地处西部，人才、资源长期匮乏，发展的任务更重，但当一个孩子历经千辛万苦，甚至跨越千山万水来到学校，这不仅仅意味着学校多了一个人，而是将一个学生、家庭和社会的“未来”托付给了学校，学校需要用“良心”承担起这份千钧重担。

一直以来，宁夏大学坚持将“人才培养”作为学校的“无限责任”和“元”任务，将为社会输送一批合格人才作为学校对社会的最大贡献和终极服务，将人才培养工作作为学校一项永不竣工的工程，将教研协同作为提高人才培养质量的有效抓手，将构建符合生源实际、学生受益的创新创业教育体系作为学校人才培养的特色，将“从严治教”

和“以严促学”作为提高人才培养质量的基本要求。为了承担起重工“责任”，圆满完成任务，学校不管经费运转有多困难，都坚持做到了教学经费连年增长，何建国带领校领导班子，一刻不停严抓教风学风，不断提高人才培养质量，努力让学生在学校时学得扎实、过得充实，毕业后成为有用之才。

人才培养，离不开优秀教师的助力，教师队伍素质直接决定着大学办学能力和水平。受限于地理位置和经济发展水平，宁夏大学缺人才，尤其是缺高层次人才、领军人才。何建国清晰地记得，在很长的一段时间里，每当有博士要来找他时，他的脑海中第一反应是这个博士是不是又要提出调离，这是当时宁大人才队伍建设压力之大的现实反映。为了留住人才，何建国经常性地走到老师中间，与他们聊天、鼓劲、加油，尽可能解决一些现实问题，甚至听听他们的怨言、牢骚。为了建设一支过硬的教师队伍，何建国一直坚持把人才作为第一资源，把人才战略作为第一战略，“稳”“引”“育”协同推进，实施了一系列人才计划，同时积极营造干事创业的人才工作软环境，努力让每一位人才到宁夏大学都能找到梦想的舞台、事业的平台、生活的港湾，安心、顺心、暖心、放心地工作，让人才根系更加发达，一茬接一茬茁壮成长。经过不懈努力，截至2021年8月，学校的人才队伍建设工作发生积极变化，具有博士学位的教师达到了816名，占据了自治区博士总量的近一半，入选国家级、省部级人才工程和人才项目320人次。

加快推进学校跨越发展是必然选择。在推动学校改革发展的过程中，何建国认为，办教育就是办良心；办教育需要较大的资金投入，也需要长线的投入，但其效益的显现是个长期的过程，要遵循教育规律；推动学校改革、促进学校建设，就像是“挖井”的过程，需要保持定力、坚定信心、找准点位、持续深挖，这样才能有所突破。为此，他和学校历届领导班子一道，紧紧团结和依靠全体师生员工，坚决贯彻党的教育方针，落实立德树人根本任务，牢记为党育人、为国育才使命，紧紧围绕学科、学者、学术、学风、学生等，抓机遇、抓改革、抓落实。在这一过程中，他十分注重从校情出发，突出内涵发展与精准建设，坚持抢抓任何一个机遇，坚持“点上突破”，力求踩实每一步，走好每一步，每年都有新进步。

今天，庇荫

2008年，宁夏大学进入国家“211工程”重点建设高校行列；2012年，成为“中西部高校综合实力提升工程”入选高校；2017年，入选国家“一流学科”建设高校；2017年，获批建设了宁夏第一个省部共建国家重点实验室；2018年，成为“部区合建”高校。2021年，工程教育和师范类专业认证实现突破，等等。

为提高学校博士比例，何建国带领同事提出“531”计划，即在5年内将博士的比例提高到50%，通过一系列举措，博士便由原来的近百十来人增加到800多人，比例也由原来的10%迅速提升到50%。为提升学科实力、学科特色和学科竞争力，何建国将大把的精力投放在学科建设上，建成了“国家—自治区—学校”三级重点学科体系，与此同时，科研经费也由每年1000多万元增加到1亿多元。

一直以来，宁夏大学十分重视服务地方工作。在发展过程中，学校始终坚持扎根宁夏、汲取宁夏大地养分、服务宁夏发展。何建国坚定树立大学既要有“大师”“大楼”，也要有“大为”的意识，既要瞄准区域重大战略，坚持主动融入经济社会发展，还要积极构建与厅局、市县、企业有效的工作对接体系。在这一观念的指导下，何建国带领团队注重建立跨学科、产学研深度融合的协同创新机制，围绕建设黄河流域生态保护和高质量发展先行区，宁夏大学主动对接和服务枸杞、葡萄酒、奶产业、肉牛和滩羊、电子信息、新型材料、绿色食品、清洁能源、文化旅游等领域，进行顶层设计，开展跨学科、产学研协同创新；加强开放创新，积极推进东西部科技合作，共建服务地方平台。同时，学校十分重视加强科教融合，着力培养创新型人才。在大家的努力下，学校服务地方工作不仅取得了一批重要成果，更为重要的是，师生们的思想观念发生了很大转变，主动走进乡村、走进工厂，开展合作、进行服务，成为了师生们检验所学知识、历练提高自我的一种自觉行为。

明天，归根

夜幕降临，窗外还能听见学生嬉笑声，不远处的科技楼灯火通明，众多宁大学子在何建国校长和广大教师的庇荫下悄悄成长、静静成才。今天，尽管他已经从教育和管理一线上功成身退，但他曾经所做的每一项努力，都在为那些在黑暗中寻找成功之路的学生们，点燃起一盏盏明亮的心灯。

当前，宁夏大学正处于重要的发展机遇期，各项事业发展势头和发展状态很好，正在意气风发地向西部一流大学建设目标迈进。何建国表示，有一代又一代的宁大人在接续奋斗，宁夏大学前景无限的事业，一定会更加兴旺发达，学校一定会在黄河流域生态保护和高质量发展先行区建设中做出更大贡献，学校的“双一流”建设和“部区合建”工作一定会再上一个新台阶。宁夏大学。未来可期！

为学、为事、为人的表率

王松磊

现在回想起来，我是多么幸运！大学本科阶段，因偶然的机会进入何建国老师的研究团队，从此，本、硕、博师从老师十余载。老师正直睿智、低调务实的处事风格，严谨执着、慎思笃行的治学态度，德业并举、化朽为奇的育人方式春风化雨般滋润着我的心田，对我淳朴忠厚的性格形成及踏实努力的人格塑造产生了深远影响。

大学本科时，我就了解到，老师是国家级“有突出贡献中青年专家”，为宁夏多家食品企业进口设备生产线改造和技术升级等做出过重大贡献，为企业创造出巨大经济价值。当时，众多考研学生都梦想，要是能够跟随老师学习该多好，我就是其中之一。我以全班第一名的成绩保研，于是鼓起勇气去找老师，至今仍清晰记得第一次单独与老师见面的情形。进入老师办公室之后，老师看出了我的拘谨，亲切地招呼我坐下，并询问我为什么要选食品机械与自动化研究方向及对专业发展的一些想法。老师和蔼可亲、平易近人的态度让我一下子放松下来。2006年6月，我梦想成真，成为了老师的研究生。当时每个研究方向只招收1名研究生。老师在繁重的行政工作之余，一边安排师兄们的实验，一边还要为我一个人讲授机电理论与实践、控制技术等方向课程。老师总是在百忙之中抽出时间尽可能为我讲解理论、安排实验。他实践经验非常丰富，数学、物理功底尤其扎实，控制理论抽象晦涩难懂，数学解析变换过程复杂，但老师总能结合实践过程举出浅显易懂的实例帮助理解，变复杂抽象为简单具体；老师的记忆力非常好，实验课时总是现场画出电路图为我讲解原理，问题分析推导过程中涉及的高等数学、物理基本定律公式等随用随写。老师不仅在专业能力上尽心指导学生，更关注我们科学探索精神与人文素质培养，闲暇之余经常为学生讲解物理学基本规律、量子力学发展过程等，并向学生推荐《时间简史》《没有任何借口》等书籍，激发学生对科学探索的向往与热情，教育我们做事所应具备的自我责任、目标、服从、正直、宽容、自尊等品质，让学生终身受益。老师为我推荐的两本书曾入选2014年度由《人民日报》等中央媒体主办的"知名大学校长推荐书目"。

2007年，老师被任命为宁夏大学校长。作为学校主要领导，老师白天忙于行政工作，科研工作只能在下班后进行。2012年，老师主持"十二五"国家科技支撑计划课题。为了保证研发的枣果自动化分级装备更好为企业服务，老师几乎每天下班后都来实验室，直接穿上工作服，戴起手套，现场察看试验结果及设备运转情况，带领团队成员开展技术攻关，制定实施方案，亲自对机构装置进行设计、计算并绘制图纸，指出加工制作过程中的关键参数、材料特性及具体操作方法，并手把手、非常仔细地指导新进学生，保证试验达到预期效果。经过三年努力，研发样机6台（套），选择定型用于企业及农户两种型号枣果分级装备2台（套），其中基于最小势能原理的枣果单体化定向排布输送系统至今仍被多家企业借鉴应用，实现枣果自动分级设备的原始创新，申报专利10余项，设备在宁夏、新疆、甘肃等地推广应用20余台（套），该成果获得了自治区科技进步奖二等奖。设备应用推广期间，老师每年暑期还要亲自带团队顶烈日、冒酷暑深入企业一线，为企业安装调试设备。遇到问题后，总能产生一些"奇思妙想"，并时常教

何建国教授在毕业仪式上

导我们“科研工作要顶天立地，做社会所需之事”“功贵其久，业贵其专”“科研一定要严谨认真，失之毫厘，谬以千里”“科研就要寻根问底，善动脑子多想办法，把复杂问题分解成若干个问题进行分析”。老师对科学的执着追求培养了我们百折不挠的求索精神，激励了我们在专业研究道路上努力进取。

枣果自动化分级设备研发创新性强，反复试验工作量大，所以老师对团队成员要求非常严格，当天安排的工作晚上必须要看到试验结果，团队成员工作压力也非常大。老师对自己要求也非常严格，关键时刻老师总是和我们一起解决问题，经常忙到晚上十一二点甚至后半夜才回家。2012年宁夏园艺博览会上，团队研发的20余米长的成套设备进行现场演示时，突然不能启动，在场团队成员未能查出原因。老师听说这一情况，在学校开完会后，连夜赶往现场排查原因，经过几个小时的认真排查，终于找到并解决了问题，此时时间已到了凌晨4点，老师在车上休息一个多小时后又赶回学校参加8点的重要会议。

2013年宁夏园艺博览会期间，为了更好地展示宁夏大学科技成果，老师又带领团队在当晚没法购置成品配件的条件下，“就地取材”，连夜奋战，从设计、试验到加工制作，用一晚上时间加工完成了自动旋转式光照广告箱，而老师在通宵工作后，一大早又赶到现场察看光箱运转效果。

老师作为食品学科团队学术带头人，十分关心团队成员的专业能力发展，悉心指导、把关团队成员项目申报、项目实施情况。早在2010年，老师已和团队负责人罗瑞明教授商议，团队应在国家基金项目上实现较大突破。如何站在技术前沿进行科学选题是基金申报首要问题，当时老师凭借前期灵武长枣外部品质机器视觉检测及农产品物理特性加工技术方面的深厚学术积淀，指出未来应该在农产品内外部品质同步无损检测及多源信息融合方面予以重点关注，并提出图谱融合的高光谱快速检测技术与区域特色农产品相结合的研究思路，引导团队成员在此基础上探求科学问题并创新，组织召开研讨会，从基金选题、思路创新、摘要提炼、内容撰写、修改凝练、申报领域选择等环节对团队成员进行严谨把关和悉心指导。记得有一年校园临时封闭，老师便把团队成员邀请到家里进行研讨，大家都被老师敬业的学术态度和严谨的治学精神所感动。老师为团队成员提出很多合理建议，后来结果都非常好，总结会上曾有老师开玩笑说：“凡是那天去老师家里参加研讨的，申报的基金项目都获批了。”事实也的确如此。在老师悉心引导下，团队仅在无损检测技术领域就获批基金10项，总共获批基金27项，获批比例普遍高于学校总体水平，2021年度团队基金获批率比学校平均水平高出10个百分点。团队多年形成的基金项目申报组织形式及推进机制，在学校多个教学科研单位进行推广。

老师凭借对专业的执着热爱与努力付出使其对区域经济发展贡献卓著，年少成名更铸就了其豁达内敛、淡泊名利、以德润身的人格魅力。老师经常教育我们“小胜靠技，大胜靠德，人最大的智慧就是品德”，并用实际行动教会我们“做事先会做人”。老师在主持国家科技支撑计划课题执行过程中，申报专利10余项，老师都根据实际工作贡献，让参与老师、学生排名第一；课题、论文等成果署名也总是鼓励年轻人写在他前面；指导学生获得的国家级大学生科技作品“挑战杯”竞赛一等奖也让与其他教师；老师对学生犯的错误，总是耐心教导，如何做才是正确的，决不以个人喜好、情绪去判断人和事物好坏。带领团队做出成绩后电视台采访也总是推年轻人在前，为年轻人搭建各种平台及锻炼机会。老师对为人做事的追求和行动，影响了身边一批又一批的年轻学子。迄今，老师已培养博士生7名、硕士生72名和一批本科生，我们都在老师的示范感召下，淡泊名利、脚踏实地做好本职工作，遵循老师“平凡的事情1000次都做好就是不平凡”的教诲，在各自岗位上努力追求卓越。

何老师为学、为事、为人的态度和精神，令我敬仰！

作者简介

王松磊，1982年10月生。河南新野人，就任宁夏大学，副教授。主要从事农产品加工装备及无损检测技术研究。

后 记

继第一辑、第二辑先后出版发行后，今天，《贺兰山下种树人——宁夏大学口述实录（第三辑）》《贺兰山下种树人——宁夏大学口述实录（第四辑）》也和广大读者见面了。

挖掘、抢救、编研宁夏大学弥足珍贵的历史记忆，记录先行者们艰苦而坚实的创业足迹，珍藏并传承前辈们用智慧与汗水浇铸出的“宁大精神”，是我们档案人的历史机缘和现实使命。

在前两辑中，我们共遴选了52名宁夏大学老领导、老教师作为访谈对象，分为“采访视频文字”“人物通讯”“亲友回忆文章”三大版块，以期立体呈现被采录对象在宁夏大学工作、生活的真实图景，以不同的视角全方位描绘“宁大人”在艰难中前行、在奋进中崛起的全貌，诠释“‘沙枣树’精神”的丰厚内蕴，为广大读者留存一份值得珍藏和回味的宝贵记忆。

在后出的两辑中，我们共收录了34名55岁以上的各学科专家学者，他们都是各专业领域的佼佼者，为宁夏大学建设发展做出了不少贡献。内容结构分为“本人业务自传”“人物通讯”“亲友学生回忆文章”三大板块，较之已出版的两辑，既体现了内容上的延续性，又显示出结构上的创新性。

“口述档案”是近年来兴起的一项新颖的档案编研形式，以清新自然、别具一格见长。宁夏大学此项工作能走在西部高校前列，离不开学校领导的鼎力支持，得益于中国高校档案学会与兄弟高校的指导与支持，依托于我校档案人自身的孜孜进取。校党委书记李星于百忙之中撰写总序，体现出学校党委对档案校史工作的重视与关怀；彭志科校长、郎伟副校长对我们的工作多次予以悉心指导；自治区党委办公厅，自治区档案馆，宁夏大学发展规划与学科建设处、计划财务处、离退休人员服务处、办公室、党委宣传部、资产与实验室管理处、校友总会与教育发展基金会工作办公室等部门都给予我们有力的协作配合。特别是疫情防控期间，编辑们克服困难，仍赶往学校加班加点，笔耕不辍。在此，对各位领导、部门、个人的无私付出，一并表达真诚的感谢和深深的敬意！

本次采录工作邀请函、采访提纲、文稿撰写供稿、视频剪辑等，均由档案馆牵头制订、实施、定稿。在采录、撰稿、编辑工作中，新闻传播学院硕士研究生封宏砚、于晨曦，新闻传播学院、人文学院、教育学院、农学院本科生虎娟、刘娇、王锡彬、周雪娇、纳茹、林倩、何小倩、吕欣、余子夜、李欣宜、庄佳林、马县兰、王爱婷13名同学，作为学生记者，电话联系、登门走访、查阅资料、撰写采访提纲与通讯稿，做了大量颇有成效的工作，其专业素养值得肯定，敬业精神值得表扬。全书由档案馆王海文馆长统稿，郎伟副校长最终审定。

根据工作计划，采录工作任务落实、文稿初审分工负责情况如下：王海文（郎伟、刘彤、苏冠文），马海龙（李星、何建国、田军仓），张惠（谢应忠、王玉炯、高桂英），褚文娜（孙振玉），杜维民（杜建录），马健（李伟、宋乃平），贾国华（李建设、贺答汉），王斌（何文寿），翟伟（许兴、米文宝），陆为（张维江），刘晔（蔡永贵、梁向明、雷兴明），韩勇（尹敬其），胡彬（周玉忠、俞世伟、张亚红），赵芳红（陈彦云），雍文娟（王银春），王翔（徐桂珍、乔立恭、潘忠宇、），马瑞（张馨兰），张加琦（霍维洮、何风隽）。此外，图片收集、编辑由王翔负责；退休教师张新民参与了文稿的编辑工作。在此，对上述同志的辛勤付出，予以充分肯定。

此项工作的顺利完成和丛书的如期出版，宁夏阳光出版社唐晴社长，李媛媛、贾莉两位编辑，付出了很多心血，在此谨表衷心的谢忱！

因编撰经验不足、编者水平有限，书中难免有错漏不当之处，敬请广大读者批评指正。

王海文

2023年3月于金波湖畔